논쟁을 통해 본 칸트 실천철학

논쟁을 통해 본 칸트 실천철학

김종국 지음

서광사

논쟁을 통해 본 칸트 실천철학

김종국 지음

펴낸이—김신혁, 이숙
펴낸곳—도서출판 서광사
출판등록일—1977. 6. 30.
출판등록번호—제 406-2006-000010호

(413-756) 경기도 파주시 교하읍 문발리 534-1
대표전화 · (031) 955-4331 / 팩시밀리 · (031) 955-4336
E-mail · phil6161@chol.com
http://www.seokwangsa.co.kr / http://www.seokwangsa.kr

지은이와의 합의하에 인지는 생략합니다.

제1판 제1쇄 펴낸날 · 2013년 5월 20일

ISBN   978-89-306-2556-2   93190

논 쟁 을 통 해 본 칸 트 실 천 철 학

이 책에서 나는 칸트 '실천철학'의 '현재성'을 '논쟁을 통하여' 부각시키려고 한다. 여기서 말하는 칸트의 실천철학은 그의 철학적 윤리학만을 가리키는 것이 아니라 그의 법철학, 정치철학, 교육철학, 역사철학, 종교철학을 포괄한다. 법, 정치, 교육, 역사, 종교에 대한 칸트의 입장들을 그의 철학적 윤리학이 관통하기 때문이다. 그리고 '논쟁을 통하여'라는 것은 경합하는 입장들과의 논쟁 및 대화를 통하여라는 의미이다. 일찍이 플라톤이 그의 대화편들에서 훌륭하게 보여 준 바 있듯이 논쟁은 입장들의 '다름'이 분명히 드러나는 과정이지만 동시에 이 다름에 전제된 '같음'이 확인되는 과정이기도 하다. 칸트의 실천철학 또한 당대의 경합하는 입장들과의 치열한 논쟁의 산물이다. 그러나 이 책의 관심사는 칸트 실천철학을 발생시킨 논쟁, 즉 칸트 이전 대(對) 칸트의 논쟁이 아니라 현재형인 논쟁, 즉 칸트 대 칸트 이후의 논쟁이다. 그래서 '현재성'이라는 말로 내가 의도하는 것은 '오늘날의' 실천철학적 논쟁에서도 칸트가 여전히 중요한 한 축을 이룰 수 있을 것인가, 즉 '우리 시대의 실천철학적 문제들'에 대처하는 유력한 한 해법을 칸트의 기획이 제시할 수 있을 것인가 하는 것이다. 이 책에서는 칸트 대 공리주의

(벤담, 밀, 헤어), 칸트 대 헤겔, 칸트 대 마르크스, 칸트 대 요나스(H. Jonas)의 논쟁과 대화가 펼쳐진다. 이를 통해 칸트의 입장이 각 대화 상 대자들과 어떤 점에서 동일하고 어떤 점에서 구별되는지를 분명히 하 는 것, 이것이 이 책이 모색하는 것이다.

하늘에도 땅에도 기대지 않고

아마도 칸트의 철학함을 특징짓는 말은 '하늘에도 땅에도 기대지 않고'[1] 일 것이다. 칸트가 보기에 이것은 철학의 운명이다. 이 말은 단지 철학 함의 칸트적 방식만을, 즉 인간의 초감성적 능력에도 감성적 능력에도 호소하지 않는 그의 철학함의 방식만을 지시하는 것이 아니라, 칸트 철 학의 고유한 내용, 즉 하늘도 땅도 아닌 '가장 인간적인 것'을 지시한 다. 이 책의 1, 2부에서는 '이성에 의한 이성비판'이라는 이러한 칸트적 방법과 내용이 그의 철학적 윤리학에서 '자율적 인격' 개념으로 귀결된 다는 것을 공리주의와 대비함으로써 드러낼 것이다. 이를 위해 먼저 1 부에서는 칸트와 공리주의의 같음, 즉 양자의 유(類)개념을, 2부에서는 칸트와 공리주의의 다름, 즉 종차(種差)를 살펴볼 것이다. 3, 4부에서는 칸트의 철학적 윤리학이 그의 법·정치관, 역사관 그리고 교육관에 어 떤 방식으로 관철되는지를 살펴볼 것이다. 구체적으로 자율적 인격이 법에서 인권으로, 정치에서 인권의 공화국 및 국제 연맹을 통한 평화로, 교육에서 자율을 위한 강제로 나타나는 과정에 대한 추적이다. 먼저 3 부에서는 칸트의 법·정치철학, 역사철학 그리고 교육철학을 내재적으 로 살펴보고, 4부에서는 '평화의 실현 가능성'과 관련한 칸트와 헤겔의 논쟁 및 '유토피아'와 관련한 칸트와 마르크스의 논쟁을 다루면서 칸트 기획의 장점을 부각시킬 것이다. 마지막으로 5부에서는 칸트 도덕철학

---

1   I. Kant, *Grundlegung zur Metaphysik der Sitten*, Akademie Ausgabe IV, 425 참조.

의 종교철학적 함의를 다룰 것이다. 여기서는 '악의 문제'와 '신정론(神政論)'의 문제와 관련하여 칸트와 요나스 간의 연속성을 살펴볼 것인데, 종교철학에서도 '하늘에도 땅에도 기대지 않고'라는 철학함의 칸트적 방식과 내용이 고수되고 있다는 점이 확인될 것이다.[2] 그리고 도덕과 종교의 관계, 진보의 문제에 대한 칸트적 통찰이 오늘날의 실천철학에서도 여전히 유지 발전되고 있다는 점도 분명해질 것이다.

자율, 인권, 평화 그리고 진보: 각 장의 요약

모두 13장으로 구성된 이 책을 각 장별로 요약해서 먼저 제시하는 것이 독자들에게 유용할 듯싶다.

이 책의 1부는 칸트 윤리학과 공리주의의 공통점에 주목한다. 먼저 1장 「보편주의 윤리학에서 개인과 사회: 칸트와 밀의 경우」는 칸트와 공리주의 윤리학에서 '규범 영역의 현대적 다원화'가 반영되고 있다는 점을 확인한다. 공리주의와 칸트 윤리학은 보편주의 윤리학 내에서 서로 경합하는 기획들이지만 법, 사회 윤리, 개인 윤리 등의 현대적 분화에 대한 윤리적 반성을, 그것도 구속성의 방식의 상이성에 주목하면서, 포함한다. 결론에서 이 글은 양 기획의 배경을 이루는 방법론적 동일성을 '규범적 개인주의'에서 찾고, '규범 차원의 현대적 다원화에 대한 반성'을 '법과 도덕을 무차별화하는 전체주의적 기도'에 저항하는 요소로 평가한다.

2장 「공적 쾌락과 사적 금욕: 벤담과 칸트에서 '금욕'의 문제」는 먼저 근대 이전까지의 금욕 혹은 askese의 개념사를 추적한다. 이어서 칸

---

2 칸트와 요나스 간의 실천철학의 논쟁은 분량상 독립적 고찰을 요한다. 나는 『책임인가 자율인가? I. 칸트 對 H. 요나스』(파주, 2008)라는 책에서 칸트 윤리학이 현대적 문제 상황에 대처할 수 있는지의 문제를 다루었다. 이 책에서 나는 니체와 하이데거의 세례를 받은 요나스의 칸트에 대한 문제 제기에 맞서 가능한 칸트의 응답을 모색하였다.

트와 벤담에서 '도덕의 원칙으로서의 금욕주의'는 부정되지만, 칸트에서 '도덕의 방법으로서의 아스케제'는 긍정됨을 보인 후, 결론에서 이러한 '공적 쾌락과 사적 금욕'의 기획이 갖는 현재적 의의를 아리스토텔레스의 덕 윤리 기획에 비추어 드러내 보인다.

1부의 마지막 3장 「평화의 도덕: 칸트 실천철학에 대한 목적론적 독해」는 '칸트 실천철학이 오로지 목적론에 대비되는 의무론에 의해서만 특징지어진다고 보는 것은 부분적으로만 참일 뿐이다'라고 주장한다. 칸트의 실천철학 및 실천관련 철학 또한 목적론을 가진다. 물론 칸트는 '방법'(『실천이성비판』의 분석론, 의무론)으로부터 '목적'(『실천이성비판』의 변증론, 목적론)이 나온다고 말함으로써 의무론에 무게를 둔다. 그렇지만 이 글은 칸트 실천철학의 발생사를 고찰함으로써 '칸트의 의무론이 목적론 자체가 아니라 단지 그것의 약점을 제거하기 위하여 고안된 것이다'라는 점을 보인다. '최고선을 위하여', '의무에 적합하게'가 아니라 '의무로부터' 행위해야 한다고 칸트는 생각한다. 이처럼 흔히들 말해지는 칸트 윤리학의 형식주의의 배후에는 '평화를 위한 도덕'으로 명명될 수 있는 목적론이 놓여 있다.

1부가 주로 칸트 윤리학과 공리주의의 공통점에 주목하는 데 비해 2부에서는 양자의 차이가 규명된다. 이를 위해 4장 「칸트 대 공리주의」는 칸트의 기획을 공리주의로 환원하려는 시도들을 비판적으로 검토한다. 이 글은 이런 시도들을 도덕의 판정 원칙(무엇이 옳은 행위인가)과 도덕의 실행 원칙(왜 옳은 행위를 행해야만 하는가)의 순서로 살펴보고 이에 대한 칸트적 응답을 대응시킨다. 판정론과 관련해서는 먼저 '최대행복'과 '의무' 간의 쟁점이, 다음으로 '합리적 선호'와 '순수의지' 간의 쟁점이 분석된다. 동기론과 관련해서는 '공리주의적 공감'과 '칸트적 의무감(양심의 감정)'이 그 객관적 근거인 공리와 의무와 관련하여 해명된다. 이상의 고찰을 통해 가치론 및 의지론 그리고 동기론에서

'보편주의 윤리학의 양대 기획인 목적론과 의무론'의 동일성과 구별성
이 규명된다. 아울러 이러한 목적론과 의무론의 대립이 '라이프니츠-
볼프 도덕철학에 대한 의지주의적 자연법주의자들의 비판'으로 소급된
다는 것도 지적된다.

이어서 5장 「보편주의 윤리학에서 황금률 논쟁: 칸트와 헤어」는 황금
률과 관련한 보편주의 윤리학의 대표적 논의들을, 칸트의 비판을 매개
로, 조명한다. 칸트는 '네가 당하기를 원치 않는 것을 남에게 행하지 마
라'라는 황금률이 남에게 도움을 받기 싫어하는 자에게 선행의 의무를
강제하지 못하며, 감옥에 가고 싶지 않은 범죄자에게 형벌을 강제하지
못한다고 비판하면서, 황금률이 그의 정언명법에 기초해야만 오용의
가능성을 막을 수 있다고 주장한다. 먼저 칸트의 비판에 대한 반비판으
로 각각 현대 독일권과 영미권에서의 대표적 황금률 옹호자인 호헤(H.
U. Hoche)와 헤어(R. M. Hare)가 소개된다. 호헤의 시도는 황금률에
대한 오독(誤讀)을 막기 위해 황금률을 재해석하는 시도이고, 헤어의 시
도는 황금률의 계기인 역할 교체의 요구와 상상력을 각각 '보편화 가능
성의 요구'와 '보편화 능력'으로 재구성하려는 시도이다. 다음으로 이
글은 이런 시도들에 대한 칸트적 반론 가능성을 각각 '황금률과 정언명
법', '상상력과 이성'의 주제 아래 모색해 보고, 이어서 칸트의 『판단력
비판』에서의 공통감이 황금률의 상상력에 조응하는 능력임을 보인다.
이 글은 결론에서 '전도된 해석을 차단하기 위해 황금률에 대한 세부
규정이 요구된다'라는 점에서, 그리고 '황금률 자체는 규범의 정당성을
검증하는 원칙이 아니다'라는 점에서, 그럼에도 '구체적 사례에 의무를
적용하기 위해 정당화 원칙이 전제된 황금률의 사용은 여전히 도덕의
필수요소이다'라는 점에서, 보편주의 윤리학자인 칸트와 헤어가 일치
함을 보인다.

이 책의 3부는 칸트의 철학적 윤리학이 그의 법·정치관, 역사관 그

리고 교육관에 어떤 방식으로 관철되는지 살펴볼 것이다. 6장 「『도덕 형이상학』에 대한 사회 윤리적 독해」는 다음의 네 가지 점을 부각시킨 다. 첫째, 칸트에 있어 관건인 것은 제도적 행위냐 개인들 간의 행위냐 가 아니라 행위의 구속성의 방식이 법적 입법이냐 아니면 덕적(윤리적) 입법이냐 하는 것이다. 그러므로 칸트의 법적 입법의 영역을 협의의 사 회 윤리로 보고, 여기에 '타인과 관계함에 있어서의 윤리적 입법'의 영 역을 더하여 광의의 사회 윤리로 보는 것이 맞다. 둘째, 칸트의 협의의 사회 윤리는 1.실정법의 토대가 되는 2.인권의 윤리이며 이는 3.그의 도덕철학에서 정당화된 인격 개념의 법적 차원의 번역이다. 셋째, 칸트 사회 윤리에서 인권의 원칙과 함께 광의의 사회 윤리를 구성하는 또 하 나의 원칙은 1.자유로운 자기 강제에서 비롯된 2.사회적 연대성의 원 칙이며 이는 3.행복론이 아니라 의무론에 의해, 혹은 자연적 행복이 아 니라 '공동인간'의 이념에 의해 정당화된다. 넷째, 칸트 사회 윤리의 응 용 규칙은 1.완전한 의무를 불완전한 의무보다 우위에 두고 2.'타인에 대한 의무'를 '자기 자신에 대한 의무'보다 우위에 둔다. 그러나 동시에 칸트 사회 윤리는 3.적용에 있어 긴급한 경우를 고려한다.

　7장 「'인류의 권리'와 거짓말: 진실성의 의무에 대한 칸트의 계약론 적 정당화」는 흔히들 부정적으로 평가되는 칸트의 '거짓말에 대한 무조 건적 금지'를 다룬다. 칸트는 「인간애로부터 거짓말할 사이비 권리에 대하여」라는 글에서 비록 살인자 앞에서 친구의 목숨을 구하기 위한 거 짓말이라 할지라도 잘못이라고 주장한다. 이 글은 이와 관련하여 첫째, 칸트의 논변이 내면적 도덕성의 차원이나 실정법적 차원이 아니라 실 정법의 토대가 되는 사회 윤리적 차원에서 전개된다는 점을 지적하고 둘째, 살인자 앞에서의 진실함의 예에서 내리고 있는 칸트의 실정법적 판단이 오늘날 유지될 수 없지만 셋째, 그럼에도 '실정법적 하자만을 피하려는 반사회적 행위에 대한 경고'라는 칸트의 의도는 오늘날에도 여전히 주목되어야 한다고 결론 내린다.

8장 「이성에 의한, 자연을 통한 평화: 칸트의 평화 개념」은 평화론의 고전이라 할 만한 칸트의 저작 『영구 평화론』의 실천철학적 의의를 점검한다. 먼저 칸트가 힘의 법칙에 종속적이지 않은 평화를 모색하는 것을 '이성에 의한 평화'라는 주제로 다룬다. 다음으로 '자연에 의한 평화'라는 주제로 평화 실현의 칸트적 전망을 고찰한다. 결론에서는 칸트적 평화 기획이 종교와 정치의 토대로서의 도덕에 기반한다는 점, 법적 공동체에서 윤리적 공동체로의 나아감이 칸트가 제시한 방향이라는 점이 부각된다.

3부의 마지막 9장 「자유의 강제: 『교육학 강의』에 대한 실천철학적 독해」는 칸트 『교육학 강의』가 그의 실천철학의 관점에서 가장 잘 독해될 수 있다고 보는 데서 출발한다. 먼저 이 글은 칸트의 『교육학 강의』의 중심 개념인 '자유의 강제'가 교육철학적 맥락에서 '공교육 및 세계 시민적 교육의 철학적 옹호'로 귀결된다는 점을 부각시킨다. 다음으로 도덕 교육학적 맥락에서 '자유의 강제'가 '준칙에 따른 행위의 양성'과 '비도덕적 행위에 대한 수치심 유발'이라고 하는 인지적, 감정적 계기를 갖는다는 점을 보이면서, 특히 이것이 칸트 실천철학에 대비했을 때 『교육학 강의』가 갖는 도덕 교육론의 고유성을 이룬다는 것을 보인다.

이 책의 4부는 칸트의 철학적 윤리학이 그의 정치철학에 어떻게 관철되는지를 고찰한다. 먼저 10장 「'영구 평화' 대 '힘들의 유희': 칸트와 헤겔의 국제 관계론」은 칸트의 『영구 평화론』에 대한 헤겔의 비판을 비판적으로 검토한다. 칸트의 『영구 평화론』(1795)을 논적으로 삼고 있는 것이 분명해 보이는 『법철학 강요』(1821) '외적 국가법'에서 헤겔은 자신의 고유한 국제 관계론을 피력하면서 칸트를 비판하고 있는데 그 요지는 첫째, 전쟁에서 드러나는 각국의 대타관계 원칙은 칸트가 말하는 '보편적 인류애'가 아니라 각국의 '안녕'이라는 것 둘째, '각국의 절대적 주권과 양립 가능한 국제적 구속력'이란 모순이므로 국제적 영구 평화는 불가능하고, 일시적 평화와 일시적 전쟁의 교체로 점철되는 항구적 자연 상태만 있을 뿐이라는 것이다. 이 글은 칸트와 헤겔의 차이를 '영구 평화' 대 '힘들의 유희'라는 대결 구도로 정리한 후, '국제 관계론과 관련한 칸트적 당위의 공허함'이라는 헤겔의 비판에 대한 반비판을 시도한다.

11장 「칸트에서 유토피아와 진보: 칸트와 마르크스」는 칸트 말년의 역사철학 저술 『학부들의 전쟁』, 2부 「다시 제기된 물음. 인류는 더 나은 상태로 꾸준히 진보하고 있는가?」에 나타난 칸트적 유토피아 및 진보의 특성을 고찰하고, 그 현재적 의의를 부각시키려는 시도이다. 구체적인 주제들은 다음과 같다. 칸트가 프랑스 혁명을 목도하면서 옹호하려 했던 '유토피아'란 무엇인가? 그리고 역사가 이러한 칸트적 유토피아를 향해 '진보'하고 있다는 것을 우리는 어떻게 알 수 있는가? 만일 이러한 진보가 우리의 노력과 상관없이 이루어지는 것이 아니라면 진보를 위해 '행해져야 할 것'은 무엇인가? 결국 칸트의 유토피아는 후예들에 의해 '극복'되었는가? 칸트의 대답은 '역사는 세계시민사회라는 유토피아를 향해 부단히 전진하며, 프랑스 혁명에서 환기된 것과 같은 열정이 인간에게 있는 한 진보는 전망이 가능하고, 이 전망은 국민을 수단으로 다루어서는 안 된다는 의무에 동반된다'라는 것이다. 결론에서 마르크스주의의 유토피아 및 역사 결정론에 대비해 칸트의 역사철학이 갖는 의의가 부각된다.

칸트 도덕철학의 종교철학적 함의를 다루는 이 책의 마지막 5부는 칸트와 현대 철학자 요나스 간의 대화를 통해 '칸트 종교철학의 현재성'을 부각시킨다. 12장 「악의 기원: 칸트와 요나스의 주장을 중심으로」는 먼저 근본악에 대한 종교적 사변의 근원을 '도덕 원칙의 붕괴에서 보이는 인간 내 악의 성향'에서 찾는 칸트의 해명을 고찰할 것이다. 이어서

'악의 발생' 문제를 요나스의 현상학적 분석을 통해 다룰 것이다. 여기서 '원하는 선은 행하지 않고 도리어 미워하는 악을 행하는 곤고'(로마서 7장)가 '인간 심성 내에 있는 유혹의 자가 발생적 구조'를 중심으로 고찰된다. 끝으로 악의 극복과 관련한 종교적 해법인 '은총'의 문제에서 칸트와 요나스의 공통점이 '광신에 대한 도덕철학적 경계'에 있다는 점이 부각된다.

5부 13장 「신이 떠난 세계의 도덕성: 신정론에 대한 칸트와 요나스의 주장을 중심으로」는 칸트의 「신정론에 대한 모든 철학적 시도의 실패에 대하여」(1791)가 그의 '자율의 기획'의 필연적 귀결임을 보이고, 또한 이러한 노선이 요나스의 「아우슈비츠 이후의 신 개념: 어느 유대인의 목소리」(1994)에서 '책임 윤리를 위한 철학적 신학'의 형태로 발전적으로 계승되고 있음을 보인다. 이를 위해 먼저 종교철학적으로 '신정론의 철학적 실패'(칸트)와 '전능하지 않은 신'(요나스) 간의 연속성이 추적된다. 다음으로 역사철학적 주제인 '신이 떠난 세계에서의 진보' 문제가 각각 '신의 입증될 수 없는 도덕적 지혜'(칸트)와 '생명의 모험'(요나스)을 중심으로 고찰된다. 이어서 '신이 떠난 세계의 도덕성'이라는 주제 아래 이상 양자의 종교·역사철학적 주장의 도덕철학적 근원이 추적된다. 이 글의 결론적 주장은 칸트의 자율 능력과 요나스의 책임 능력이 오늘날과 같은 신정론 실패의 시대에 가능한 '인간 속의 신'이라는 것이다.

*

이 책을 구성하는 글들의 다수가 한국연구재단(학술진흥재단)의 지원에 의해 쓰여진 것이고 그렇지 않은 글들도 공복(公僕)으로 나라의 녹을 받으며 쓴 것이다. 그러니까 책을 구성하는 글의 대부분이 세금으로

쓰여진 셈이다. 받은 만큼 의무를 다했는지 두렵다. 최선을 다한 것으로
스스로 위로 삼는다.

2013년 1월
안양 삼성산(三聖山) 자락에서
김종국

차 례

제1부
현대성과 칸트의
철학적 윤리학

제 1 장

보편주의 윤리학에서 개인과 사회: 칸트와 밀의 경우

I. 근대 보편주의 윤리학과 실천적 다원성

나는 이 글에서 서양 근대 보편주의 윤리학의 대표적인 기획인 칸트 윤리학과 공리주의에서 '규범 영역의 현대적 다원화'가 반영되고 있다는 점을 부각시키고 그 의의를 평가해 보려고 한다.

보편주의 윤리는 규범을 개별 집단이나 정당의 정치, 사회적 목표에 의해 정당화하지 않고 인간성의 보편적 목적에 의해 '합리적으로' 정당화한다.[1] 따라서 보편주의 윤리는 '규범의 보편화 가능성에 대한 요구'를 전제한다.[2] 이 요구는 윤리적 이기주의, 혹은 집단·계급 이기주의를 배제하며, 법·정치 영역에서는 평등 혹은 공정성에 대한 요구로 나타난다. 이러한 보편주의 윤리는 준칙의 보편화 가능성에 대한 요구나 '인간성을 단순한 수단이 아닌 목적 자체로 다루라'는 요구를 표방하는 칸트 윤리학에서 명시적으로 표명된다. 그리고 보편적 공리(Utility) 추구의 요구나 '그 어떤 사람도 하나 이상으로 계산되어서는 안 된다'[3](벤담)는 요구를 내세우는 공리주의 또한 이러한 보편주의 노선에 속한다.[4]

윤리학사(倫理學史)의 관점에서 볼 때 '근대' 보편주의 윤리의 실천

적 합리성의 특징은, 베버(M. Weber) 식으로 표현해서, 그것의 탈신화
화(脫神話化, Demystifikation)에서 찾을 수 있을 것이다. '규범의 형식
적 조건으로서의 보편화 가능성'에 대한 요구 자체는 근대 윤리(학)의
주장만은 아니다. 예를 들어 중세 윤리에서도 규범의 보편화 가능성은
전제된다. 그러나 여기서 보편화 가능성은 신의 형상을 공유한 만인, 그
리고 신 앞에서 만인의 평등이라는 기독교적 세계관에 근거하는 것이
다. 근대의 보편주의 윤리학은 이러한 신 혹은 전체 우주 질서에 대한
표상 없이 인간학적으로, 즉 인간의 (자율적, 경험적) 합리성에 기반하
여, 보편 규범을 정당화한다. 잘 알려진 대로 자율의 기획으로 압축되는
칸트 윤리학은 볼프나 바움가르텐의 학파 형이상학의 완전설과 결별함
으로써 출발한다. 그리고 벤담의 공리주의도 전통적 자연법 사상을 유
명론적으로, 즉 경험을 통해 개념의 명료성을 획득하는 방식으로, 대체
하는 데서 출발한다.

그런데 '탈신화화로서의 합리화'와 다원화(Pluralisierung) 사이에는
필연적 연관이 있는 것으로 보인다. 신화적, 형이상학적 세계 해석은 통
일적 관점을 전제하는데, 이러한 해석으로부터의 결별은 삶의 제 영역
들의 자립성에 대한 인식 과정과 동전의 양면을 이룰 것이기 때문이다.
문화의 자기 반성성의 증가와 삶의 제 영역의 자립화는 궤를 같이한다.[5]
물론 역사적으로 이러한 다원화는 중세적 공동체로부터의 개인의 분리
및 이 개인들에 의한 근대 사회의 형성을 반영한다. 만일 우리가 (베버
에 따라) 현대성(Modernität)을 단지 기술적(記述的) 개념으로만 보지
않고 일종의 이상형(Idealtypus)으로 본다면 '비가역적 다원화'는 현대
성의 척도가 될 것이다.

나는 규범 영역에서의 이러한 다원화가 칸트 윤리학과 공리주의에서
승인되고 있음을 확인하는 과정에서 '양 기획의 실천적 합리성의 현대
성'[6]을 부각시키고(III-IV), 이를 가능케 한 양자의 '방법론적 동일성'

및 그 의의를 드러내고 싶다(V). 공리주의와 칸트 윤리학은 보편주의 윤리학 내에서 서로 경합하는 기획들이지만 양자 모두 법(III.1), 사회 윤리(III.2), 개인 윤리(IV) 등의 현대적 분화에 대한 윤리적 반성을, 그 것도 양자 모두 구속성의 방식의 상이성에 주목하면서, 포함하고 있는 것으로 보이기 때문이다. 또한 이러한 반성과 그것의 근거가 실천적 세계에서의 환원주의에 저항하는 요인으로 보이기 때문이다. 그런데 이를 위해서는 먼저 '동기주의냐 결과주의냐'와 관련한 칸트와 밀의 입장에 대한 선입견이 교정되어야 한다(II). 왜냐하면 동기와 결과는 양 기획을 구별하는 기준이라기보다는 실천적 다원성을 구별하는 기준인 것으로 보이기 때문이다.

II. 칸트와 밀에서 동기와 결과

흔히 '동기냐 결과냐'라는 대립은 칸트의 기획과 공리주의 기획을 구별하기 위해 동원되곤 한다. 과연 칸트의 실천철학은 오로지 동기주의적이라서 '행위의 결과만을 문제 삼는 영역'을 실천적 합리성의 영역에서 전적으로 배제하는가? 그리고 공리주의는 '행위자의 가치'를 전적으로 무시하고 도덕적 동기와 비도덕적 동기를 무차별적으로 동일시하는가?

　동기 문제와 관련한 칸트의 언급은 우선 『도덕 형이상학의 정초』에서의 도덕성과 합법성의 구분'에서 드러난다. 합법성은 의무에 대한 존경에서는 비롯되지 않는 합의무적 행위의 특성을 가리킨다. 칸트에서 도덕적 동기란 의무 법칙에 대한 존경이다.[7] 그러므로 행위가 '법칙에 대한 존경' 외의 동기에서 비롯되면 그 행위는 합법성의 특징만을 지닌다. 도덕성과 합법성은 그가 말년에 펴낸 도덕철학 저서인 『도덕 형이상학』에서 윤리적 입법과 법적 입법으로 표현된다. 윤리적 입법에서는 행위가 의무로 천명되고 이 의무가 동시에 동기로 천명된다. 이에 비해 법적 입법은 의무의 내적인 이념이 그 자체의 힘으로 행위자의 자의의 규정 근거이어야 한다는 것을 요구하지 않으며, '실천이성 자체에 낯선 그러한 동기들도 또한 허용하는' 입법이다.[8] 이러한 순수 도덕적 동기 외의 동기 또한 법론이 허용하는 이유는, 칸트에 의하면, 법률적 입법에서는 단지 '외적인' 행위만이 관건이지 '내적인' 행위는 관건이 아니기 때문이다. 칸트의 『도덕 형이상학』의 「덕론」과 「법론」은 각각 내적인 행위와 외적인 행위를 다룬다. 이로써 칸트 윤리학은 (덕론에서) '행위자의 도덕성'을 다룰 뿐만 아니라 이와 나란히 (법론에서) '행위자의 도덕성에 독립적인 행위의 가치'도 다루는 것이다. 말하자면 칸트는 법론에서 결과주의자이다.

동기주의냐 결과주의냐로 칸트 윤리학과 공리주의를 구별하는 것이 정확하지 않은 이유는 단지 칸트 윤리학이 '동기를 문제 삼지 않는 (법적 입법의) 영역'을 용인하기 때문만은 아니다. 이러한 구별의 피상성은 더 나아가 공리주의 이론적 정초자인 밀이 행위의 가치와는 독립적으로 행위자의 도덕성을 용인하고 있다는 데서 분명히 드러난다. 밀은 그의 『공리주의』에서 우선 '공리주의는 도덕적 동기를 인정하지 않는 것이 아니라 행위자의 선함과 행위의 선함을 혼동하지 않을 뿐이다'라고 말한다.[9] 밀에서 동기는 '광의의 제재'를 의미하는데 그는 공리의 원칙이 그 동기상 외적 제재와 내적 제재에 의해 관철될 수 있다고 말하면서, 내적 제재에 대해 다음과 같이 말하고 있다. "우리의 의무 기준이 무엇이건 간에 의무의 내적 제재는 하나이자 동일하다. 그것은 그 정도에 차이가 있긴 하지만 의무의 위반에 수반되는 고통이다. 이 고통은 적절히 계발된 도덕적 본성에 있어서는 심각한 경우에는 의무의 위반에서 위반의 불가능성으로 나아가게 만드는 그런 것이다. 사심이 없고, 의무의 순수한 관념과 자신을 결합하지 의무의 어떤 특수한 형식이나 단지 부수적인 환경의 어떤 것과 결합하지 않는 이러한 감정이 양심의 본질이다. 공리주의에서도 인류의 양심의 감정이 도덕성의 궁극적 제재이다."[10] 밀의 질적 쾌락주의의 영역 내에서는 이러한 제재에 자기 존경, 자기 결정의 기쁨과 같은 고차적 쾌락 또한 속한다.[11] 그러므로 우리는 밀이 칸트 식으로 말해 '의무로부터의 행위 영역인 도덕성의 영역'을 용인함을 알 수 있다. 이어서 밀은 "양심의 감정이 없는 사람에게는 외적 제재를 통하는 길 외에는 방법이 없다"[12]라고 말함으로써, 칸트가 그의 법론에서 도덕 외적 동기 '또한' 허용하는 것처럼, 사회 윤리의 영역에서 양심의 제재와 외적 제재 모두를 허용한다.

　요컨대 동기와 결과는 칸트와 밀의 기획을 구별하는 기준이 아니라 구속성의 방식들, 그리하여 도덕과 법을 구별하는 기준이다. 공리주의와 칸트 윤리학의 구별성은 선의 실행 원리가 아니라 선의 판정 원리 차원에 존립한다. 양자를 대비시키는 개념 쌍인 '의무론 대 목적론'은 선의 판정 원리상의 구별로 봐야 한다. 의무를 법칙에 대한 존경에서 비롯되는 행위의 필연성으로 보는 칸트에 따르면 의무론은 행위의 당위적 보편성에 입각하여 선을 판정하는 입장이다. 이에 반해 목적론은 행위의 옳고 그름을 선호의 최대 충족이라는 목적에 부합하느냐의 여부에 따라 판정하는 입장이다. 칸트 윤리학은 개인 윤리에서나 선행의 사회 윤리, 손상 금지의 사회 윤리, 손상 금지의 법 등에서 일관되게 행위의 당위적 보편성만을 옳고 그름의 척도로 삼는다. 물론 개인 윤리와 선행의 사회 윤리의 영역에서는 이러한 판정 원칙을 충족시키는 동시에 동기가 내적이어야 한다. 이에 비해 밀의 공리주의적 입장은 선행의 사회 윤리와 손상 금지의 사회 윤리, 손상 금지의 법에서 행위의 옳고 그름을 선호의 최대 충족 여부로 판정한다. 그리고 이 경우에도 선행의 사회 윤리는 내적 강제에 의해 행해져야만 한다. 아래에서는 '도덕과 법을 구별하는 기준으로서의 구속성'이 칸트와 밀에서 어떻게 관철되고 있는지 구체적으로 살펴볼 것이다.

III. 칸트와 밀에서 법과 사회 윤리

좁은 의미에서 모든 행위는 개인의 행위이다. 이 개인의 '개인적 행위'
와 '사회적 행위'에 각각 개인 윤리와 사회 윤리가 대응한다. 개인 윤리
와 사회 윤리를 구분하는 일차적 척도는 행위의 외연과 관련된 것으로
보인다. 개인 윤리는 '개인 내적' 행위의 가치, 예를 들어 자아실현 등
을 문제 삼으며, 사회 윤리는 '개인들 간의' 행위의 가치에 주목한다.
그러나 이와 같은 단순한 외형상의 구별은 그 이상의 구별을 불가능하
게 만든다. 윤리학의 영역을 더 세분하기 위해서는 더욱 정밀한 기준이
요구되는데 그것이 구속성의 방식이다. 개인적 행위는 행위의 일차적
결과가 타인이 아니라 행위자 자신과만 관계하므로 외적 강제, 즉 공권
력에 의한 법적 강제나 타인들에 의한 도덕적 강제의 대상이 아니라 양
심과 같은 내적 강제의 대상이다. 이에 비해 개인들 간의 행위는 그것이
타인의 권리를 손상할 경우, 양심의 제재 대상이기 이전에 공권력의 제
재나 사회의 도덕적 비난의 대상이 된다. 요컨대 사회 윤리는 외적 강제
의 영역 '또한' 포함하는 데 비해 개인 윤리는 그렇지 않다는 것이다.

1. 개인의 자유와 두 가지 사회적 강제

칸트가 말하는 합법성은 구속성의 방식에서 도덕성과 구별된다. 그런
데 이러한 '법칙에 대한 존경 외의 동기'에는 순전히 전략적인 동기뿐
만 아니라 (칸트적 의미에서는 순수한 도덕의 동기에는 속하지 않는)
인류애와 같은 '도덕 관련적' 동기도 포함된다는 점이 주목되어야 한
다. 예를 들어 전략적 합리성은 만일 타인을 속이는 행위가 법적으로 금
지되지 않으면 이러한 행위를 허용하지만 인류애에 입각한 행위는 이
러한 상황에서도 타인을 속이는 것을 허용하지 않는 것이다. 그러므로
『도덕 형이상학의 정초』의 '합법성'은 전적으로 실정법적 합법성으로

환원될 수 없다.

칸트는 다른 곳에서 합법성이 "법률적이거나 윤리적이거나 둘 중 하나(entweder juridisch oder ethisch)이다"[13]라고 말하기도 하고 합법성을 "자연적" 합법성과 "시민적" 합법성의 두 종류로 나누기도 한다.[14] 말하자면 시민적 합법성은 실정법적 영역에 속하는 반면, 자연적 합법성은 '도덕법에 근거하는 자연법적 법(Naturrechtsgesetz)'을 지향한다. 칸트가 법의 영역을 두 차원으로 나누고 있다는 결정적 증거는 다음과 같은 칸트의 발언이다. "외적 입법만이 가능한 구속적인 법칙들은 일반적으로 외적 법칙들(äußere Gesetze)이라 불린다. 이들 외적 법칙들 중에서 그것의 구속성이 외적 입법 없이 아프리오리하게 이성에 의해 인정될 수 있는 그러한 법칙은 사실 외적 법칙이긴 하지만 그러나 자연적 법칙들(natürliche Gesetze)이다. 이에 비해 현실적인 외적 입법 없이는 결코 구속하지 못하는 그러한 외적 법칙은, 그리하여 외적 입법 없이는 법칙이 아닐 그러한 외적 법칙은 실증적 법칙이라 불린다. 따라서 순전한 실증적 법칙만을 포함하는 그러한 외적 입법이 생각될 수 있지만, 그러나 이 경우에도 자연적 법칙, 즉 입법자의 권위(다시 말해 자신의 단순한 자의를 통해 타인을 구속할 권한)를 근거 짓는 자연적 법칙이 선행해야만 할 것이다."[15] 실정법의 강제력은 입법 및 공권력에 의해 비로소 발생하는 데 비해 이러한 실정법의 토대로서의 자연적 법칙들의 강제력은 아프리오리하게, 즉 이성에 의해 인식된다는 것이다.[16] 칸트의 법론은 권리론이며 그것의 원칙은 "너의 자의의 자유로운 사용이 각인의 자유와 보편적 법칙에 따라 공존할 수 있도록 외적으로 행위하라"[17] 이다. 만일 타인의 자유권을 침해하면 이는 실정법적 강제력이나 자연법적 이성법의 강제력의 대상이다.

그런데 타인의 자유권이 침해당하고 이에 대해 강제력을 행사할 수 있으려면 우선 각인이 자신의 자유권을 주장해야만 한다. 칸트가 타인의 권리를 손상하지 말아야 할 '외적' 법의무에 "타인과의 관계에서 한 인간의 가치로서의 자신의 가치를 주장해야 할"[18] '내적' 법의무를 앞세우는 근거는 여기에 있다.

밀은 그의 『자유론』에서 개인의 자유에 대한 사회의 간섭의 정당화 근거를 손상 금지 원칙 혹은 각인의 "자기 방어"에서 찾는다.[19] 우선 밀에게도 손상 금지란 권리의 손상 금지를 의미한다는 것에 주의해야 한다. 많은 경우에 각인은 합법적 목적을 추구하는 과정에서 불가피하게, 그러나 합법적인 방식으로 타인에게 손상을 입히며, 밀에 따르면 정당한 경쟁으로 말미암은 손해까지 사회가 책임질 수는 없다.[20] 그러므로 손상 금지의 대상이 되는 이익은 "법적 명문의 표현이나 암묵적 이해에 의해서이거나 권리로 생각되어야만 하는 그러한 이익"[21]이다. 그리고 칸트가 권리 침해나 옹호의 조건으로 자신의 권리를 주장할 의무를 제시한 것과 마찬가지로, 밀도 자신의 자유를 포기할 권리를 용인하지 않는다. 밀은 "자유의 원칙은 그가 자유롭지 않기 위해 자유로워야 한다는 것을 요구할 수 없으며 자신의 자유를 벗어 버리도록 허용되는 것은 자유가 아니다"[22]라는 근거에서 자신의 자유를 자유롭게 포기하는 노예 계약을 무효라고 주장하고 있는 것이다.

밀은 이러한 권리 손상 금지 영역을 그것의 구속성의 방식에 따라 두 가지로 나눈다. 사회가 강제와 통제의 방식으로 개인을 정당하게 지배하는 방식에는 "법적 형벌에서의 물리적 힘"에 의한 방식과 "혹은 여론 (public opinion)의 도덕적 강제"[23]에 의한 방식이 있다는 것이다. 이는 칸트가 법적 강제를 실정법적 강제와 자연법적 이성법의 강제라는 두 차원으로 나눈 것과 조응한다. "행위의 몇몇 규칙들은 따라서 먼저 법에 의해 부과되어야 하며, 법의 조작의 주제에 적합하지 않은 것들은 여론에 의해 부과된다."[24]

2. 사 회 윤 리 의 두 차 원

개인들 간의 행위 규범을 다루는 사회 윤리에는 단지 (권리의) 손상 금지를 명하는 법의 영역만 속하는 것이 아니다. 개인들 간의 행위 규범에는 권리의 손상 금지 명령뿐만 아니라 선행의 의무도 속하기 때문이다. 칸트가 법론과 덕론을 행위에서 동기의 고려 유무로 나눈 데서 알 수 있듯이 선행 명령은 그 어떤 외적 강제에 의해서도 행해질 수 없으며 오로지 내적 강제에 의해서만 행해질 수 있다. 강제된 선행은 선행이 아니다. 즉 선행은 그것을 행하면 칭송받지만 그러나 그것을 행하지 않았다고 해서 법적, 사회적 제재의 대상이 되지는 않는 것이다.[25] 칸트도 따르고 있는 '완전한 의무와 불완전한 의무'라는 전통적 구별 방식을 통해 이를 다시 표현하자면 '선행의 의무는 적용상 손상 금지라는 완전한 의무 다음에 오는 불완전한 의무이다' 정도가 될 것이다. 요컨대 칸트의 사회 윤리는 단일한 구속성의 방식에 의해 규정되지 않고 외적 강제(자연법적 이성법의 강제와 실정법적 강제의 영역인 법론)와 내적 강제(내적 강제의 영역인 덕론)로 구성된다. 그리고 적용에 있어 외적 강제는 내적 강제에 선행한다. 이것이 '완전'과 '불완전'의 의미이다.

밀도 '손상 금지의 사회 윤리'와 '선행의 사회 윤리'를 그 구속성의 방식에 따라 확연히 구별한다. 밀은 그의 저작 『공리주의』에서 도덕성의 영역을 정의의 영역과 그 외의 도덕성의 영역으로 나눈다. "윤리학자들이 도덕적 의무를, 별로 좋은 표현은 아니지만, 완전한 의무화의 의무와 불완전한 의무화의 의무로 나눈 것을 우리는 안다. 불완전한 의무화의 의무는 행위하는 것이 의무적이기는 하지만 그 수행의 특수한 경우들은 우리의 선택에 맡겨진 그러한 의무들이다. 자선이나 선행의 경우처럼 우리가 실로 실행하도록 구속되지만 그러나 특정의 사람에게나 특정의 규정된 시간에 실행하도록 구속되지는 않는 의무들이다. 법철학의 좀 더 정확한 언어에서 완전한 의무화의 의무들은 그것으로 말미암아 상관되는 권리가 어떤 사람이나 사람들에게 병존하는 그러한 의무이다. 나는 이러한 구별이 정의와 도덕성의 다른 의무화 사이에 존재하는 구별과 정확하게 일치한다고 생각한다."[26] 이어서 그는 정의란 것이 "어떤 개인이 우리에게 그의 도덕적 권리로 요구할 수 있는 어떤 것을 함축"하는 데 비해 "그 누구도 우리의 선행과 호의에 대한 도덕적 권리를 갖지 않는다"[27]라고 말함으로써 선행의 의무가 오로지 자기 강제에 입각해 있다고 본다. 물론 밀은 타인을 돕지 않음이 바로 타인의 권리를 손상하는 경우, 예를 들어 법정에서의 증언, 공동방위의 의무의 수행 등에서 보이는 바와 같이 '행하지 않음'이 '타인에게 손해를 입힘'인 경우, 사회가 개인에게 도움의 명령을 내리는 것은 가능하다고 본다. 말하자면 이는 순수한 선행의 의무의 사례가 아니라 손상 금지의 사례이다. 이러한 조건에 해당하지 않는 선행의 유일한 동기는, 밀에게서도, "양심"이다.[28]

IV. 칸트와 밀에서 사회 윤리와 개인 윤리

칸트에게 개인 윤리는 구속성의 방식에서 내적 강제만을 용인한다는 점에서 '손상 금지의 사회 윤리'와 다르다. 그리고 개인 윤리는 구속성의 방식에서는 '선행의 사회 윤리'와 동일하지만 자기 관계만을 문제삼는다는 점에서 구별된다. 칸트 식으로 표현하자면 개인 윤리는 '자기 자신에 대한 불완전한 의무'의 영역이어서 '타인에 대한 불완전한 의무'를 다루는 '사회 윤리의 덕론'과 구별된다. 요컨대 개인 윤리는 선행의 사회 윤리와 그 제재의 방식에서 적용상 완전한 의무 뒤에 오는 것이라는 공통점을 갖지만, 자기 관계냐 타자 관계냐에 따라 구별된다는 것이다. 흥미로운 것은 칸트가 '개인 윤리와 선행의 사회 윤리가 공유하는 동일한 구속성의 방식'에 대해 '도덕의 목적론'을 대응시키고 있다

는 점이다. 칸트에 따르면 『도덕 형이상학』 「덕론」은 '도덕적 목적론',
"순수한 실천이성의 목적들의 체계"[29]이다. 물론 이 목적은 '인간이 자
신에게 자신의 본성의 충동에 따라 정립한 목적이 아니라' '인간이 자
신에게 목적으로 만들어야만 하는 그러한 대상', '동시에 의무인 목적'
이다. 개인 윤리는 자기 관계에서의 의무 목적을, 선행의 사회 윤리는
타자 관계에서의 의무 목적을 다룬다. 칸트가 말하는 '자기 관계에서의
의무 목적'이 바로 자신의 완전성이며, 이 목적을 추구할 의무에는 자
살 금지의 의무, 내적 진실성의 의무, 소질 계발의 의무가 속한다.

　개인 윤리의 영역에 해당하는 자기 자신에 대한 의무를 밀은 다음처
럼 '소극적'으로 규정한다. "자기 자신에 대한 의무라는 말은 그것이 신
중함 이상의 어떤 것을 의미한다면 자기 존경 혹은 자기 발전을 의미한
다. 혹자는 그의 동료들에게 이러한 의무들의 그 어떤 것도 지지 않는
데, 그 이유는 그가 동료들에게 이런 종류의 의무를 진다고 하는 것이
인류의 선을 위한 것이 아니기 때문이다."[30] 소질 계발과 같은 자기 자
신에 대한 의무는 타인의 이익이나 그것의 손해와는 전혀 관계없는 자
기 책임의 영역이라는 것이다. 밀에 의하면 방탕한 사람, 자만한 사람,
동물적 쾌락에 탐닉하는 사람들에 대해 우리는 '일신상의 결점을 지닌
사람'이라고 비우호적 판단을 내릴 수는 있지만, 이들의 행위가 타인의
권리를 손상하지 않는 이상, 이 행위에 대해서 법적, 사회적 강제를 행
할 수는 없다.[31] 이로써 밀도 자기 자신에 대한 의무의 영역을 법이나
'선행의 사회 윤리'와 구별하고 있는 것이다. 그래서 밀은 우리가 나태
한 사람에 대해서 불평하거나 불쾌를 표시할 수는 있어도 도덕적으로
비난할 수는 없다고 본다.[32] 말하자면 자신에 대한 의무의 위반은 오로
지 자기 자신의 비난의 대상일 뿐이라는 것이다. 밀이 자기 자신에 대한
의무의 위반자를 향한 타인의 불평을 '도덕과 무관한 영역으로서의 편
의의 영역'과 구별하지 않는 듯한 인상을 주는 것은 사실이다. 그러나

밀은 『공리주의』에서 쾌락을 질적으로 구별하여, 배부른 돼지의 만족보다 배고픈 소크라테스의 불만족을 질적으로 우수한 쾌락으로 보고 있다. 그러므로 개인의 쾌락에서 일종의 목적론적 질서를 전제하고 있는 듯한 점을 고려한다면 최소한[33] 밀이 자신에 대한 의무의 영역을 도덕과 무관한 영역으로 환원했다는 결론이 도출되기 힘들 것 같다.

V. 개인주의적 보편성

근대의 실천적 다원성에 대한 칸트와 밀의 반성을 정리하자면 이렇다. 양자에서 규범적 영역은 구속성의 방식에 따라 손상 금지의 실정법 영역, 손상 금지의 사회 윤리, 선행의 사회 윤리, 개인 윤리로 나뉜다. 물론 다원성은 다원(多元)들 간의 갈등의 가능성, 예를 들어 실정법적 의무와 그 외의 사회 윤리적 의무 간의 갈등의 가능성을 함축한다. 그런한 칸트 기획과 공리주의는 이런 실천적 합리성의 제 차원들에 대한 일종의 질서화를, 그러나 더 이상 절대자와 같은 초감성적 실체나 인간 개체에 선행하는 전체 자연적 질서로부터 끌어내지 않고, 시도한다. 칸트는 구속성의 방식을 인간 이성의 내적 사용과 외적 사용에 따라 불완전한 의무와 완전한 의무로 나누어 이들 실천적 합리성의 제 영역들을 질서 짓는다.[34] 그리고 밀은 실천적 합리성의 제 영역의 구분과 적용에서의 우선순위를 공리주의적으로 근거 짓는다. 선행의 의무의 영역에 외적 강제가 개입하는 것은 잘못인데, 그렇게 하는 것이 사회적 이익을 늘리지 못하거나 사회적 손해를 야기하기 때문이며, 자기 책임의 영역에 외적 강제가 개입하는 것은 인류의 공익을 늘리지 못한다[35]는 것이다.

법과 도덕의 차별화는 소크라테스에게는 낯선 것이다. 그에게 개인적 덕과 공동체의 법은 동일한 것이었고 법을 어기는 것은 도덕적으로도 유지될 수 없는 것이었다(Kriton, 53c). 중세 말 토마스 아퀴나스의 신법, 자연법, 실정법의 분리는 근대적 생활 세계의 분절화에 대한 이론적 선취였다. 근대 보편주의 윤리학에서 종교나 형이상학으로부터의 자연법적 영역의 분화, 자연법적 영역으로부터의 '손상 금지의 사회 윤리'의 분화, 그리고 이로부터 실정법 영역의 분화, 그리고 각 영역의 상대적 독립성에 기초한 상호 관계 등은 완결된 형태로 반성된다.[36] 아퀴나스에서 규범의 구속력은 궁극적으로 신의 은총이나 신앙에서 나오는 것이었다. 그러나 근대의 보편주의 윤리학에서 실천 영역들의 구속성과 이의 구분 및 질서화는 합리적으로 정당화된다.

물론 칸트의 기획과 공리주의는 각각 이러한 합리성의 아프리오리한 차원과 경험적 차원에 주목함으로써 구별된다.[37] 그러나 이러한 구별은 크게 보아 인간학적 정당화라는 지반 내에 있는 것이다. 이러한 공통적 지반은 오늘날 실천철학에서 신(新)아리스토텔레스적 혹은 신(新)토마스적 일련의 시도들이 공유하는 지반, 예를 들어 역사, 전통, 관행 등에 대비된다. 특히 이들 시도들과 대비될 때 양 기획이 준거점으로 삼는 '인간'은 집단적 인간이 아니라 개별적 인간, 개인임이 드러난다. 즉 양 기획은 규범의 최종 정당화를 개인의 자발적 동의(칸트)나 선호, 이익(공리주의)에서 찾는다는 점에서 개인주의적이다. 이러한 개인성(Individualität)의 원칙은 자기 규정(Selbstbestimmung), 자기 의무화(Selbstverpflichtung)를 구속성의 기원으로 보는 칸트에서 가장 분명히 드러난다.[38] 이 점에서 칸트와 밀의 정치철학적 입장의 특징을 '공동체주의의 대(對)개념인 자유주의'가 아니라 '규범적 집단주의의 대(對)개념인 규범적 개인주의'로 특징짓는 것[39]은 시사적이다.

실천적 합리성의 현대적 다원화에 대한 칸트와 밀의 반성이 지니는 정치철학적 의의는 이러한 반성이 법과 도덕을 동일화하는 전체주의적 기도에 저항한다는 데서 찾을 수 있다. 내면적 도덕성을 법적으로 강제하거나 (종교와 정치가 분리되지 않은 국가에서 종종 이러한 현상을 볼 수 있다) 법의 실정성을 내면적 도덕성과 혼동하는 것, 즉 법의 도덕화와 도덕의 법화가 갖는 파괴적 경향은 '경계 짓는 능력으로서의 이성'에 의해 정당화되는 실천적 다원성을 희생시킨 대가인 것이다.[40]

* 이 글은 한국연구재단(구 학술진흥재단)의 지원에 의해 작성되었음(KRF 2002-074-AM1031).

1 보편주의 윤리학은 따라서 본질상 합리성에 입각한 기획일 수밖에 없다. 이 글에서 말하는 실천적 다원성은 '실천적 합리성'의 다차원과 관련되는 것으로, 합리, 비합리를 막론한 불가공약적 다원성을 옹호하는 포스트모던적 논의와는 관계없다.

2 그러므로 보편주의 윤리는 "도덕 판단을 하는 사람은 … 보편적 속성이 동일한 모든 경우에서 동일한 판단을 하도록 제약당한다"는 것을 전제한다. R. M. Hare, "Universalisability", in: *Encyclopedia of Ethics*, L. Baker (ed.), New York, 1992, 1258. 보편화 가능성 테제는 당위의 구속성에서 나 자신만을 예외로 하는 것을 금지한다.

3 J. S. Mill, *Utilitarianism*, Indianapolis, 1957, 76에서 재인용.

4 밀은 공리주의의 정신을 예수의 황금률과 다르지 않다고 본다. J. S. Mill, *Utilitarianism*, 22 참조. 그리고 최초의 강단 공리주의자 시즈윅은 공리주의를 쾌락주의적 이기주의와 구별되는 '쾌락주의적 보편주의'로 분류한다. 윤리학의 '방법'을 쾌락주의적 이기주의와, 보편주의 그리고 직각주의로 나누는 것에 대해서는 H. Sidgwick, *The Methods of Ethics*, Indianapolis, 1907 참조.

5 슈네델바흐는 이 과정에 '진리로서의 인간의 유한성'에 대한 자각을 첨가한다. 이에 대해서는 H. Schnädelbach, "Kant – der Philosoph der Moderne", in: *Kant in der Diskussion der Moderne*, G. Schönrich u. Y. Kato (hrg.), Frankfurt am Main, 1997, 18-21 참조.

6 그런데 베버(M. Weber)의 '삶의 영역의 분화과정으로서의 합리화'에서 실천의 영역은 단지 목적 합리성 영역의 양적 증가에 의해 표현될 뿐이다. 그러나 회페나 아펠이 적절히 지적했듯이 실천적 합리성은 결코 목적 합리성으로 환원될 수 없다. 이에 대해서는 O. Höffe, "Sittlichkeit als Rationalität des Handelns?", in: *Rationa-*

lität. *Philosophische Beiträge*, H. Schnädelbach (hrg.), Frankfurt am Main, 1984, 143-152; K. O. Apel, "Das Problem einer philosophischen Theorie der Rationalitätstypen", in: *Rationalität. Philosophische Beiträge*, 28 참조. 내가 주목하는 것은 칸트와 공리주의 모두 '전략적 합리성 이상의 실천적 합리성의 차원'에서 실정법, 사회 윤리, 개인 윤리라는 다원성을 승인하고 있다는 점이다.

7 I. Kant, *Grundlegung zur Metaphysik der Sitten*, Akademie Ausgabe IV, 397, 400 참조.

8 I. Kant, *Metaphysische Anfangsgründe der Rechtslehre*, Akademie Ausgabe VI, 214 참조.

9 J. S. Mill, *Utilitarianism*, 23-25 참조.

10 *Utilitarianism*, 36. 내적 제재로서의 양심에 대해서는 J. C. Wolf, "Utilitarische Ethik", in: *Geschichte der neueren Ethik*, A. Pieper (hrg.), Tübingen, 1992, Bd. 1, 158 참조.

11 J. S. Mill, *Collected Works of J. St. Mill*, Toronto, 1969, 211 참조.

12 *Utilitarianism*, 37.

13 I. Kant, "Reflexion zur Rechtsphilosophie", Nr. 6764, Akademie Ausgabe XIX.

14 "Reflexion", 239. 그리고 이와 관련하여 F. Kaulbach, "Moral und Recht in der Philosophie Kants", in: *Recht und Ethik Zum Problem ihrer Beziehung in 19. Jahrhundert*, J. Blühdorn u. J. Ritter (hrg.), Frankfurt am Main, 1970, 49-53 참조.

15 *Metaphysische Anfangsgründe der Rechtslehre*, 224.

16 그렇기 때문에 칸트적 자연법은 자연법적 이성법, 즉 전통적으로 자연법적 구속성의 영역에서 이성에 의해 정당화되는 법이다. 자연의 질서가 아니라 이성적 주체에서 출발한다는 점에서 칸트의 입장은 전통적 자연법과 구별된다.

17 *Metaphysische Anfangsgründe der Rechtslehre*, 231.

18 *Metaphysische Anfangsgründe der Rechtslehre*, 236.

19 J. S. Mill, *On Liberty*, Toronto, 1975, 10.

20 *On Liberty*, 87-88.

21 *On Liberty*, 70.

22 *On Liberty*, 104.

23 *On Liberty*, 10.

24 *On Liberty*, 6.

25 I. Kant, *Metaphysische Anfangsgründe der Tugendlehre*, Akademie Ausgabe VI, 450.

26 *Utilitarianism*, 61.

27 *Utilitarianism*, 62.

28 *Utilitarianism*, 12-13.

29 *Metaphysische Anfangsgründe der Tugendlehre*, 381.

30 *On Liberty*, 73-74.

31 *On Liberty*, 74-75.

32 *On Liberty*, 74.

33 영미권에서 공리주의의 현대적 계승자 중의 한 사람으로 자처하고 또 평가받는 헤어는 명시적으로 자기 자신에 대한 의무의 영역을 도덕적 숙고의 영역으로부터 배제한다. 이에 대해서는 R. M. Hare, *Freedom and Reason*, Oxford, 1952, 157 참조.

34 칸트에 있어 의무 갈등의 문제에 대해서는 이 책의 6장 「『도덕 형이상학』에 대한 사회 윤리적 독해」 참조.

35 *On Liberty*, 76 참조.

36 밀이 당시 개성을 억압한다고 중국을 비판하는 것(*On Liberty*, 67 참조)도 결국 이러한 구별의 부재를 겨냥한다.

37 그러므로 칸트가 밀에 비해 훨씬 체계 지향적이다. 그러나 칸트는 결코 객관적이거나 실체적인 이성으로 되돌아가지 않았으며 그에게 이성은 제 합리성의 영역들을 경계 짓고 상이한 영역들을 관계시키는 기능을 담당할 뿐, 더 이상 통일, 총체성의 과업을 떠맡지는 않는다. 칸트 식으로 표현하자면 초험적(traszendent) 이성이 아니라 선험적(transzendental) 이성이 문제라는 것이다. 이 점에서 경계 짓고 관계시키는 이성의 특성을 'transversal'로 표현하는 벨쉬의 입장은 시사적이다. 이에 대해서는 W. Welsch, *Vernunft. Die zeitgenössische Vernunftkritik und das Konzept der transversalen Vernunft*, Frankfurt am Main, 1995, 631 ff. 참조. 그에게서도 '가로지르는(transversal) 이성'은 다원성을 통일하는 것을 목적으로 하는 것이 아니라 '각 영역의 독자성을 승인하는 합리적 정의(rationale Gerechtigkeit)'를 구사한다.

38 게르하르트(V. Gerhardt)는 '정합적인 자기 개념(konsistenter Selbstbegriff)의 관점에서만, 그리고 이러한 정합적인 자기 개념에 대한 의식 내에서만 행위 결정적 심급 ― 그것이 신적 심급이건 사회적 심급이건 간에 ― 에 대한 호소가 의미를 획득한다' 고 주장함으로써 개인성의 특별한 지위를 근거 짓는다. 그는 도덕적 판단의 보편적 구속성에 대한 물음에도 개인주의적 시도를 철저화함으로써 답한다. 그는 개별자들이 추구하는 도덕 문제의 해결을 '개인적 보편성(individuelle Allgemeinheit)'의 가능성에 의해 지지한다. 해법은, 하나이자 동일한 주체가 체험하는, 모든 이에 비견되는 사례들에 타당하며, 그것도 개인의 자기 자신과의 일치라는 기준에 의해 모든 이에 비견되는 사례들에 타당하다는 것이다. V. Gerhardt, *Selbstbestimmung. Das Prinzip der Individualität*, Stuttgart, 1999, 398 f. 참조.

39 포르테(D. Pfordte)는 계약주의 대 비계약주의라는 범주화와 자유주의 대 비자유주의(보수주의, 전체주의, 공동체주의)라는 근대 이래의 정치철학적 범주화를 비판하고, 규범적 개인주의 대 규범적 집단주의가 가장 적실한 범주라는 것을 부각시킨다.

그리고 그는 이러한 범주화에 따라 근대 이래의 제 정치이론들을 개인주의와 집단주의의 정도에 따라 일일이 분류한다. 그래서 그는 규범적 개인주의를 중심축으로 하고 양극단에 각각 정치적 자유주의(Libertärianismus)라는 한쪽과 '집단주의와 개인주의의 절충으로서의 공동체주의와 담론 윤리'라는 또 다른 한쪽을 배치시킨다. 이렇게 현대의 논의를 분류함으로써 그는 현대에서는 주류가 규범적 집단주의가 아니라 규범적 개인주의임을 부각시키는 것이다. 이에 대해서는 D. Pfordte, "Normativer Individualismus versus normativer Kollektvismus in der politischen Philosophie der Neuzeit", in: *Zeitschrift für philosophische Forschung*, Bd. 54(2000), 4, 491-513 참조.

40 이를리츠(G. Irrlitz)는 도덕을 그 어떤 매개도 생략한 채 직접적으로 공동체의 삶의 영역, 즉 정치에 적용하는 것의 파괴적 경향을 국가 사회주의에서 본다. 이에 대해서는 G. Irrlitz, "Vier Wellen der Moralisierung von Politik", in: *Politik und Ethik*, K. Bayertz (hrg.), Stuttgart, 1996, 63-90 참조.

제 2 장

공적 쾌락과 사적 금욕: 벤담과 칸트에서 '금욕'의 문제

I. '금욕'과 '쾌락의 활용': 아스케제의 두 계기

아스케제(Askese)는 그 어원상 '기술을 동원하여 무엇을 만들어 냄'이라는 의미를 가지며 이것이 인간 자신의 육체에 적용되어 처음에는 '육체의 단련'(체육)의 의미로, 그다음에는 인간의 정신에 적용되어 '도덕적 훈련'의 의미로 사용되었다.[1] 이러한 정신적 훈련에는 '쾌를 삼감' 뿐만 아니라 '쾌를 활용함' 또한 포함된다.[2] 이는 아스케제의 전형을 보여주는 희랍의 시니시즘(Cynicism)에서 확인되는데 여기서 욕구의 금지(금욕)와 향유(쾌의 계산)는 어디까지나 도덕적 훈련의 계기였다. 이 아스케제는 고통과 쾌를 다루는 기술에서의 탁월성을 목적으로 한다.[3]

'도덕적 훈련'이 덕을 목적으로 하는 반면, 스토아의 필로(Philo)가 시작한 것으로 알려진 '종교적 훈련'은 구원을 목적으로 한다. 초기 교부 오리게네스(Origenes)가 아스케제를 '육체의 체념'과 '육체의 정념의 사멸'로 정의하는 데서 보이는 종교적 아스케제는 중세에 이르러 수도승의 '세계 부정적 금욕주의'로 발전한다.[4]

이러한 중세의 수도승 금욕주의는 근대 초 종교 개혁가들의 주된 비판의 대상이었다. 그들이 수도승 금욕주의를 비판한 것은 그것이 '금욕적 실천을 통해 구원에 이를 수 있다고, 즉 금욕적 수행이라고 하는 업적을 통해 신에게 옳다고 인정받게 된다'고 주장(공적(功績) 정의, Werkegerechtigkeit)했기 때문이다. 말하자면 '심정이 아니라 행위'에 의해 옳음을 성취하려는 무망한 시도였다는 것이다. 베버가 초기 자본주의의 자본축적을 가능케 한 것으로 본 '프로테스탄트 금욕주의'는 세계 내적 금욕주의로, '구원의 수단으로서의 금욕'이 아니라 '구원의 징표로서의 금욕'을 고수한다는 점에서, 중세의 수도승 금욕주의와 구별된다.[5] 고대의 아스케제나 근대 초의 '프로테스탄트적 금욕주의'는 공히 '자기 목적으로서의 금욕'에 저항한다.

아래에서 나는 이상 간략히 고찰된 아스케제가 '벤담의 공리주의와 칸트의 의무주의로 대표되는 근대의 실천철학적 기획'을 거치면서 어떤 운명을 겪게 되는가를 주로 살펴보고 또 이를 평가해 보려고 한다. 우선 벤담과 칸트 모두에게서 금욕주의가 '도덕의 원칙'의 후보에서 탈락되는 과정을 추적한다. 벤담이 최대 다수의 최대 행복으로 대변되는 쾌락주의에 의거하여 어떻게 사회 윤리적, 개인 윤리적, 종교적 금욕주의를 비판하고 '공적 쾌락'을 옹호하는지 살펴볼 것이다. 다음으로 원칙으로서의 금욕주의를 보편적 당위의 관점에서 비판하는 칸트적 과정을 재구성한 후, 칸트로 대표되는 근대의 기획에서 전통적 아스케제가 어떤 위상을 지니는지를, '사적 금욕'으로 압축될 수 있을 그의 『도덕형이상학』「덕론」의 방법론을 중심으로 고찰해 볼 것이다. 끝으로 이러한 '공적 쾌락과 사적 금욕'의 기획이 갖는 현재적 의의를 아리스토텔레스의 덕 윤리 기획에 비추어 드러내 보일 것이다.

II. 공적 쾌락 (벤담)

벤담의 윤리학은 '윤리학에서 우선적인 문제는 도덕적 실행이 아니라 도덕 원칙이라고 보는 근대의 윤리학'이다. 벤담은 법학의 이론적 정초를 마련하기 위한 자신의 기획을 '의지의 논리학(logic of the will)'을 정립하려는 시도라고 말한다. 그래서 의지의 논리학에 해당하는 '입법의 기술(art of legislation)'의 적용이 '법학(science of law)'이라는 것이다.[6] 이처럼 벤담의 일차적 관심사는 옳고 그름의 기준이다. 그는 최대 다수의 최대 행복이라는 공리의 원칙을 옳고 그름의 판정 원칙으로 제시한다. "모든 이해 당사자의 최대 행복이 옳은 것이자 적절한 것(the right and proper)이다. 그리고 모든 이해 당사자의 최대 행복은 인간 행위의 유일하게 옳고 적절하며 보편적으로 소망 가능한 목적이다."[7] 그에 의하면 이 원칙은 개인적 차원에서나 사회적 차원에서 모두 타당한 원칙이며 이 원칙의 타당성을 부정하는 것은 불가능하다. 벤담은 이 원칙에 대한 소극적 반박이 아니라 적극적 부정의 예로 '원칙으로서의 금욕주의'를 거론하고 비판하는데 그의 금욕주의 비판은 다음과 같이 재구성될 수 있다.

첫째, 금욕주의는 사회 윤리의 원칙이 될 수 없다. 보편적 금욕이 아니라 보편적 쾌락이 사회 윤리의 근본 원칙이다. 정책으로서의 금욕주의로 거론될 수 있는 스파르타의 금욕적 정책은, 벤담에 의하면, 국가의 생존을 위함이었지 금욕 자체를 목적으로 하지 않았다. 스파르타의 '정책으로서의 금욕주의'는 "안전성의 조처"였으므로 "비록 전도된 형태의 적용이긴 하지만, 바로 공리의 원칙의 적용이다"[8]라는 것이다. 설령 개인적으로는 금욕주의자라 할지라도 이것이 사회 정책으로 시행되는 것을 원하는 사람은 아무도 없다. "어떤 이가 자신을 비참하게 만드는 것의 장점이 무어라고 생각하든 이런 사람 그 누구도 타인을 비참하게 만드는 것도 장점을 지닌다거나 더 나아가 의무라고 생각하지는 않았다."[9] 요컨대 사회 윤리적 맥락에서 타인의 고통을 선으로 보지 않는 한, 사회 윤리의 원칙으로서의 금욕주의는 불가능하다는 것이다.

둘째, 개인 윤리의 차원에서 용인되는 금욕주의도, 벤담에 의하면, 실은 고도의 정신적 기쁨을 목적으로 한다는 점에서 소극적 쾌락주의와 다름없다. 개인적 차원의 금욕주의자들이 버린 것은 "순수하지 못한 것이라고 부른 것, 즉 육체적인 쾌락이나 육체적인 것에 기인하는 쾌락"이었을 뿐, "이러한 불순한 쾌락과 구별되는 순수한 것은 함양, 확충하였다"[10]는 것이다. 벤담이 보기에 그 이름이 어떠하던 간에 '이 순수한 것' 또한 쾌락과 다름없다.

셋째로, 벤담은 종교적 금욕주의를 거론하고 비판한다. 벤담은 종교적 금욕주의가 고차적 기쁨을 목적으로 하지 않는다는 점에서는 위의 개인적 금욕주의와 다르다고 보지만, 그럼에도 종교적 금욕주의가 "내세의 벌에 대한 공포"[11]로부터 벗어남이라는 목적을 가지는 한, 금욕주의적이지 않다고 본다.

그런데 내세에서의 고통 회피라는 목적을 갖지 않는 종교적 금욕주의, 즉 '고통 그 자체를 찬양하는 것을 의무로 삼는' 종교적 금욕주의도 있을 수 있다. 이에 대한 벤담의 답은 이 입장이 위의 가장된 금욕주의보다 "더 일관적이지만 덜 현명하다"[12]는 것이다. 이렇게 되면 벤담에서 '내세를 염두에 두지 않는 과격한 수도승 금욕주의에 입각한 행위'는 '비도덕적 행위라기보다 현명치 못한 행위'가 된다.

III. 사적 금욕 (칸트)

원칙으로서의 금욕주의에 대한 칸트의 비판을, 위에서 벤담의 입장이 요약된 순서를 거슬러 올라가면서, 재구성하면 다음과 같이 된다.

첫째, 종교적 금욕주의에 대한 칸트의 비판은 벤담의 그것보다 더 신랄하다. 수도승 금욕주의 추종자는 고통을 자신에게 벌로 과한다. 벌을 달게 받음으로써 그는 벌에 동반되는 고통을 찬양한다. 이들은 자신에

게 '자발적으로' 벌을 내린다. 그런데 문제는 수도승 금욕주의가 '윤리
적 맥락에서 잘못이 없는데도 자신에게 벌을 내린다' 는 데 있다. 칸트
가 보기에 이는 당위의 프리즘을 통과하지 않은 것이다. 그래서 그에 따
르면 당위와 윤리적 사유가 결여된 벌은 단지 '무윤리적' 인 것이 아니
라 비윤리적이다. 왜냐하면 이러한 자기 형벌에는 "덕의 명령에 대한
은밀한 혐오"[13]가 동반되어 있기 때문이다.

둘째, 칸트에 따르면 개인 윤리적 차원에서도 금욕주의는 행위의 원
칙이 되지 못한다. (벤담과 마찬가지로) 칸트도 고통의 추구가 아니라
행복의 추구를 개인 의무로 본다. 그러나 칸트가 '금욕을 위한 금욕' 을
비판하는 근거는 벤담에서처럼 그것이 반쾌락주의적이기 때문인 것이
아니라 "숱한 염려와 충족되지 않은 욕구 상태에서 자신의 처지에 대한
만족의 결여는 의무들을 위반하려는 커다란 유혹이 될 수 있을 것이기
때문"이다. 말하자면 불행이 의무 수행에 장애가 되기 때문에 행복을
추구해야 한다는 것이다. 그래서 칸트는 행복 추구의 개인적 의무를
"간접적"[14] 의무라고 말하고 있는 것이다.

셋째, 칸트에서 선행(善行)의 사회 윤리의 원칙은 '동시에 의무인 목
적으로서의 타인의 행복을 촉진하라' 는 것이다.[15] 그러나 타인의 행복
은 그것이 '선으로서의 보편적 쾌락' 의 일부이기 때문에 명령되는 것이
아니라,[16] 타인의 완전성을 촉진하는 것을 도우라는 명령의 보편타당
성, 즉 타인의 행복이 지니는 당위적 보편성 때문에 명령된다.[17]

이상 칸트에서는 도덕의 원칙으로서의 금욕주의는 불가능하다. 다시
말해 금욕주의적 원칙은 선악의 판정 기준이 될 수 없으며 금욕적이기
때문에 도덕적일 수는 없다.[18] 그렇다면 칸트 실천철학에서 아스케제는
이로써 종언을 고했는가? 다른 선택지가 남아 있다. '금욕적이기 때문
에 도덕적인 경우' 가 아니라 '도덕적이기 때문에 금욕적인 경우' 이다.
그래서 칸트는 금욕의 문제를 '무엇이 선인가' 의 물음의 맥락이 아니라

'어떻게 통찰된 선을 사적인 차원에서 실행할 것인가' 의 물음의 맥락에 위치 짓는다. 이것이 의미하는 것은 도덕의 실행론으로서의 아스케제, "덕의 도야(die Cultur der Tugend)로서의 도덕적 아스케제(die mo- ralische Ascetik)"[19]만이 가능하다는 것이다. 아스케제가 칸트『도덕 형이상학』「덕론」의 원리론에서가 아니라 사적인 차원인 (선을 실행하는) 방법론에서 등장하는 이유가 여기에 있다.[20]

내가 보기에 칸트의 아스케제론(論)은, 비록 방법론의 차원으로 축소되긴 했지만, '덕을 지향하는 쾌고(快苦)의 훈련으로서의 아스케제' 라는 고대말 기획의 근대적 버전, 따라서 '서양 근대 윤리학의 의무론적 기획이 제시하는 수양론(修養論)' 이라 할 만하다. 칸트가 보기에 덕에 있어 숙련의 규칙은 두 가지 기분 상태를 지향하는데 그 하나는 덕의 의무를 준수함에 있어서의 '깨어 있는 심의' 이며 다른 하나는 '기쁜 심의' 이다. 전자의 심의는 다음과 같은 스토아주의자들의 금언, 즉 "우연적인 삶의 화를 견디는 것을 습관화하라. 그리고 과도한 희열을 삼가는 것을 습관화하라"[21]에 충실할 때 가능하다.

그러나 칸트가 보기에 연습된 깨어 있음만으로는 의무 실행이 용이하게 되지 않는다. 왜냐하면 의무에 입각하여 행위함은 쾌를 목적으로 행위함을 애초에 배제하는데, 이러한 '행위의 근거로서의 쾌' 를 대체할 만한 기쁨이 덕의 수련 과정에서 얻어지지 않는다면 의무의 실행이 회피될 수도 있기 때문이다. 간단히 말해 의무에서 비롯된 행위는 쾌에서 비롯된 행위가 아니지만 의무가 용이하게 행해지기 위해서는 부단한 연습을 통한 기쁜 심의가 동반되어야 한다는 것이다. "여기에 '하나의 즐거운 삶을 향유하면서도 순수하게 도덕적인' 그 무엇이 더해져야 한다. 그것은 덕스러운 에피쿠로스의 이념에 있는 항상 기쁜 마음이다."[22] 덕스러운 에피쿠로스란 말하자면 스토아주의 더하기 에피쿠로스주의이다. 스토아의 최종 목적은 깨어 있는 심의인데 여기에 기쁜 심의

가 더해지는 것, 즉 깨어 있음에 쾌가 더해지는 것이 아스케제의 목적이
다. 물론 칸트가 말하는 여기서의 기쁨은 (원리론 차원에 존립하는) 의
무의 근거로서의 기쁨이 아니라(만일 그렇다면 쾌락주의적 공리주의가
될 것이다) 덕의 꾸준한 연습에 의해 달성된 기쁨, 그래서 만일 부단한
수련의 결과 이러한 기쁨이 획득된다면, '동시에 의무인 목적으로서의
덕을 행하기가 훨씬 용이해지는 그런 기쁨'이다. 이런 상태의 사람은
칸트에 의하면 "기쁜 마음이라는 원인을 가지면서 이 기쁜 마음을 가짐
을 의무의 대상으로 삼지 않는 사람"이다. 이 사람은 "그 어떤 의도적
위반도 의식하지 못하고 이러한 기쁜 기분에 빠져 있기 때문에 안전한
사람", 말하자면 자기 마음대로 행동해도 거리낄 것이 없는 상태(從心所
慾不踰矩)에 있는 사람이다.[23]

IV. 아스케제의 복권? 아리스토텔레스 대(對) 칸트, 그리고 니체

요약하자면 이렇다. 벤담과 칸트에서 선악의 판정 원칙으로서의 금욕
주의는 불가능하다. 그러나 칸트에서 선의 실행론으로서의 아스케제는
가능하다. 벤담과 칸트의 이러한 입장의 배후에는 '선악에 대한 판정은
보편 이성적 · 공적 차원에서, 파악된 선의 관철 능력은 개인적 실천의
차원에서'라는 근대적 근본 경향성이 자리하고 있다. 요컨대 '금욕'과
관련한 근대의 전형적 응답은 공적 차원에서의 부정과 사적 차원에서
의 긍정, 즉 공적 쾌락과 사적 금욕(아스케제)이랄 수 있다.

원리론의 차원에서 보자면, 사실 쾌와 고통은 가치론적으로 비대칭
적이다. 고통은 그것이 가치 관련적이려면 '무엇을 위한 고통(의 감
내)'일 수밖에 없기 때문이다. '금욕을 위한 금욕으로서의 금욕주의'에
대한 벤담과 칸트의 비판은 그러므로 이러한 '인간학적 사태'에 조응한
다. 오늘날 금욕주의적 프로그램들, 이를테면 생태 윤리의 원칙으로서

의 금욕주의적 기획(생태적 금욕주의 — 이를 테면 한스 요나스가 주장
하는 것처럼)에 대해서도 우리는 칸트와 벤담의 성과를 비판적 척도로
사용할 수 있을 것이다. 이를 테면 금욕을 위한 금욕으로서의 생태 금욕
주의는 불가능하며 이 금욕은 "더 심각한 빈곤의 예방"[24]을 목적으로 하
고, 결국 생명계나 인류(미래 세대)의 존재라는 적극적 목적을 가질 수
밖에 없다는 식으로.

　거슬러 올라가면 아스케제 개념의 철학적 기원 중의 하나로 아리스
토텔레스의 덕 개념을 꼽을 수 있을 것이다. 칸트의 도덕적 아스케제는
아리스토텔레스의 '부단한 실천을 통한 성격적 덕의 형성'과 크게 다르
지 않다고 말할 수 있다. '의무가 용이하게 행해지기 위해서는 부단한
연습을 통한 기쁜 심의가 동반되어야 한다'고 말하는 칸트와 유사하게
아리스토텔레스도 다음과 같이 말한다. "플라톤이 말하듯이 어느 정도
는 아주 어렸을 때부터 마땅히 쾌를 느껴야 할 대상에게 쾌를 느끼고,
불쾌를 느껴야 할 대상에게 불쾌를 느끼도록 인도되어야만 한다. 이것
이 올바른 교육이기 때문이다."[25]

　그러나 아리스토텔레스와 칸트 사이의 차이는 지식(선악에 대한 지
식)과 실천(덕 형성을 위해 요구되는 습관적 실행) 중 어느 것에 무게
중심을 두는가에 있다.[26] 아리스토텔레스에 따르면 "지식(행위의 선악
에 대한 앎)은 거의 의미가 없거나 아무 의미가 없으며 다른 두 가지(행
위 자체를 위한 결정, 확고한 성품에 의한 행위)는 거의 의미가 없는 것
이 아니라 모든 의미를 가진다. 이 두 가지는 정의와 절제의 지속적 연
습에 의해 획득된다."[27] 그래서 아리스토텔레스가 보기에 "실천적 지혜
는 우리에게 정의로운 것을 가르쳐 주기는 하지만, … 우리가 정의로운
것 등에 대한 앎 때문에 그만큼 더 활동적이 되는 것은 아니다."[28] 오히
려 아리스토텔레스에서 목적에 대한 앎은 성격적 탁월성(덕)에 의존적
이다. 그래서 아리스토텔레스는 "목적의 질(質, 행위 목적의 선악)이 우

리 자신의 질에 의존적이다"[29]라고 주장하고 또 "행위의 원리는 그 행위의 목적에 있지만 사람이 쾌나 불쾌에 사로잡히는 즉시 옳은 원칙이 은폐되고, 목적 때문에 그리고 목적을 위해 모든 것을 선택하고 행해야 한다는 것이 망각된다"[30]고 주장하는 것이다.

습관, 연습에 대한 이러한 아리스토텔레스적 강조에 대해 칸트는 '법칙에 대한 표상'의 우선성으로 맞선다. "품성으로서의 능숙함(Fertigkeit)은 행위함의 용이성이며 자의의 주관적 완전성이다. 그렇지만 이러한 모든 용이성이 자유로운 능숙함(자유로운 품성)인 것은 아니다. 왜냐하면 이 용이성이 습관이라면, 즉 자주 반복된 행위를 통해 필연으로 되어 버린 행위의 동일한 형식성이라면 이 용이함은 자유로부터 나온, 따라서 도덕적인 능숙함이 결코 아니기 때문이다. 따라서 우리는 덕을 자유로운 합법칙적인 행위들에서의 능숙함을 통해 정의할 수 없다. 만일 여기에 행위에 있어 **법칙의 표상**을 통해 자신을 규정함이 추가된다면 덕의 정의가 될 수 있을 것이다."[31] 칸트에서 우선적인 것은 법칙에 대한 표상이다. 그래서 습관적 실천, 아스케제는 법칙에 대한 표상을 다루는『도덕 형이상학』「덕론」의 원리론의 부록, 즉 방법론으로 자리잡게 된 것이다.

왜 아리스토텔레스는 옳고 그름의 판단인 실천적 지혜가 없이도 덕스러울 수 있다[32](의학 지식을 알아야 건강한 것은 아닌 것처럼)고 말할 수 있었는가? 그것은 궁극적으로 성격적 탁월성, 즉 덕이 본성상 선을 지향한다는 확신 때문인 것 같다. 이 확신의 배후에 있는 형이상학은 '공동체와 개인의 유기체적 결합'이다. 아리스토텔레스적 덕을 소유한 개인에게 공동체와 관련한 옳고 그름(예를 들어 정의)은 어렵지 않게 파악된다. 그러나 개인과 공동체의 간의 결합의 붕괴는 결국 개인의 덕성보다는 보편적 선에 우선적으로 주목하게 만든다. 벤담과 칸트는 각각 보편적 쾌락과 의무의 보편성에 집중함으로써 보편적 기준의 문제

를 윤리학의 우선 문제로 본다. 벤담에게 이 선의 실현 가능성은 그의
'축소된 행복' 개념 탓에 선의 실행론을 개진해야 할 정도로는 필요하
지 않았다. 칸트도 이러한 벤담 식의 '하향 평준화된 행복' 개념이 근대
이후의 행복 개념을 대표한다는 점을 인정했지만 (혹은 이 하향 평준화
때문에) 그는 '보편적 행복' 보다는 당위의 '보편성'에 자신의 기획을
기초한다.

  니체는 다시 쾌고를 통한 훈련으로서의 아스케제에 주목한다. "나 또
한 아스케제를 다시 자연화하고 싶다. 부정(否定)의 의도의 자리에 강화
(强化)의 의도를, 의지의 훈련(eine Gymnastik des Willens)을, 자제(自
制)와 모든 종류의 투여된 금식기(Fastenzeit, 禁食期)를 …."[33] 그가 이런
시도를 한 배경에는 선악의 판정 원칙 중심의 근대적 윤리 기획들에 대
한 부정적 평가, 개인적 삶에 공적 원칙을 앞세우는 근대적 기획에 대한
부정적 평가가 자리 잡고 있다. 그러나 니체에게 '지성적 덕과 성격적
덕의 아리스토텔레스적 균형' 같은 것이 있는지는 분명치 않다. 아리스
토텔레스는 덕이 실천적 지혜의 부분집합이라는 소크라테스-플라톤의
주장을 거부했지만, 그럼에도 "단순히 올바른 이성을 따르는 품성 상태
가 덕인 것이 아니라 올바른 이성과 결합된 품성이 탁월성이다"[34]라고
주장함으로써 나름대로 양자의 균형을 도모하는 듯하기 때문이다.

* 이 글은 한국연구재단(구 학술진흥재단)의 지원에 의해 작성되었음(KRF 2005-079-AM0016).

1 아스케제의 개념사(槪念史)에 대해서는 G. Lanczkowski, "Askese", in: *Historisches Wörterbuch der Philosophie*, Basel Stuttgart, Bd. I, 1971, 538-541 참조.

2 이에 대해서는 슈미트(W. Schmid)의 다음과 같은 발언 참조. "특히 아스케틱 (Asketik: 아스케제의 프로그램)에는 우리의 쾌의 사용 또한 속한다. 나중에 쾌락주의적 철학자들을 비판한 기독교도들의 표적이 된 것은 키니코스학파의 쾌락 활용이다. 테르툴리아누스는 성애(Aphrodisia)에서 처를 교환하는 것을 비난하였고 아우구스티누스는 부부간의 성적 교섭을 중인환시리에 실행하는 것을 비난하였다. 키니코스학파의 크라테스(Krates)와 히파키아(Hipparchia) 부부는 실제로 그렇게 했다. 파트너 교환의 키니코스적 모델은 아마도 안티스테네스(Antisthenes)일 텐데 그는 쾌의 아스케제(Askese der Lust), 쾌의 계산법을 고안했다. 왜냐하면 쾌 또한 그것을 유쾌한 방식으로 연출해 내려면 용의주도하게 준비되어야만 하기 때문이다. 안티스테네스에 따르면 쾌는 그것의 충족을 우리가 더 오래 지연시키면 지연시킬수록 그만큼 더 강력해진다. 만일 우리가 쾌에 즉시 굴복한다면 쾌는 즉시 약하게 폭발하고 말 것이다. 욕구의 억제가 가져오는 것은 가장 작은 분량이라 할지라도 매우 강력한 효과를 야기한다는 것이며 이는 동일한 방식으로 먹음의 쾌, 마심의 쾌, 그리고 성애의 쾌에 대해서도 타당하다. 물론 이것의 전제는 쾌의 노예가 아니라 쾌의 주권적(souverän) 사용에 있어 훈련술적으로 체득함이다. 그래서 쾌의 아스케제는 흠결 없이 자족(Autarkie)의 기획에 부합한다." W. Schmid, "Was ist und zu welchem Zweck betreibt man Askese? Kleine Geschichte eines misverstandenen Begriffs", in: *Die neue Rundschau*, 2000 (111 Jg.), Frankfurt am Main, 10.

3 이에 대해서는 슈미트의 다음과 같은 언급 참조. "시니시즘의 아스케틱이 목적하는

것은 아레테, 즉 모든 방면에서의 탁월성이며 아스케틱 자체가 이러한 목적에 도달하는 첩경이다. 우리가 연습을 통하여 하나의 특정한 숙련성과 능숙함을 지닐 수 있는 기술과 예술의 경우에서와 마찬가지로, 삶의 예술(Kunst des Lebens)의 경우에서도 사정은 동일하다. 이러한 삶의 예술은 아스케틱을 포기할 수 없는 것이다." "Was ist und zu welchem Zweck betreibt man Askese? Kleine Geschichte eines misverstandenen Begriffs", 10.

4   이렇게 어원상 '쾌락과 고통의 조절을 통한 (도덕적) 훈련'이라는 의미의 아스케제 (Askese)는 중세의 수도승 금욕주의를 거치면서 '쾌락의 활용 부분을 전적으로 배제하는 금욕적 세계관, 금욕적 윤리 기획'으로 변모된다. 이 글에서는 후자의 경우에만 '금욕주의'라고 표기하고 나머지 경우는 모두 그냥 '아스케제'라고 표기하기로 한다. 말하자면 금욕주의는 아스케제의 두 계기 중의 하나인 금욕을 '전체 기획을 대표하는 원칙'으로 삼은 것이랄 수 있겠는데 칸트와 벤담의 비판 대상이 된 것은 '쾌락과 고통을 통한 훈련으로서의 아스케제'라기보다는 '원칙으로서의 금욕, 즉 금욕주의'였다.

5   베버에 의하면 칼뱅주의자들에게 (금욕적 행위와 같은) "좋은 행실은 행복에 도달하기 위한 수단으로는 절대적으로 부적합하지만, 신의 선택의 표시로는 불가결하다." M. Weber, *Die Protestantische Ethik und der Geist des Kapitalismus*, Düsseldorf, 1992, 24. 말하자면 금욕적 행위가 신적 행복에 참여하는 수단이 되지는 못하지만, 이런 행복에 참여하도록 선택되었다는 것의 표시가 되는 것은 불가피하다는 것이다.

6   J. Bentham, *Introduction to the Principles of Morals and Legislation*, (ed.), J. H. Burns, H. L. A. Hart, London and New York, 1970, 8 참조.

7   *Introduction to the Principles of Morals and Legislation*, 11.

8   *Introduction to the Principles of Morals and Legislation*, 19.

9   *Introduction to the Principles of Morals and Legislation*, 19.

10   *Introduction to the Principles of Morals and Legislation*, 18 ff.

11   *Introduction to the Principles of Morals and Legislation*, 18.

12   *Introduction to the Principles of Morals and Legislation*, 18.

13   I. Kant, *Metaphysische Anfangsgründe der Tugendlehre*, Akademie Ausgabe VI, 485 (§53).

14   이상 I. Kant, *Grundlegung zur Metaphysik der Sitten*, Akademie Ausgabe IV, 399.

15   *Metaphysische Anfangsgründe der Tugendlehre*, Akademie Ausgabe VI, 387 참조.

16   칸트는 그의 『실천이성비판』의 변증론에서 덕이 행복의 종속변수라는 에피쿠로스의 주장을 극력 반박하는데 이는 벤담에게도 고스란히 적용될 수 있다. 이에 대해서는 I. Kant, *Kritik der Praktischen Vernunft*, Akademie Ausgabe V, 113 참조.

17   이에 대해서는 이 책의 6장, 109-110 참조.

18   그러므로 칸트의 심정 윤리학의 기획은 베버가 말한 프로테스탄트적 반(反)공적주의

(금욕은 구원의 통로가 아니라 구원의 징표이다)의 세속화로 볼 수도 있다.

19 칸트는 아스케제를 "ethische Gymnastik"이라고도 표현한다. *Metaphysische An-fangsgründe der Tugendlehre*, 485.

20 *Metaphysische Anfangsgründe der Tugendlehre*, 477. (괄호 안은 칸트의 것)

21 *Metaphysische Anfangsgründe der Tugendlehre*, 484-485.

22 *Metaphysische Anfangsgründe der Tugendlehre*, 485.

23 이상 *Metaphysische Anfangsgründe der Tugendlehre*, 485.

24 H. Jonas, *Das Prinzip Verantwortung*, Frankfurt am Main, 1979, 265.

25 Aristoteles, *Nikomachische Ethik*, E. Rolfes (übers.), Hamburg, 1995, 29(1104b).

26 아리스토텔레스 식으로 표현하면 "행위의 원리인 의지적 선택"과 이 의지적 선택의 원리인 "목적의 표상", 132(1139a) 중에서 어느 것에 무게 중심을 두는가의 문제이다. (괄호 안은 필자가 첨가함)

27 *Nikomachische Ethik*, 32(1105b). (괄호 안은 필자가 첨가함)

28 *Nikomachische Ethik*, 146(1143b). "실천적 지혜를 가진 사람은 그에게 선하고 유용한 것이 무엇인지를 인간적 삶을 좋고 행복하게 만드는 것과 관련하여 숙고하는 사람이다." *Nikomachische Ethik*, 135(1140a).

29 *Nikomachische Ethik*, 58(1114b). (괄호 안은 필자가 첨가함) "또 최선의 의견을 가진 사람이 최선의 의지적 선택을 하는 사람인 것도 아니다. 많은 사람들이 악덕으로 말미암아 해서는 안 될 일을 하면서도 그들의 의견은 옳은 경우가 있다." *Niko-machische Ethik*, 50(1112a). 여기서 덕 혹은 악덕은 '목적의 의욕'이 아니라 '목적의 수단을 선택함'에 있어서의 탁월성 혹은 탁월하지 못함이다. *Nikomachische Ethik*, 55(1113b).

30 *Nikomachische Ethik*, 136(1140b).

31 *Metaphysische Anfangsgründe der Tugendlehre*, 407. (강조는 필자가 한 것)

32 아리스토텔레스는 실천적 지혜 없이도 덕스러울 수 있다는 것의 비유로 "우리가 의술이나 체육의 기술을 가지고 있다고 해서 (건강이나 좋은 상태 같은 품성 상태들을) 더 잘 실천할 수 있게 되는 것은 아니다"라고 말한다. *Nikomachische Ethik*, 146(1143b).

33 F. Nietzsche, "Der Wille zur Macht", in: *Friedrich Nietzsche in drei Bände*, K. Schlechta (hrg.), Bd. 2, 345. 슈미트에 따르면 "근원적 의미에서의 아스케틱은 근본적으로는 니체에서 비로소 복권을 경험한다." 이에 대해서는 W. Schmid, "Was ist und zu welchem Zweck betreibt man Askese? Kleine Geschichte eines misverstandenen Begriffs", 11-12.

34 *Nikomachische Ethik*, 149(1144b).

제 3 장

평화의 도덕: 칸트 실천철학에 대한 목적론적 독해

I. 의무론 대 목적론

대개 칸트 실천철학은 목적론에 대비되는 의무론으로 특징지어진다. 그렇지만 이는 단지 부분적으로만 타당한데 왜냐하면 그의 실천철학이 목적론 또한 지니기 때문이다. 칸트는 그의 『실천이성비판』의 변증론에서 도덕적 목적론의 성립가능성을 다루고 있으며 이 성과는 그의 종교철학 및 역사철학 저서에서 구체화된다.[1]

물론 도덕적 구속성의 근거를 '예상되는 행위결과'가 아니라 '도덕법에 대한 존경이라는 내적 동인'에서 찾는다는 점에서 칸트는 의심의 여지없이 전형적 동기주의자 · 의무론자이다. 그리고 칸트는 의무론과 목적론의 관계에 대해 "도덕으로부터 목적이 나온다"[2]라고 말할 뿐 그 반대를 말하지는 않는다. '왜 목적론인가'라는 물음에 대해서도 칸트는 '우리는 단지 어떻게(Wie)만으로는 만족할 수 없고 어디로(Wohin) 또한 알기를 원한다'라고 말할 뿐이다.[3]

말하자면 어떻게(방법)로부터 어디로(목적)가 나온다는 이러한 칸트의 발언에 대해 후자로부터 전자가 나오는 것이 아닌가, 목적이 방법을 결정하는 것이지 그 반대는 아니지 않는가라는 의문이 제기될 수 있다.

그래서 나는 칸트의 도덕철학의 기획을 목적론적으로 해석하고 싶은 유혹을 느낀다. 나의 제안은 칸트『실천이성비판』을 변증론에서 출발해서 분석론으로 나아가면서 독해해 보자는 것이다. 다시 말해 나는 분석론의 의무론을 목적론적 관점에서 독해하는 것도 성과가 없지 않을 것으로 보는 것이다. 이러한 독해를 통해 칸트 실천철학의 형식주의 혹은 공허성 논쟁에 새로운 대안이 제공되기를 희망한다.

II. 최고선으로서의 평화

전통적 최고선에 대한 칸트적 버전은 '행복할 만한 자격이 있음(Glück-würdigkeit)과 행복의 결합'이다. 우리의 주의를 끄는 것은 이러한 결합이 정의로워야 한다, 즉 "행복이 도덕성에 전적으로 정확하게 비례해서 할당"[4]되어야 한다는 칸트의 발언이다. 이러한 비례성으로부터 행복의 사회성이 도출될 수 있는데 그 이유는 첫째로, 행복할 만한 자격이 있음으로서의 덕이 그 자체 내에 보편성, 혹은 간주관성을 내포하기 때문이고 둘째로, 이러한 '간주관적' 덕에 정확하게 비례해서 행복이 할당되어야 하기 때문이다. 칸트는 도덕(Moral)의 두 차원을 윤리(Ethik)와 법(Recht)으로 본다. 그래서 최고선도 이에 대응하여 각각 '윤리적 공동체 내에서의 행복'과 '정치 사회 내에서의 행복'으로 차별화된다.

내가 보기에 칸트는 이러한 사회성이라는 조건으로 말미암아 자신의 최고선에서 행복의 의미가 축소되는 것이 불가피하다고 간주하는 것 같다. 오로지 행복의 계량 가능한 측면만이 사회적 비교가능성을 담지할 수 있을 것이다.[5] 도덕적으로 행위한다는 것이 정신적 불만족이 아니라 물질적 혹은 심리적 불만족을 기꺼이 감수함을 함축하고, "행복을 욕구하고 그럴 만한 자격도 있지만 행복하지 못하다는 것은 완전한 의욕과 결코 일치할 수 없기 때문에,"[6] 선행으로 말미암은 손해의 보상과 선행에 대한 포상은 단지 양적으로만 가능하다.

내가 보기에 중요한 것은 칸트의 최고선과 그의 평화 개념 간에 본질적 연관이 있다는 것이다. 이것의 논거는 첫째로 칸트가 자연 상태에서의 전쟁이 오로지 법법칙 및 "덕법칙에 입각한 사회의 설립과 확충"[7]을 통해서만 가능하다고 말하고 있다는 점, 둘째로 평화는 행복과 힘에 대한 모든 추구를 잠재움으로써가 아니라 이를 추구하는 "활기 넘치는 경쟁심"[8] 내에서 야기된다고 말하고 있다는 점이다. 그래서 우리는 최소한 칸트의 실천철학적 맥락에서는 최고선과 도덕적 평화를 동일시할 수 있다.[9]

칸트는 '평화의 도덕'이라고 명명할 만한 이러한 도덕적 목적론의 필연성을 인간학적 통찰에 의해 근거 짓는다. 그에 의하면 "모든 행위에 있어 이 행위로부터의 결과를, 자신에게 목적이 될 수 있는 어떤 것을 이 결과로부터 찾아내기 위해, 살펴보는 것은 인간의 불가피한 한계이다."[10] 그리고 이러한 도덕적 평화라는 목적의 현실적 토대는 인간에게서 근절할 수 없는 항쟁심(Antagonismus)이다.[11]

III. 목적론의 난점

칸트 도덕철학의 발생사는 그가 당시 독일 자연법주의자들과 함께 위와 같은 목적론을 공유하고 있었음을 보여 준다. 그런데 이러한 목적론은 실은 그 뿌리를 라이프니츠와 볼프의 목적론에 두고 있었다. 라이프니츠와 볼프에 따르면 우리의 세계는 신의 무한한 완전성이 반영된 하나의 전형적 예이다. 이 세계의 진리는 예정된 완전성 혹은 조화이다. 우리는 이 조화의 사회적 형태가 칸트 및 당시 자연법주의자들이 말하는 평화라고 말할 수 있을 것이다. 예정 조화의 한 변용은 칸트에서, 그의 의무론이 완성되기 전에 그리고 그 이후에도 여전히, "비사교적 사교성"이라는 개념으로 등장한다. 비사교적 사교성은 "자신의 모든 소질을 발전시킬 수 있기 위해 자연이 사용하는 수단"[12]이다. 그리고 여기서 소질의 완전한 발전이 바로 (정치적) 평화인 것이다.[13]

그런데 칸트는 그의 도덕철학의 본론에서는 볼프의 기획과 거리를 둔다. 내가 보기에 그 이유는 칸트가 볼프의 도덕적 목적론을 수용할 수 없었기 때문이라기보다는 푸펜도르프와 크루지우스의 라이프니츠–볼프 비판 이래 그들의 목적론의 방법이 칸트에게는 무력하게 보였기 때문이다.

"완전성을 촉진하라"[14]는 볼프적 도덕명법의 배후에 방법론적 결과주의가 놓여 있다. 볼프에 따르면 행위자의 완전성에 기여하는 것은 선하며, 행위로부터 결과하는 이러한 선이 이 행위를 야기하는 동기이다.[15]

푸펜도르프는 의무 준수와 그것의 결과 간에는 하나의 심연이 존재한다는 사태에 라이프니츠와 볼프의 기획이 대처하지 못한다는 점을 발견했다. 그에 따르면 오로지 "소수의 사람들만이 의무가 그것의 제일 근원(결과로서의 선)으로부터 나오는지 검사할 수 있다."[16] 즉 소수만이 현재의 명령된 행위로부터 결과할 선을 완전히 예측할 수 있다. 그래서 정치적 평화가 우리의 궁극목적이라 하더라도 수단으로서의 어떤 행위가 이 평화를 촉진할 수 있는지를 안다는 것은 매우 어렵다는 것이다. 오로지 신만이 수단과 목적 간의 전체 연쇄를 통찰할 수 있을 것이다. 그러므로 의무 준수로부터 무엇이 결과할 것인지를 알기 전에는 행위할 수 없다면 그 어떤 의무 준수도 불가능할 것이다. 이 때문에 푸펜도르프는 라이프니츠와 볼프의 방법론이 그들 자신의 목적론을 관철하기에 무력하다고 본다. 목적론을 관철하기 위한 푸펜도르프의 새로운 전략은 강제하는 힘(zwingende Macht)과 보상하는 힘(belohnende Macht)을 구별하는 것이었다. 그는 단지 강제하(고 경우에 따라서는 벌주)는 그러한 의지를 통해서만, 볼프적 목적이 동기로 작동할 수 있다고 생각했다. "법칙에 복종하는 참된 근거는 구속성을 부과하는 자의 힘이다."[17] 그러나 푸펜도르프에서 동기력과 구속력 간의 이러한 구별은 분리로까지 진행되지 않았다. 입법자는 신민에게 의무를 강제할 수 있는데 이는 입법자가 의무 준수로부터 결과하는 선을 미리 알고 의욕하기 때문에, 그리고 오직 그러한 한에서만, 가능하다. 따라서 신민은 비록 그가 의무 준수와 그것의 최종 결과 간의 연관을 알지 못한다 하더라도 입법자가 부과한 의무를 기꺼이 준수할 수 있다는 것이다.[18] 강제하는 힘은 궁극적으로 상 주는 힘에 근거한다.

구속력과 동기력의 분리는 칸트에게 심대한 영향을 준 크루지우스에 의해 시작된다. 오로지 입법적, 주권적 의지로부터만 도덕적 필연성이 나올 수 있다는 것이다. 푸펜도르프의 강제하는 힘이 지니는 실증성을 배제하기 위해 크루지우스는 이러한 힘을 내면화하려고 시도하는데 이는 '양심'을 통해서이다. 그에 의하면 양심은 "신성한 도덕 법칙을 인지하는 자연적 동력"[19]이다. 양심은 그가 보기에 입법적이면서 동시에 사법적인 심급인바, 이는 양심을 지배하는 것이 구속성과 책무성(Schuldigkeit)이라는 데서 드러난다.[20]

칸트의 『실천이성비판』의 분석론에서 이러한 내면화는 완성된다. 여기서 입법자와 신민의 관계는 '법칙에 대한 존경'[21] 및 이것의 이면으로서의 '가형벌성(Strafwürdigkeit)'[22]으로 요약된다. 이에 대해서는 더 이상의 논의가 필요 없을 것이다.

Ⅳ. 교정된 목적론

푸펜도르프의 구속성(Verbindlichkeit)과 동기화(Motivation)의 구별은 『실천이성비판』의 분석론(의무론)과 변증론(목적론) 간의 구별로 나타난다. 칸트에게서도 푸펜도르프에서와 마찬가지로 신적 입법자의 신성성(Heiligkeit)과 자비성(Gütigkeit)은 분리된 채로 두어지지 않는 것이다.[23] 물론 이 과정에서 무게 중심은 (후자에서 전자로) 이동되었다. 칸트는 당시 도덕철학적 논의에 대한 자신의 공헌을 '가치론으로서의 목적론'이라기보다는 '행위론으로서의 의무론'에 있다고 본 것 같다. 그러나 칸트는 도덕철학의 기획이 의무론만으로 충분하다고는 결코 생각하지 않았다.[24] 살펴본 대로 이러한 행위론은, 그 기원상, 목적론 자체를 제거하기 위해서가 아니라 그것의 약점을 제거하기 위해 고안된 것이다. 그래서 '새로운 방법(das neue Wie)'으로부터 '교정된 목적론(das korrigierte Wohin)'이 나온다. 이것이 칸트가 '방법으로부터 목적이 나온다'고 말한 것의 진실이다. 〈분석론〉 뒤에 오는 것은 실은 〈분석론〉 앞에 있었던 것이다.

나는 "최고선의 촉진을 추구하라"[25]로 압축되는 칸트의 도덕적 목적론이 그의 의무론에 논리적으로 선행한다고 생각한다. 평화를 촉진하라는 과제에 결과주의적 방법이 무력했기 때문에 칸트는 자신의 의무론을 도덕적 목적론의 유일하게 유용한 방법이라고 간주한 것 같다. 우리는 '오로지 평화를 촉진하기 위해', '의무에 적합하게'가 아니라 '의무로부터' 행위해야만 한다. 우리로부터 멀리 떨어져 있는 평화를 창출하기 위해 우리는 방법론적으로 평화를 도외시해야 하는 것이다. 칸트의 형식주의의 배후에는 '평화의 도덕'으로 압축되는 그의 목적론이 자리하고 있는 것이다.

1 칸트에서 도덕철학이 역사철학 및 종교철학과 갖는 관계의 문제 그리고 역사철학과
   종교철학의 차이의 문제와 관련하여 다음의 논문 참조. G. Geismann, "Sittlichkeit,
   Religion und Geschichte in der Philosophie Kants", in: *Jahrbuch für Recht und*
   Ethik, vol. 8, 2000. 그리고 칸트 실천철학과 역사적 목적론의 관계는 T. Mertens,
   "Zweckmäßigkeit der Natur und politische Philosophie bei Kant", in: *Zeitschrift*
   für philosophische Forschung, 1995 참조. 메르텐스에 의하면 칸트의 역사적 목적론
   은 "실천적 형이상학"(240)이다.

2 I. Kant, *Die Religion innerhalb der Grenzen der bloßen Vernunft*, Akademie Aus-
   gabe VI, 5. (괄호 안은 필자가 첨가함)

3 *Die Religion innerhalb der Grenzen der bloßen Vernunft*, 4.

4 I. Kant, *Kritik der praktischen Vernunft*, Akademie Ausgabe V, 110.

5 그러므로 칸트 실천철학에서의 행복이 그의 전체 행복관을 대표하지 않는다. 이에
   관해 K. Haucke, "Moralische Pflicht und die Frage nach dem gelingenden Le-
   ben. Überlegungen zu Kants Glücksbegriff", in: *Kant-Studien* (93. Jahrg.), 2002,
   197-199 참조. 하우케는 '목적 없는 합목적성'의 기획인 『판단력비판』에서의 '도덕
   적 취미'와 관련해 칸트의 새로운, 비목적론적 행복 개념이 발견된다고 본다.

6 *Kritik der praktischen Vernunft*, 110.

7 *Die Religion innerhalb der Grenzen der bloßen Vernunft*, 129.

8 I. Kant, *Zum ewigen Frieden*, Akademie Ausgabe VIII, 367.

9 이와 관련하여 M. Schattenmann, "Rethinking Progress – A Kantian Perspec-
   tive", in: *The Harvard Review of Philosophy*, VIII, 2000 참조. 샤텐만도 '정의와 평
   화의 통일로서의 법적 최고선' 및 '덕과 행복의 통일로서의 덕적 최고선'을 구별한
   다. (56)

10 *Die Religion innerhalb der Grenzen der bloßen Vernunft*, 11.

11 I. Kant, *Idee zu einer allgemeinen Geschichte*, Akademie Ausgabe VIII, 20 참조.

12 같은 글, 그리고 *Zum ewigen Frieden*, 360-368 참조.

13 『영구 평화론』에 나타난 '자연은 평화를 원한다' 라는 명제의 실천적 의미에 대한 연구로는 이 책의 8장 참조.

14 C. Wolff, *Vernünftige Gedanken von der Menschen Thun und Lassen*, Hildesheim, 1976, 12.5 참조.

15 C. Wolff, *Vernünftige Gedanken von Gott, der Welt und der Seele des Menschen*, Hildesheim, 1983, 422 참조.

16 S. Pufendorf, De Jure Naturae Et Gentium, in: C. H. Oldfather (hrg.), *On the Law of Nature and Nations*, Oxford, 1934, 42 참조. (괄호 안은 필자가 첨가함)

17 같은 책, 87.

18 같은 책, 42 참조.

19 C. Crusius, *Anweisung, vernünftig zu Leben*, Hildesheim, 1969, 157.

20 같은 책, 157-161 참조.

21 *Kritik der Praktischen Vernünft*, 72 ff. 참조.

22 같은 책, 37 참조.

23 같은 책, 131 참조.

24 칸트가 보기에 '행복이란 다른 데 있는 것이 아니라 의무의 준수 자체에 있다' 는 식의 스토아주의는 "그들 자신의 본성의 소리"(같은 책, 127)에 귀막은 결과이다. '지성적 만족' 은 더 이상 칸트(시대)의 행복이 아니다(같은 책, 117 참조). 스토아의 영웅주의적 도덕관에 대한 칸트의 비판은 같은 책, 126-127 참조.

25 같은 책, 125.

제2부
칸트와 공리주의

제 4 장

칸트 대 공리주의

I. 들어가는 말

나는 이 글에서 공리주의와 칸트 도덕철학 간의 쟁점을 다루려고 한다. 그리고 이를 통해 양자의 정체성을 분명하게 드러내고 싶다. 벤담(J. Bentham, 1748-1832)과 칸트(I. Kant, 1724-1804)의 활동 시기는 겹치지만 각자 상대방을 염두에 두거나 실제로 비판하면서 쓴 글들은 보이지 않는다. 칸트라는 실천철학상의 논적을 정밀하게 이해하고 있었던 밀(J. S. Mill, 1806-1873)에 와서야 칸트에 대한 공리주의의 비판이 행해진다. 그런데 밀은 단순히 비판에 그치지 않고 칸트와 공리주의의 양립 가능한 부분을 부각시키고, 더 나아가 칸트 도덕철학을 공리주의로 환원하려 한다. 밀의 이러한 시도는 이후 공리주의의 이론적 발전에서 하나의 전통을 이룬다. 특히 현대 선호 공리주의는 어떤 면에서 칸트와의 비판적 대결의 산물이라고도 볼 수 있다.

논의의 생산성을 위해 이 글은 칸트 실천철학을 공리주의 영역으로 끌어들이려는 전형적 시도들을 도덕의 판정 원칙(무엇이 옳은 행위인가)과 도덕의 실행 원칙(왜 옳은 행위를 행해야만 하는가)의 순서로 살펴보고 이에 대한 칸트적 응답을 대응시키는 방식을 택한다. 전자의 고찰도 두 갈래가 될 것인데 공리주의가 공리(utility)를 '객관적 행복'으로 보느냐 아니면 '주관적 선호 충족'으로 보느냐에 따라 칸트 실천철학에 대한 공략이 다르기 때문이다. 그래서 논의의 순서는 다음과 같다. 먼저 '밀이 칸트의 의무론을 쾌락 공리주의로 환원하려고 시도하는 것(II.1)에 대한 칸트적 응답(II.2)'을 살펴볼 것이다. 이어서 '현대 선호 공리주의가 칸트의 도덕적 의지를 합리적 선호로 환원하려 시도하는 것(III.1)에 대한 칸트적 응답(III.2)'을 살펴볼 것이다. 논쟁은 주로 정의나 의무의 원칙에 대한 공리주의적 대안을 중심으로 전개된다. 도덕의 판정 원칙상의 쟁점에 대한 고찰을 동기론상의 쟁점에 대한 고찰에 앞세운 것은 궁극적으로 칸트와 공리주의 모두에서 '옳은 행위의 동기는 무엇인가'라는 문제가 '무엇이 옳은 행위인가'의 문제로 환원(IV.2)되기 때문이다. 이를 위해 먼저 '동기주의 대 결과주의'라는 도식이 과연 칸트와 공리주의 간의 정당한 구별인지 살펴볼 것이다(IV.1).

II. 의무 대 공리

1. 밀

밀은 그의 『공리주의』(1861)에서 칸트의 정언명법을 직접 거론하며 비판한다. "그것(칸트의 보편적 제일 원칙)은 다음과 같다. '너의 행위의 규칙이 모든 이성적 존재들에 의해 법칙으로 채택될 수 있도록 행위하라.' 그러나 이 명법으로부터 도덕성의 그 어떤 현실적 원칙을 끌어내기 시작할 경우 그는, 기이하게도, 명백히 비도덕적인 행위 규칙이 모든 이성적 존재자들에 의해 채택되는 것이 모순이며 논리적으로 (자연적으로는 말할 것도 없고) 불가능하다는 점을 보여 주는 데 실패한다."[1] 말하자면 만인이 만인에 대해 보편적으로 손상을 입히는 상황도 자연적으로나 논리적으로 가능하다는 것이다.[2] 그래서 밀에 따르면 "칸트의 원칙에 어떤 의미를 주기 위해서는 이 원칙의 의미는 다음과 같이 되어야만 한다. 즉 우리는 우리의 행위를, 모든 이성적 존재자가 그들의 집단적 이익(collective interest)에 소용이 되기 때문에 채택할 그러한 규칙에 의해, 형태 지어야 한다는 의미가 되어야 한다."[3] 요컨대 정언명법이 요구하는 '보편성'(규칙이 법칙으로 채택될 가능성)이 의미가 있으려면 '최대 행복 추구'의 보편성, 다시 말해 최대 행복이 갖는 구속력의 보편성이어야 한다는 것이다.

밀은 이러한 최대 행복의 보편적 구속력이 칸트가 말하는 의무의 보편적 구속력을 포괄할 수 있으며, 그러므로 공리주의가 '당면한 편의를 위해서라면 의무의 원칙을 지키지 않아도 된다'는 식의 편의주의를 넘어선다고 주장한다. 밀에 따르면 "직접적으로 타인에게 유용한 어떤 물건을 얻을 목적으로 거짓말하는 것은 종종 편의적이지만", 즉 비록 타인에게 이익이 된다는 점에서 편의적이라 하더라도, "진실로부터의 일탈은 그것이 … 인간의 언명의 신뢰성을 약화하는 데 기여하고", "이러한 신뢰성의 부족이 인간의 행복의 근원, 문명 그리고 덕을 퇴보시키는데 그 어떤 것보다 더 많은 해를 끼치기" 때문에 잘못이다. 그래서 거짓말 금지와 같은 의무의 규칙은 일시적 편의와 구별되는 "초월적 편의(transcendent expediency)"[4]라는 것이다.

동일한 방식으로 밀은 흔히 공리주의의 약점으로 지적되는 정의(正義)의 문제[5]에 대처한다. 벤담에서 정의 및 정의의 짝 개념인 '도덕적 권리' 개념이 도덕의 원리론에서 다루어지지 않는 데 비해,[6] 밀에서는 정의 및 도덕적 권리 개념이 명시적으로 등장한다.[7] 밀은 정의 또한 공리의 원칙에 의해 정당화될 수 있다고 본다. 의무의 규칙이 '초월적 편의'인 것과 마찬가지로, 밀에 의하면, 정의도 "공리의 특수한 종류"[8]에 지나지 않는다. "정의는 인간의 복지의 핵심에 더욱 긴밀히 관심을 갖는 특정의 도덕 규칙들의 집합에 대한 이름"[9]이며 정의의 의무 및 "정의의 명령인 공정성"의 의무는 "도덕의 제일 원칙(공리의 원칙)의 직접적 유출"이라는 것이다. 밀은 다음과 같이 공리주의의 정의의 원칙을 정식화한다. "만일 정도에 있어 동등하다고 생각된 한 사람의 행복이 다른 사람의 행복과 정확하게 같은 것으로 계산되지 않는다면, 이 원칙(정의의 원칙)은 합리적 의미를 지니지 않는 단순한 말에 불과할 것이다. 벤담의 금언, 즉 각인을 하나로 계산하고 아무도 하나 이상으로 계산하지 말라는 금언은 공리의 원칙하에서 설명적 주석으로 쓰인 것이리라."[10] 요컨대 공정성이 '행복의 공정한 분배'가 아니라면 의미를 가질 수 없으며 행복의 주체라는 점에서 동등한 개인들의 최대 행복을 추구하라는 것이 공리의 원칙이라는 것이다.

2. 칸트

칸트적 의무론을 공략하는 밀의 전략은 '의무는 그것이 공리이기 때문에 공리주의에 채택될 수 있다'는 생각에서 나온다. 그러나 이것의 진실은 '의무는 그것이 공리일 경우에만 공리주의에 채택될 수 있다'이다. 칸트가 말하는 '의무의 보편적 구속력'은 단지 '공리의 보편적 구속력'에 위배되지 않는 한에서만 용인될 뿐이다. 공리주의에서 의무의 원칙은 어디까지나 공리의 원칙의 종속변수에 지나지 않으며 의무의 정당성은 궁극적으로 공리에 기반을 두기 때문이다. 그렇다면 논리상, 공리라는 제약조건하에 있는 의무, 정의의 원칙은 칸트가 말하는 무조건성, 정언성을 충족시키지 못할 것이다. 이 점은 밀의 다음과 같은 발언에서 즉각 확인된다. "다른 정의 준칙들처럼 공정성도 결코 보편적으로 적용되거나 그런 것으로 간주될 수 없다. 오히려 공정성도 각인이 지니는 사회적 편의의 관념에 복종한다. 그렇지만 적용 가능할 경우에 공정성은 정의의 명령으로 간주된다. 모든 사람들은 어떤 인정된 사회적 편의가 그 반대를 요구하지 않는 한, 동등한 대우를 받을 권리를 지니는 것으로 간주된다."[11] 이러한 입장에서라면 "노예와 자유의 구별, 귀족과 농노, 귀족과 평민의 구별", "피부, 인종 그리고 성의 귀족주의"도, "인정된 사회적 편의"이기를 그치기 전까지는 "사회 존재의 일차적 필요물"이며, 아직 "보편적으로 낙인찍힌 부정의와 압제"가 아니다.[12]

구속성의 객관적 근원이라는 맥락에서 문제의 핵심은 '공리의 보편적 구속력에 독립적인 의무체계의 보편적 구속력'에 대해 공리주의가 회의한다는 데 있다. (현대 선호 공리주의와 고전적 공리주의의 차별점을 고려하여 좀 더 정확하게 말한다면) 서로 다른 가치론이 쾌락 공리주의와 칸트적 의무론 간의 차이의 근원이다. 고전적 공리주의의 가치론은 "자연은 인류를 고통과 쾌락이라는 두 주권자의 지배하에 두었다"[13]는 벤담의 발언에서 압축적으로 표현된다. 밀이 '정언명법은 비도덕적 규칙도 자연적으로 정당화할 수 있다'고 주장할 수 있었던 것은 그러므로 (앞서 밀이 직접 언급한) 칸트의 정언명법의 법식이 공리의 체계와는 다른 '비자연적' 가치체계를 지시한다고 생각했기 때문이다. 그가 보기에 칸트는 "도덕적 의무화에서 선험적(transcendental) 사실을 보고 물자체계에 속하는 객관적 실재를 보는 사람"[14]이다. 칸트 윤리학이 이러한 선험적 가치체계를 지시한다는 것을 명백히 보여 주는 것은 (정언명법의 유일한 법식이라기보다는) '목적들의 왕국의 법식'이다. 칸트에 따르면 '목적들의 왕국(Reich der Zwecke)'은 "목적 자체로서의 이성적 존재자들이라는 목적들과 각각의 이성적 존재자가 정립할 자신의 목적들의 전체,"[15] 즉 의무 주체와 그들이 기획한 의무들로 구성된 체계(왕국)이다. 칸트에서 이 가치체계는 그 이상의 정당화를 필요로 하지 않는 보편적, 필연적 구속력을 지니며 이 왕국의 법칙들은 예외를 허용하지 않는 무조건성을 갖는다. 이것이 칸트가 의무들 간의 갈등을 인정하지 않은 이유이다.[16] 밀에서는 "생명을 구하기 위해서는 필요한 식량과 의약을 훔치거나 뺏는 것, 생명을 구할 수 있는 유일한 의사를 납치하고 그로 하여금 치료하게 하는 것은 단지 허용 가능할 뿐만 아니라 의무"[17]이지만, 칸트에서는 이러한 '긴급으로부터의 행위'는 '권리 없는 강제'이다. 즉 형벌의 위협으로 이러한 행위를 막을 수는 없지만(unstrafbar) 그렇다고 해서 정의(unsträflich)인 것은 아니다.[18] 그리고 밀에서는 '경우에 따라 거짓말이 정의가 되는 것'[19]이 가능하지만, 칸트에서는 정의가 되는 거짓말은 불가능하다. 밀의 '정의인 거짓말'은 칸트 식으로 표현하자면 권리, 발언의 자유권으로서의 허위진술(falsiolquium)이지 불의로서의 거짓말(mendacium)이 아니다.[20]

III. 순수의지 대 합리적 선호

1. 선호 공리주의

오늘날의 선호 공리주의에서 공리란 더 이상 논란의 여지가 많은 개념인 '행복'이 아니라 '개인의 임의적 선호의 충족'을 의미한다. 선호 공리주의에서 목적은 객관적 행복의 최대화가 아니라 주관적 선호 충족들의 최대화이다.[21] 그래서 여기서 '공리의 원칙'과 '이 원칙의 설명적 주석(explanatory commentary)인 공정성의 원칙'의 관계는 역전된다. 즉 이 입장에서는 최대 행복이라는 공리의 원칙보다 '각인을 하나로 계산하고 아무도 하나 이상으로 계산하지 마라'는 공정성의 원칙이 전면에 등장한다. '도덕 주체의 선호에 독립으로 실재하는 어떤 가치체계를 용인하지 않는 것'과 '각인의 선호를 평등하게 고려하는 것' 사이에는 긴밀한 연관이 있다. 의무의 원칙이나 정의란, 이 입장에서 보자면, 도덕 주체의 선호의 최대 충족을 불러오기 때문에 정당화된다. 그러므로 고전적 쾌락 공리주의에서 최대 행복과 의무가 일치하지 않는 경우가 있었듯이 선호 공리주의에서도 '최대로 충족된 선호'와 정의가 일치하지 않을 가능성이 있다. 이 문제에 대처하는 선호 공리주의의 비교적 단순한 방법은 의무 원칙이나 정의를 정당화해 줄 가능한 한 다수의 선호를 확보하는 것이다.[22] 오늘날 비른바허(D. Birnbacher)를 위시한 일군의 독일 선호 공리주의자들은 공리주의적 계산에 포함될 선호의 외연을 넓히는 방법을 모색하고 있다. 그리하여 게장(B. Gesang)은 분석적 생명윤리(싱어(P. Singer), 툴리(M. Tooley) 등이 '공리주의를 생명 윤리에 적용한' 것)가 종종 일상의, 다수의 도덕적 상식과 모순되는 규범을 제시하는 것[23]을 교정하고 싶어 한다. 그에 의하면 낙태 문제에서는 유아와 부모의 선호뿐만 아니라 "낙태에 반대하여 시위를 벌이는 사람들"의 선호도 계산되어야 한다. 그 이유는 "그들의 중요한 이익들이 이러한 낙태법 제정 혹은 유아살해를 위한 법 제정으로 말미암아 손상되기" 때문이며, "심지어 몇몇 사람들은 이러한 법 제정에 맞서 투쟁하는 것을 삶의 과제로 삼을" 정도로 강력히 선호하기 때문이라는 것이다.[24] 흔히들 제삼자라고 불리는 이들의 선호를 공리주의적 계산에 포함시키기 위한 이론적 작업의 일환으로 B. 게장은 '이들의 선호를, 일차적 당사자들의 내적 선호와 구별되는 외적 선호로 보고, 공리주의적 계산에서 제외하는 드워킨(R. Dworkin) 및 허샤니(J. Harsanyi)'를 비판한다. 유아(만일 유아가 선호를 가진다면)나 부모의 선호만이 내적인 것이 아니라 타인의 안녕에서 기쁨을 느끼는 제삼자의 선호 또한 '내적'이라는 것이다.[25]

그러나 다수의 선호가 반드시 도덕적 선호라는 보장은 없다. 예를 들어 나치 당시의 독일에서 인종차별 정책이 다수의 선호를 획득했던 경우나 소수의 노예 검투사들의 희생으로 다수의 로마 시민들이 오락적 선호를 충족했던 경우가 그렇다. 명백히 정의에 배치되는 이러한 난점에 대처하자면 '다수의 선호를 교정할 수 있는 공리주의적 가능성'이 제시되어야 할 것이다. 이와 관련하여 브란트(R. B. Brandt)는 '계몽된 선호'의 개념을 도입한다. '인지적 심리치료'라 명명된 그의 검증은 예를 들어 한 인격의 상이한 선호들이 상호 정합적인가를 문제 삼으며 이 선호들이 옳은 사실적 가정에 기반하고 있는가를 문제 삼는다.[26] 만일 특정인의 사실적 선호가 부주의, 일시적 기분, 착오 등에 근거한 것이 아니라 자신의 참된 선호라는 것이 밝혀진다면 정의에 배치되는 선호의 상당수는 줄어들 것이라고 주장하는 것이다. 더 나아가 오늘날 가장 정교한 방식으로 선호 공리주의를 옹호하고 있다고 보이는 헤어(R. M. Hare)는 '합리적 선호'의 개념을 도입하여 주체의 선호를 변경시킬 수 있는 공리주의적 가능성을 제시한다. 일찍이 밀은 공리주의의 정신을 나사렛 예수의 황금률과 다르지 않다고 말한 바 있다.[27] 헤어는 '네가 원하지 않는 것을 타인에게도 행하지 마라'로 대표되는 황금률을 '특정한 도덕과 관련된 상황에서 옳은 행위 규칙을 결단하는 합리적 결단의 장치'로 본다. 이 황금률 추론은 행위자가 '자신의 선호'와 '관련된 타인의 입장에 서 봄으로써 파악된 타인의 선호'를 평등하게 대우하여 이 중에서 더 '강한' 선호를 공리주의적으로 선택하는 과정이라는 것이다.[28] 이러한 도덕 추리는 사유 실험상의 입장 전환을 포함하므로 도덕 주체가 선호를 변경할 가능성을 함축한다. 위의 예를 들면, 노예주가 입장 전환하여 노예의 입장에 서서 그의 선호를 파악해 본다면, 노예로서의 자신의 '생존 관련적' 선호를 노예주로서의 자신의 '비생존 관련적' 선호보다 훨씬 강력한 것으로 판정할 것이라는 식이다.

2. 선호 공리주의자 칸트?

헤어는 "칸트가 공리주의자는 아니었지만 공리주의자일 수도 있었다"고 주장하면서 칸트에서 선호 공리주의와 양립 가능한 부분을 부각시킨다.[29] 칸트가 공리주의자가 될 수도 있었지만 그렇게 되지 못한 이유는, 헤어에 따르면, "칸트의 엄격한 퓨리턴적 교육이 그에게 몇몇의 도덕적 확신들을 가지게 만들었던" 탓이다.[30] 헤어의 이러한 비판은 궁극적으로 형식적 '규정의 보편화 가능성의 요구' 가 반드시 의무론과 결합해야만 하는 것은 아니라는 생각에서 비롯된다. 예를 들어 고통을 회피하려는 선호가 삶을 지속하려는 선호보다 강력할 경우 공리주의적 관점에서 전자, 즉 자살에 대한 선호도 보편화 가능하다는 것이다. 요컨대 '규정의 보편화 가능성의 요구' 더하기 '공리(선호 충족)의 최대화' 도 가능하다는 것이다.

문제는 헤어의 선호 공리주의의 '합리적 결단' 이 칸트의 '의무론적 의지' 와 어떻게 구별되는가 하는 것이다. 구별의 단서는 헤어가 합리적 결단의 과정, 즉 대립하는 두 규정 중에서 어느 규정이 보편화 가능한가를 선택하는 과정에서, '선호의 강도' 가 관건이라고 보는 데 있다. 선호들 간의 질적 구별에 의해서가 아니라 선호의 강도에 의해 도덕적이냐 비도덕적이냐의 여부가 결정된다는 것이다. 이렇게 되면 헤어의 선호 공리주의는 광신자의 문제를, 즉 위의 인종차별의 경우에 입장 전환하여 유대인의 입장에 서 본다 하더라도 여전히 유대인의 박멸을 광적으로 강력히 선호할 광신자의 문제를, 최소한 이론상 (대개의 사실적 경우는 그렇지 않다 하더라도), 해결하지 못한다.[31] 위의 로마 시민과 노예 검투사의 예에서 광신자란 '내가 만일 노예 검투사라 하더라도 나의 희생으로 로마 시민들이 얻을 선호 충족이 더 크므로 죽음을 감수하겠다' 고 결단하는 사람이다. 선호의 강도를 헤어처럼 개인 내적 차원에서, 즉 '자신의 선호' 와 '사유 실험적으로 입장 전환하여 파악된 타인의 선호' 를 비교함으로써 판정하지 않고, B. 게장의 경우처럼 실제적 선호 주체들의 사실적 선호 분포에 의해 결정하는 경우에도 이와 같은 난점은 해소되지 않는다. 그의 경우 '다수의 도덕적 선호를 거부하는 비도덕적 소수' 와 '다수의 비도덕적 선호를 거부하는 도덕적 소수' 는 무차별적이기 때문이다. 결국 B. 게장도 선호 공리주의의 난점을 다음과 같이 인정한다. "그러므로 만일 계몽된 선호들이 통틀어 대규모로 정의의 위계질서에 반대한다면 공리주의자는 이를 지지할 수 없다. 그는 자신을 다수의 처지에 두어야 하는데 이 다수에 대해 위의 예에서 이러한 위계를 받아들이는 것은 거대한 화를 의미하는 것이다."[32]

칸트적 관점에서 보자면 이상의 선호 공리주의의 시도는 '도덕적 의지'를 '합리적 자의'로 환원하는 것이다. 칸트 도덕철학의 주제가 되는 의지는 자유로이 선택할 수 있는 능력으로서의 의지가 아니라, 그리하여 비도덕적 행위의 자유로운 선택 가능성까지 내포하는 자의(Will-kür)가 아니라, 의무의 법칙에 언제나 그리고 반드시 따른다는 점에서 자유로운 의지라고 말해진다. 이 점에서 칸트적 의지는 늘 의무를 결단한다는 점에서, 헤어의 '공평한 결단'이 아닌 '편파적 결단'의 주체이다.[33] 이러한 의지를 칸트는 경험적 자의와 질적으로 구별하여 순수의지로 명명한다. 이 점에서 자의와 순수의지를 구별하는 칸트는 전체의지와 일반의지를 질적으로 구별하는 루소의 노선 위에 있다. 선호 공리주의와 마찬가지로 칸트에서도 옳고 그름, 선함과 악함은 도덕 주체의 자발적 동의에 선행하지 않는다. 그렇지 않다면 칸트의 윤리학은 타율의 윤리학일 것이다. 그러나 칸트는 이때 순수의지의 '주관적' 동의가 의무의 '객관적' 요구와 일치한다고 주장한다. 양자의 일치를 보증하는 것은 칸트에 따르면 구속성의 요구와 주체의 동의 모두가 갖는 비자연적, 아프리오리한 특성이다. 언급된 칸트의 '목적들의 왕국'은 바로 도덕적 의지와 객관적 도덕 질서가 통일된 왕국이다. 결국 칸트에서 어떤 목격된 행위가 옳은지를 결정함에 있어 "모든 참여자들의 모든 선호들을 인식하는 것"은 충분조건도 아니고 "필요조건도 아니다."[34] "칸트에 따르자면 보편화를 통해 그 어떤 이익이 극대화되기 때문에 보편화가 이루어져야만 하는 것이 아니라 의지의 규정 근거, 즉 단적으로 당위로 인도하는 아프리오리한 규정 근거가 그 자체로 보편적이기 때문에 보편화가 이루어져야만 한다"는 것이다.[35] 헤어가 칸트의 개인적 이력에

서 그 원인을 찾았던 엄격주의는 실은 칸트가 이러한 순수의지를 고수
했기 때문이다.[36]

IV. 양심의 감정 대 공감(共感)

1. 밀의 의무감으로서의 양심

'무엇이 옳은 것인가' 의 문제가 아니라 '왜 나는 옳은 것을 행해야 하
는가' 의 문제와 관련된 것이 동기론이다. 후자의 문제는 '도덕적으로
옳은 것으로 판정된 행위로 동기화되는 도덕 주체의 특성은 무엇인가'
의 문제로 귀착된다. 흔히들 '동기주의 대 결과주의' 라는 도식이 칸트
와 공리주의를 구별하기 위해 동원된다. 그러나 흔히 그러하듯이 이 도
식이 의미하는 것이 '칸트 윤리학은 행위의 결과와 관계없이 동기의 선
함만을 문제삼는다' 이거나 '공리주의는 행위자의 의도와 상관없이 결
과만 좋으면 선으로 본다' 라면 이는 공리주의와 칸트에 대한 오해를 불
러올 뿐이다. 공리주의는 행위의, 의도하지 않거나 인지하지 않은, 비도
덕적 결과에 행위자가 책임이 있다고 주장하지 않는다.[37] 다른 한편 칸
트에서 동기의 문제가 도덕적으로 가치 있는 행동과 그렇지 않은 행위
를 가르는 기준이긴 하지만 그 또한 이 문제를 옳고 그름의 문제와 혼동
하지는 않았다. 법은 행위가 양심의 감정과 같은 내적 동기에서 비롯되
었는지 묻지 않는데,[38] 이는 '법적으로 강제된 내적 동기' 라는 것이 모
순이기 때문이다. 밀이 순전히 이러한 내적 동기에 의존적인 개인 윤리
적 문제, 예를 들어 선행의 의무나 자신의 소질 계발의 의무 등에 법이
나 국가가 개입하는 것을 극력 비판한 것[39]도 '강제된 자발성' 이 모순이
라는 통찰에 근거한다.

　'동기주의냐 결과주의냐의 도식' 의 타당성에 대한 의심은 벤담에서
도 (비록 의무론에서 말하는 도덕적 동기와는 다르지만) 도덕적 동기가

용인되고 있다는 점에 의해 증폭된다. 벤담은 행위의 동기를 행위 주체의 이익과 공동체의 나머지 구성원들의 이익을 "결합하느냐 분리하느냐의 경향에 따라" 분류하여 "사회적, 반사회적, 자기 관련적 동기"로 나누고 "순수하게 사회적 동기"인 "선의(good will)"야말로 "그것의 명령이 공리의 원칙의 명령과 가장 확실하게 일치한다"[40]고 보았다. 같은 책의 다른 곳에서 벤담이 "순수하게 사회적인 동기로서"의 "공감 혹은 자비심(sympathy or benevolence)"[41]을 말하고 있으므로 우리는 이 선의를 공감이나 자비심과 동일시해도 될 것 같다. 결정적인 것은 공리주의의 동기론이 '공감'의 수준에 머물지 않고 '의무와 결합된 감정'을 승인하는 데로 나아간다는 것이다. 칸트라는 강력한 논적을 이미 알고 있었고 공리주의가 도덕의 판정 원칙에서뿐만 아니라 동기론에서도 칸트 실천철학을 포괄할 수 있다는 것을 보여 주고 싶었던 밀에게 벤담이 말하는 동정심은 불충분한 것이었다.[42] 밀에 따르면 "도덕 기준에 복종하는 동기"[43]의 문제는 도덕적 행위를 하게끔 만드는 내적 제재(sanction)의 문제이며 "공리주의에서도 인류의 양심의 감정이 도덕성의 궁극적 제재이다."[44] 이 감정은 "의무의 순수한 관념과 결합된 감정"[45]이다. 이렇게 의무감으로서의 양심을 인정하는 한, 밀은 동기론에서 벤담과 구별된다. 오히려 그의 양심의 감정이라는 내적 제재는 칸트가 말하는 도덕성에 동반되는 "가형벌성(Strafwürdigkeit)"[46]의 의식과 다름이 없다.

2. 나쁜 양심?

밀이 '의무의 순수한 감정과 결합된 양심의 감정'을 인정하기는 하지만 그렇다고 이 감정의 기원의 문제에서도 칸트와 동일한 입장을 취하지는 않는다. 그는 의무감의 칸트적 기원에 대해 다음과 같이 의구심을 표명한다. "이러한 제재는 그것이 인간의 마음의 밖에 뿌리를 두고 있다고 믿어지지 않는 한 존재하지 않을 것이라고 선험적 도덕가들은 생각한다. … 도덕적 의무화가 마음의 외부에 자리 잡고 있다는 믿음이 이 의무화의 감정을 강하게 만들어 이를 제거하는 것이 불가능하도록 만드는가?"[47] "문제는 이 감정(의무의 감정)이 본구적이라 할지라도 … 이 감정의 대상이 무엇인가 하는 것이다. … 이 감정은 타인의 기쁨과 고통과 관련한 감정이다."[48] 이로써 그는 궁극적으로 양심의 감정이 '비자연적 의무'가 아니라 '타인의 자연적 행복, 즉 공리'에서 기인한다고 보는 것이다. "도덕 감정의 선험적 기원을 믿는 사람들"[49]에 맞서 밀은 '양심의 발생사'를 기술하고 있는데 이 발생사는 사회적 감정으로서의 공감의 계발의 과정, 공감의 자연화 과정과 다름없다.[50] 그리고 그는 이 의무감의 계발 과정에서 '양심의 권위로 인간의 마음에 자행된 유해한 영향들'또한 많았다는 점을 지적하는 것도 잊지 않는다.[51] 결국 밀이 보기에 양심의 감정은 말하자면 '습관화된 동정심'이며, 타인의 행복에 관련되지 않으면 의미가 없거나 공리에 어긋날 수도 있는 감정이다. 양심의 감정이 의무 준수를 낳고 의무가 공리의 일종으로 용인되는 한, 의무론의 동기론은 공리주의적으로 수용될 수 있을 것이다. 그러나 양심의 감정에 의해 추동된 행위가 공리에 일치하지 않을 경우에는 '양심의 감정에서 비롯된, 공리주의적으로 옳지 않은 행위'가 된다. 이런 관점은 선호 공리주의자 헤어에게도 동일하게 유지된다. 그에게도 '양심이라는 도덕적 동기에서 비롯되었지만 옳지 못한 행동'이 가능하다.[52]

이에 비해 칸트에서 양심의 감정, 의무감에서 비롯된 옳지 못한 행위란 불가능하다. 칸트는 그의 종교철학에서 흔히들 칸트 당시 '도덕적 동기에서 비롯된 옳지 못한 행동'으로 거론되는 '신앙적 확신에서 비롯된 이단 탄압'의 예를 들면서, 이때의 '신의 계시에 대한 내적 확신에서 비롯된 순수한 양심'은 실은 양심이 아니라고 본다. 그래서 이단 심판관의 행위는 양심을 결여한(gewissenlos) 행위이며 따라서 그른 동기에서 비

롯된 그릇된 것이다.[53] 밀의 말대로 칸트는 "도덕적 의무화에서 선험적
사실을 보는 사람"[54]이다. 밀이 이러한 선험적 가치체계(목적들의 왕국)
를 부정하기 때문에 의무감으로서의 양심의 감정은 '타인의 기쁨과 고
통과 관련한 의무의 감정'인 한에서만 의미를 지닌다. 헤어가 "최선의
동인(beste Beweggründe)으로부터 도덕적으로 그른 행위(moralisch
falsch Handlung)가 나오는 것이 가능하다. 그래서 어떤 것이 행위자의
성격을 존경케 만들기는 하지만 그러나 그의 지성을 존경하게 만들지
는 않는 것이다"[55]라고 말할 수 있는 것도 합리적 선호의 대상과 칸트적
순수의지의 대상이 일치하지 않을 경우가 있기 때문이다. 결국 이 문제
에서 공리주의와 칸트 간의 차이의 근원은 도덕적 동기 자체가 아니라
도덕적 동기와 결합하는 옳음이 과연 어떤 옳음인가 하는 문제로 환원
된다.

V. 맺는말

내가 보기에 칸트와 공리주의를 구별하는 본질적 차원은 동기 관련적
도식인 '동기주의 대 결과주의'가 아니라 도덕의 판정론과 관련된 '의
무론 대 목적론'이다. 양심의 감정을 일종의 '초월적 공감'으로 볼 수
있을 것인가 아닌가의 문제는 결국 의무를 '초월적 공리'로 볼 수 있을
것인가 아닌가의 문제에 달려 있다. 그러나 우리가 고찰한 대로 의무 추
구의 보편성과 공리 추구의 보편성은 인간 실천의 전적으로 다른 논리
들에 속한다. 칸트의 '도덕 형이상학적 의지 논리'는 벤담이 자부한 '아
리스토텔레스의 오성의 논리에 필적하는 최초의 의지 논리'[56]로서의
'심리학적 의지 논리'와 그 방법에서 극명하게 대비된다. 물론 양 논리
들의 상이성이 이들 간에 교집합이 실재한다는 것을 배제하지 않으며,
일상적 도덕의 사례의 많은 부분이 이 교집합의 원소에 해당한다는 점

을 부정하지는 않는다. 사실 규칙 공리주의와 칸트의 의무론은 규범 윤리상 다른 결론을 가지지 않는다.[57]

공리주의의 목적론적 기획과 칸트의 의무론적 기획은 '실천철학에 있어 근대의 전형적인 노선상의 두 대안들'로 볼 수 있을 것이다. 여기서 '실천철학에 있어 근대의 전형적인 노선'이라는 말로 지시하고 싶은 것은 '규범의 보편화 가능성의 요구'를 제기하는 메타 윤리적 보편주의이다. 공리주의에서도 최대 다수의 최대 행복이라는 원칙은 보편적 구속력을 지닌다고 주장되며 칸트 실천철학에서도 의무의 원칙이 보편적 구속력을 지닌다고 주장된다. 공리주의는 칸트가 그의 도덕철학에서 비판하여 마지않았던 '행복주의'에 해당하지 않는다.[58] 개인의 행복이 아니라 "모든 이해 당사자의 최대 행복"이 '옳음과 적절함'의 기준이기 때문이다.[59] "행위의 옳음의 기준이 행위자 자신이 아니라 모든 관련된 당사자들의 행복이다"[60]라고 주장하는 밀에서도 이러한 보편주의적 특성은 고수된다. 그리고 헤어의 선호 공리주의는 그의 '보편적 규정주의'라는 메타 윤리적 토대 위에 있는 것이다.

공리주의와 칸트 도덕철학의 논쟁은 밀에 와서 본격적으로 시작되었지만 두 기획의 토대인 목적론과 의무론 간의 논쟁의 뿌리는 실은 벤담과 칸트 이전 시기로 소급된다. 도덕철학의 이러한 상이한 방법론 간의 논쟁은 라이프니츠, 볼프가 말한 행복의 보편적 구속력으로부터 의무의 구속력을 독립시키기 시작한 일군의 (푸펜도르프, 크루지우스 같은) 의지주의적, 의무론적 자연법주의자들에서 시작된다. 그리고 라이프니츠, 볼프가 '세계의 진리로서의 조화 및 완전성'이라는 세계관에 기초하는 데 비해 이들 의무론적 자연법주의자들은 '세계내 갈등의 근절 불가능성'이라는 상대적으로 비관적인 세계관에 기초한다.[61] 칸트에서 순수의지가 등장하는 것, 그리고 그가 공리주의에 비해 의지주의에 친화적인 것도 이러한 의무들의 체계에 진입하기 위한 의지의 특성이 강조되었기 때문이다. 그러나 칸트 도덕철학에서 라이프니츠–볼프 계열의 목적론이 완전히 폐기처분된 것은 아니다. 밀이 의무론적 기획의 정당성을 일정 부분 인정하고 이를 목적론적 기획에 포섭시키려 시도했듯이, 칸트에서도 의무론적 기획 내에 목적론이 등장한다. 칸트 도덕철학에서 목적론은 덕과 복의 일치로서의 최고선에 대한 논의인 『실천이성비판』의 변증론에서 등장한다. 여기서 목적론은 "최고선의 촉진을 추구하라"[62]라는 명령에서 압축적으로 표현된다. 그러나 칸트에서는 공리주의에서처럼 목적으로부터 의무가 나오는 것이 아니라 '어떻게' (의무)로부터 '어디로' (목적)가 나온다.[63] 칸트의 최고선 논의에서 (벤담이 소극적 공리로서의 사회의 안정이라고 말한) 공리주의적 목적에 대응하는 것을 찾는다면 그것은 '평화' 이다. 칸트의 의무론이 궁극적으로 평화라는 목적을 지향한다는 점에서 공리주의와 부합할 수 있는 것은 이상한 일이 아니다. 밀이라면 칸트가 말하는 평화가 최대 다수의 최대 행복에 속할 수 있고 의무론이 공리에 어긋나지 않으므로 공리주의에 채택될 수 있다고 말할 것이다. 그러나 이때에도 중요한 것은 칸트에서 영구 평화라는 목적은 역설적으로 이 목적을 철저히 도외시하고 의무론적으로만 행위할 경우에만 가능하다는 점이다.[64] 칸트라면 '이 경우에만 평화가 일시적이지 않고 영구적이기 때문이다' 라고 말할 것이다.

* 이 글은 한국연구재단(구 학술진흥재단)의 지원에 의해 작성되었음(KRF 2002-074-AM1031).

1 J. S. Mill, *Utilitarianism*, Indianapolis, 1957, 6. (첫 번째 괄호 안은 필자가 첨가한 것, 두 번째 괄호 안은 밀의 것)

2 칸트의 정언명법에 대한 이러한 비판은 우리에게 익숙한 것이다. 헤겔에 따르면 정언명법은 그것의 내용 없음으로 말미암아 비도덕성(Unsittlichkeit)의 원칙인데, 그것은 논리적 모순 기준이 도덕적으로 무관심하기 때문이다. 그에 의하면 우리가 빈자를 도와야만 한다는 것 또한 이 모순 기준에 의해 지지될 수 없는데 이는 모든 사람이 빈자를 돕는다면 더 이상 빈자는 없을 것이고 따라서 사람들을 도와야 한다는 보편화된 준칙도 자신을 지양하기 때문이라는 것이다. 이에 대해서는 G. W. F. Hegel, "Über die wissenschaftlichen Behandlungsarten des Naturrechts, seine Stellung in der praktischen Philosophie und sein Verhaltnis zu den positiven Rechtswissenschaften", in: ders, *Werke in 20 Bd.*, Bd. 2, Frankfurt am Main, 1986, 465 참조. 헤겔이 보기에 칸트의 형식적, 절차적 자유주의는 이미 인간적 삶에 대한 하나의 역사적으로 그리고 문화적으로 특수한 도덕적 표상을 전제한다. 뒤에서 다루겠지만 문제는 헤겔, 밀이 (그리고 현대의 매킨타이어가) '선험적인 의무들의 체계가 실재한다는 것'을 부정한다는 데 있다.

3 *Utilitarianism*, 65.

4 *Utilitarianism*, 29. 이 대목이 '규칙 공리주의의 밀(Mill)적인 근원'이다. 그런데 '최대 다수의 최대 행복 원칙'의 적용 대상을 구체적 행위에 한정하지 않고 행위 원칙에까지 확대한 공리주의자는 실은 벤담이다. 벤담은 '공리와 무관하다고 주장하는 이론도 결국 공리에 호소하여 자신을 정당화할 수밖에 없다'고 주장하는데 (J. Bentham, *An Introduction to the Principles of Morals and Legislation*, 1780, ed. J.

H. Burns and H. L. A. Hart, London/ New York, 1982, 14 참조), 내가 보기에 이
주장은 명백히 규칙 공리주의적이다.

5 이 문제는 최대 행복의 원칙의 총합적(aggregative) 성격이 소수의 희생을 정당화한
다는 점과 관련된다. 롤스가 "공리주의는 인간들 간의 구별을 진지하게 고려하지 않
는다"(J. Rawls, *A Theory of Justice*, Cambridge, 1971, 27/45)라고 말한 것도 결국
이 문제와 관련된다.

6 벤담의 사상에서 정의, 도덕적 권리의 문제가 주요 개념으로 등장하지 않은 것은 벤
담이 이 개념들을 주로 행위 주체의 주관적 확신을 지시하는 개념으로 보고 선의 판
정 당사자는 이러한 직관적 확실성(벤담의 표현으로 공감과 반감의 원칙)에 의거하
여 판단해서는 안 된다고 생각했기 때문이다. '선의 판정 기준으로서의 주관적 확실
성'에 대한 벤담의 비판에 대해서는 J. Bentham, *An Introduction to the Principles
of Morals and Legislation*, 25-29 참조. 그런데 로젠(F. Rosen)에 의하면 이것이 바
로 벤담이 정의의 문제를 소홀히 하거나 아니면 그리하여 벤담의 윤리학에서 다수를
위한 소수의 희생이 정당화되었다는 것의 증거일 수 없다. 그는 벤담의 텍스트를 분
석함으로써 벤담의 원칙인 공리 최대화에서 최대화의 의미가 총합적이지 않다는 것,
그리고 최대화 개념이 공정성을 전제로 한다는 것을 부각시킨다. 이에 대해서는 F.
Rosen, "Individual Sacrifice and the Greatest Happiness : Bentham on Utility
and Rights", in: *Bentham : Moral, Political and Legal Philosophy*, G. J. Postema
(ed.), Vol. 1, Burlington, 2002, 373-387, 특히 381-383 참조. 내가 보기에 로젠의
주장은 '행복으로서의 정의'가 벤담에서도 옹호될 수 있다는 것일 뿐이다. 벤담이
의무를 위해 최대 행복이 희생되어야 한다고 주장하지 않는 한 총합주의는 포기되지
않은 것이다.

7 "정의란 그것을 행하는 것이 옳은 어떤 것, 그것을 행하지 않는 것이 그른 어떤 것만
을 함축하는 것이 아니라 어떤 개인이 우리에게 그의 도덕적 권리로 요구할 수 있는
어떤 것을 함축한다." *Utilitarianism*, 62.

8 *Utilitarianism*, 53.

9 *Utilitarianism*, 73. (괄호 안은 필자가 첨가함)

10 이상 *Utilitarianism*, 76. (괄호 안은 필자가 첨가함)

11 *Utilitarianism*, 77.

12 이상 *Utilitarianism*, 78.

13 *An Introduction to the Principles of Morals and Legislation*, 11.

14 *Utilitarianism*, 37.

15 I. Kant, *Grundlegung zur Metaphysik der Sitten*, Akademie Ausgabe IV, 433.

16 의무 갈등의 불가능성에 대해서는 I. Kant, *Metaphysische Anfangsgründe der
Rechtslehre*, Akademie Ausgabe VI, 224 참조.

17 *Utilitarianism*, 78.

18 이에 대해서는 *Metaphysische Anfangsgründe der Rechtslehre*, 236 참조.

19 *Utilitarianism*, 29-30.

20 칸트 의무론의 약점으로 흔히 거론되는 '인간애로부터의 거짓말이라 할지라도 잘못이다' 라는 칸트의 판정은 실은 좁은 의미의 실정법적 영역에서 제기되는 것이 아니다. (이에 대해서는 이 책의 7장 「'인류의 권리' 와 거짓말: 진실성의 의무에 대한 칸트의 계약론적 정당화」 참조) 왜냐하면 실정법적 영역에서 우리는 구체적으로 진실을 말하기로 약속하지 않는 한 진리든 허위든 임의로 말할 수 있는 언표의 자유를 가진다고 칸트가 말하고 있기 때문이다. 이 경우 허위진술(falsiloquium)은 법적 잘못, 즉 불의로서의 거짓말(mendacium)이 아니다. 이에 대해서는 *Metaphysische Anfangsgründe der Rechtslehre*, 238 참조.

21 밀이 벤담의 양적 쾌락주의를 쫓지 않고 쾌락의 질적 구별성을 도입했을 때 이미 선호 공리주의로의 길은 열렸다고 볼 수도 있다. 왜냐하면 질적으로 다른 쾌락들은 객관적으로 비교할 수 없고 오로지 그것의 주관적 선호의 강도 차이에 의해서만 비교할 수 있기 때문이다. 그러나 밀은 여전히 옳고 그름의 기준으로서의 객관적 쾌락을 고수함으로써 전체적으로는 객관적 공리주의에 머문다.

22 오늘날 독일의 소위 'konsequenter Utilitarismus' 에 대해서는 *Gerechtigkeits-Utilitarismus*, B. Gesang (hrg.), Paderborn, 1998 참조. 특히 이 책의 157-178에 나오는 D. Birnbacher, "Wie kohärent ist eine pluralistische Gerechtigkeitstheorie?" 참조.

23 싱어와 툴리는 유아가 자기의식을 형성하기 전에는 선호를 가질 수 없다고 보고 공리주의적으로 계산될 선호는 부모의 선호밖에 없다고 봄으로써 유아살해를 정당화한다. 이에 대해서는 P. Singer, *Praktische Ethik*, Stuttgart, 1994. (Orig. *Practical Ethics*, Cambridge, 1993), 177-224; M. Tooley, "Abortion and Infanticide", in: *Philosophy & Public Affairs*, 1972, 37-65 참조.

24 이상 B. Gesang, "Konsequenter Utilitarismus - ein neues Paradigma der analytischen Bioethik?", in: *Zeitschrift für philosophische Forschung*, Bd. 55, 2001, I, 28.

25 내적 선호와 외적 선호의 구별에 대한 비판에 관해서는 위의 B. 게장의 글 34-39, 특히 39 참조.

26 인지적 심리치료에 대해서는 R. B. Brandt, *A Theory Of The Right And The Good*, Oxford, 1979 참조.

27 *Utilitarianism*, 22 참조.

28 R. M. Hare, *Moral Thinking*, Oxford, 1981, 110-111 참조. 헤어는 이 평등의 요구가 '각인을 하나로 계산하고 아무도 하나 이상으로 계산하지 마라' 는 벤담의 금언에서 표현되었다고 본다. 더 나아가 그는 칸트의 정언명법 또한 벤담의 금언처럼 '규정의 보편화 가능성의 요구' 와 다름없다고 본다. 이와 관련하여 R. M. Hare, *Moral Thinking*의 제4장 각주 34 참조.

29 R. M. Hare, "Könnte Kant ein Utilitarist gewesen sein?", in: C. Fehige u. G. Meggle (hrg.), *Zum moralischen Denken*, Frankfurt am. Main, 1995, Bd. II (orig. "Could Kant have been a Utilitarian?", in: *Utilitas 5*, 1993), 12. 칸트가 목적의 정식에서 상대방을 목적 자체로 대하라는 것의 의미로 '상대방의 목적을 행위자 "자기 내에 포함해야"만 한다'는 것을 제시하고 있는 점에 헤어는 주목한다. 즉 목적 자체의 정식이 말하는 것은 "나는 다른 인간들의 목적들(즉 그들이 스스로 원하는 것, was sie für sich selbst wollen)을 나 자신의 목적들과 같이 다루어야만 한다. 이들 타인들도 같은 것을 행할 수 있어야 한다"는 것과 다름없으며 이것이 합리적 선호의 충족을 지향하는 선호 공리주의의 주장과 다름없다는 것이다. 이상 같은 글, 15.

30 R. M. Hare, "Könnte Kant ein Utilitarist gewesen sein?", 12. 헤어에 의하면 이러한 (비합리적) 확신에는 자살이나 게으름의 무조건적 금지가 해당된다.

31 R. M. Hare, *Moral Thinking*, Oxford, 1981, 181-182 참조.

32 B. Gesang, "Konsequenter Utilitarismus – ein neues Paradigma der analytischen Bioethik?", 47.

33 그러므로 보편적 규정주의와 공리주의의 결합의 문제와 관련하여 언급되어야 할 것은 형식적 차원에서 '언어적 직관의 사태로서의 헤어의 보편적 규정주의'가 칸트의 '이성의 사실로서의 정언명법'과 동일하다 할지라도, 메키(J. L. Mackie)도 지적했듯이, 이것이 바로 '더 강한 선호를 선택하라'는 선호 공리주의의 실질적 도덕의 원리로 바로 귀결되는 것은 아니라는 것이다. 메키에 의하면 헤어가 벤담의 금언을 선호들의 무차별적 대우의 명령으로 간주할 경우 이는 도덕의 형식적 문법이 아니라 공리주의의 실질적 원칙이다. 이에 대해서는 J. L. Mackie, "The Three Stage of Universalization", in: *Person and Value*, Oxford, 1985, 177-178 참조.

34 P. Rohs, "Warum Kant kein Utilitarist war", in: *Zum moralischen Denken*, C. Fehige u. G. Meggle (hrg.), Frankfurt am Main, 1995, Bd. II, 38.

35 P. Rohs, "Warum Kant kein Utilitarist war", 39.

36 브란트는 하버마스의 법철학이 헤어 식의 '상상력 의존적 보편성'의 차원을 벗어나지 못한다고 비판한다. 이에 대해서는 R. Brandt, "Habermas und Kant", in: *Deutsche Zeitschrift für Philosophie*, 50, 2002, 54 참조.

37 J. Bentham, *An Introduction to the Principles of Morals and Legislation*, 161 참조. 역으로 외관상 도덕적인 듯이 보이는 특정 행위가 비도덕적 의도(intention)에 의해 행해진 것이라면 이는 옳은 행위가 아니다. 폭군이 물에 빠진 그의 적을 구한 의도가 나중에 그 적에게 더 잔인한 고통을 주어 죽이려는 것이었다면, 밀에 따르면, 적을 구한 행위는 옳은 행위가 아니다. 사람을 구했다는 결과가 아니라 그를 죽이려는 의도가 그 행위를 옳지 못하게 만든다. 밀에 의하면 "행위의 도덕성은 전적으로 행위자가 행위하기를 의지하는 것, 즉 의도에 달려 있다. 그러나 동기는 이 행위자가 그렇

게 하도록 의지하게 만드는 감정으로서, 이 감정이 행위에서 그 어떤 차이도 만들지 않는다면 도덕성에서도 아무런 차이를 만들지 않는다.”

38 I. Kant, *Metaphysische Anfangsgründe der Rechtslehres*, 214 참조.

39 J. S. Mill, *Utilitarianism*, 62; J. S, Mill, *On Liberty*, Toronto, 1985, 74-75 참조.

40 이상 J. Bentham, *An Introduction to the Principles of Morals and Legislation*, 116.

41 *An Introduction to the Principles of Morals and Legislation*, 284.

42 밀은 벤담의 공리주의가 주체의 자발성을 소홀히 다룬다는 비판을 염두에 두고 있었던 것 같다. 그래서 그는 '공리주의가 행위의 옳음의 문제를 한층 더 중요한 물음으로 다루며, 따라서 행위자의 가치 문제를 소홀히 하는 것은 사실이지만' (*Utilitarianism*, 27), 그렇다고 '공리주의가 도덕적 동기를 인정하지 않는 것이 아니라, 행위자의 선함과 행위의 선함을 혼동하지 않을 뿐이다' (25-26)라고 주장한다.

43 *Utililtarianism*, 34.

44 *Utililtarianism*, 37.

45 *Utililtarianism*, 36.

46 I. Kant, *Kritik der Praktischen Vernünft*, Akademie Ausgabe V, 37.

47 *Utililtarianism*, 37-38.

48 *Utililtarianism*, 38. (괄호 안은 필자가 첨가함)

49 *Utililtarianism*, 39.

50 *Utililtarianism*, 40-43.

51 *Utililtarianism*, 39.

52 R. M. Hare, “Ethical Theory and Utilitarianism”, in: *Essays in Ethical Theory*, Oxford, 1989, 224-225 참조. 헤어는 옳은 행위, 합리적 행위, 선한 행위를 구별한다. 옳은 행위와 합리적 행위는 각각 행위 공리주의와 규칙 공리주의의 차원에 존립한다. (이 두 영역은 각각 밀이 말하는 '공리로서의 의무 법칙' 및 '법칙의 예외'에 대응한다고 보면 된다.) 그러나 칸트적 관점에서 보자면 옳지 않지만 합리적 행위란 불가능하다.

53 I. Kant, *Religion innerhalb der Grenzen der blossen Vernunft*, Akademie Ausgabe VI, 186-187 참조.

54 *Utililtarianism*, 37.

55 R. M. Hare, “Warum war Kant kein Utilitarist? Replik auf Rohs”, in: *Zum moralischen Denken*, C. Fehige u. G. Meggle (hrg.), Frankfurt am Main, 1995, Bd. II, 345.

56 J. Bentham, *An Introduction to the Principles of Morals and Legislation*, 8-9.

57 밀 식으로 말하면 극히 예외적인 경우를 제외하고는, 그리고 헤어 식으로 말하자면 도덕적 사유의 (비판적 차원이 아니라) 직관적 차원에서는, 공리주의와 칸트 윤리학은 동일한 규범 윤리적 입장을 갖는다. 헤어의 도덕적 사유의 두 수준에 대해서는 R.

M. Hare, *Moral Thinking*, Oxford, 1981, 25 이하 참조.

58 P. Rohs, "Warum Kant kein Utilitarist war", in: *Zum moralischen Denken*, C. Fehige u. G. Meggle (hrg.), Frankfurt am Main, 1995, Bd. II, 37 참조.

59 *An Introduction to the Principles of Morals and Legislation*, 11.

60 J. S. Mill, *Utilitarianism*, Indianapolis, 1957, 22.

61 이상, 자연법주의자들과 완전설주의자들 간의 차이에 대해서는 J. B. Schneewind, "Kant and Natural Law Ethics", in: *Ethics 104*, 1993, 57-58 참조.

62 I. Kant, *Kritik der Praktischen Vernünft*, Akademie Ausgabe V, 145.

63 이에 대해서는 I. Kant, *Die Religion innerhalb der Grenzen der bloßen Vernunft*, 6 참조.

64 이에 대해 이 책의 3장 「평화의 도덕: 칸트 실천철학에 대한 목적론적 독해」 참조.

보편주의 윤리학에서 황금률 논쟁: 칸트와 헤어

I. 칸트의 황금률 비판

소극적으로는 '네게 일어나지 않기를 바라는 모든 것을 다른 사람에게 도 행하지 마라' (힐렐(Hillel)의 황금률, Babylonische Talmud Sabbath, 31a)로 정식화되고, 적극적으로는 '사람들이 너희들에게 행하기를 원하는 모든 것을 그 사람들에게 행하라' (예수의 황금률, 「마태」 7:12, 「누가」 6:31)로 정식화되는 황금률은 동서양을 망라한 모든 문명권에서, 그리고 고금을 막론하고 발견된다. 디오게네스 라에르티우스는 '남에게 비난하는 것을 너도 하지 마라' 라고 말한 탈레스에게서 황금률의 초기 정식을 발견하였으며, 공자에서 황금률은 '자기가 원하지 않는 바를 남에게 베풀어 행하지 마라(己所不欲 勿施於人)' 로 표현된다. 그래서 불변성과 고차성의 의미를 지시하는 '황금' 이라는 수식어를 달고 있는 이 도덕 원칙의 현존은 종종 '도덕적으로 옳은 것에 대한 근본적 일치의 증거' [1]로 제시된다.

그런데 윤리학의 역사에서 결정적으로 황금률을 비판하여 이후 독일 어권에서 황금률에 대한 관심을 상당기간 잠재운 (그리하여 황금률의 현대적 옹호자들에게 이론적 자극을 제공한) 이는 다름 아닌 칸트이다.[2] 칸트가 황금률을 비판하는 논거는 다음의 네 가지이다. 첫째, 칸트에 따르면 "네가 당하기를 원하지 않는 것을 남에게 하지 마라"라는 이 말은 "자기 자신에 대한 의무의 근거를 지니지 않는다." 둘째, 칸트에 의하면 황금률은 "타인에 대한 사랑의 의무의 근거를 지니지 않는다." 내가 타인에게서 도움받는 것을 싫어한다면 나도 타인을 도와서는 안 되기 때문이라는 것이다. 셋째, 칸트가 보기에 황금률은 "상호 간의 책무적 의무의 근거도 지니지 않는다. 왜냐하면 범죄자는 이러한 근거에서 그를 벌하려는 재판관을 논박할 것이기 때문이다", 즉 범죄자는 재판관에게 '당신이 감옥에 가고 싶지 않다면 나를 감옥에 보내서는 안 된다'라고 주장할 수 있기 때문이라는 것이다. 넷째, 칸트의 이러한 비판은 '유일한 보편 법칙으로서의 정언명법'에 대한 주장과 더불어 등장한다. 그래서 그가 보기에 황금률은 정언명법에 '특정의 제한들을 가함'으로써 도출된다.[3]

이 글은 황금률과 관련한 보편주의 윤리학[4]의 대표적 논의들을 칸트의 비판을 매개로 조명해 보고자 한다. 먼저, 칸트의 두 번째와 세 번째 비판에 대처하는 '황금률에 대한 현대의 정합적 해석'을 검토함으로써 논의를 시작할 것이다(II). 이러한 현대의 시도는 황금률에 대한 오독과 오용의 가능성을 차단하기 위해 황금률의 사용조건과 의미를 명확히 하려는 시도인 것으로 보인다. 그런데 황금률에 대한 정합적 해석의 문제는 결국 '황금률과 (칸트의) 정언명법의 관계' 문제와 연결된다(III). 왜냐하면 칸트는 황금률의 오독이, 위의 네 번째 주장에서 표명되고 있는 것처럼, 이를테면 황금률이 정언명법의 불완전한 하부 규칙인 탓에 생기는 문제로 보는 것 같기 때문이다. 그런데 이러한 칸트 입장에 맞서는 또 하나의 '현대의 보편주의적 황금률 옹호 논증'은 아예 황금률을 칸트적 정언명법에 필적하는 도덕의 근본 추리로 재구성한다(IV). 다시 이러한 재구성에 대해 가능한 칸트적 비판을 맞세우는 과정에서 이 글은, 재구성된 황금률 또한 공리주의 원칙과 같은 정당화 원칙을 전제함을 보인다(V). 마지막으로 이 글은 정언명법과 양립 가능한 황금률적 요소를 칸트의 공통감에서 찾아내고(VI), 이상의 논의를 토대로 보편주의 윤리학에서 황금률 논쟁의 의의를 정리한다(VII).

II. 황금률의 현대적 '재해석': 호헤(H. U. Hoche)의 경우

영미권에서 황금률에 대한 현대적 해석의 선구자인 싱어(M. G. Singer)는 먼저 황금률의 '특수한' 해석이 지니는 난점을 지적한다. 황금률을 개인의 특수한 욕구의 차원에 적용하게 되면, 예를 들어 메조키스트는 자신이 바라는 것을 타인에게 해 주어야 하므로 사디스트가 되어야 하는 난점을 피할 수 없다는 것이다.[5] 이러한 난점을 피하기 위해 싱어는 황금률을 '일반적으로' 해석할 것을 제안한다. "여기서 내가 생각해야만 하는 것은 타인들이 나를 대함에 있어 내가 타인들로 하여금 행하도록 할 그러한 일반적 방법이다 … 황금률이 나에게 요구하는 것은 내가 타인들을 다룸에 있어 그들의 관심과 바람을 고려해야만 한다는 것이다. 타인들로 하여금 나를 다루도록 만드는 것처럼 타인들을 다루어야만 한다는 것은, 그들이 나를 다룸에 있어 내가 그들로 하여금 적용하게 만들 원칙 혹은 기준과 동일한 원칙 혹은 기준에 입각해서 타인을 다루어야 한다는 것이다."[6] 요컨대 황금률에 대한 일반적 해석에 따르면 '내가 타인에게 원하는 특정의 것'이라기보다는 '내가 타인에게 원하는 호의의 방식으로' 타인을 대해야만 한다는 것이다.

그러나 현대 독일권에서 황금률의 복권을 시도하는 호헤(H. U. Hoche)가 보기에 싱어의 황금률 해석은 황금률의 본질을 놓치고 있다. 그에 따르면 '나는 타인이 나의 욕구를 고려하기를 원한다. 고로 나도 타인의 욕구를 고려해야만 한다'라는 싱어의 황금률에는 '구체적 상황

내에서 우리가 우리 행위의 일차적 대상자로 삼으려고 의도하는 사람의 욕구, 관심 그리고 바람을 알 수 있는 절차'가 빠져 있다.[7] 그가 보기에 '입장 전환에 대한 요구'는 황금률에 필수적인 계기인데,[8] 황금률에 대한 오독의 가능성을 제거하기 위해 이 계기를 희생시키면 안 된다는 것이다. 이제 호혜는, 싱어가 말하는 황금률의 특수한 해석이 지니는 난점을 피하기 위해, 황금률의 입장 전환에서 요구하는 것이 '내가 바라는 것'이 아니라 '상대방의 입장에서 내가 바라는 것'이라는 점을 부각시킴으로써 해결을 모색한다. "나는 나를, 비록 사유 실험상이기는 하지만, 내 행위의 대상자의 입장에 위치시켜야 하지만, 그러나 나는 이러한 허구에서 … 이러한 나 자신의 속성을 현실적 세계로부터 벗어나 사유 실험의 가능적 세계내로 몰래 들여놓아서는 안 된다. 오히려 나는 내가 입장을 바꾸어 보는 사람의 모든 그때마다의 중요한 속성들을 가장 정확히 제시하려고 시도해야만 하고 또 이를 존중하려고 시도해야만 한다. 따라서 물음은 다음과 같이, 즉 '모든 나의 속성들을 가진 채, 그의 입장에서, 나는 어떻게 대접받기 원할 것인가?'가 아니라 오히려 '모든 그의 속성들을 가진 채, 그의 입장에서, 나는 어떻게 대접받기 원할 것인가?'가 되어야 한다."[9] 그러므로 '역할 교체를 통한 상대방의 욕구 파악 및 이에 대한 존중'은 싱어가 말하는 특수해석이 지니는 난점을 벗어날 수 있다. 설령 내가 메조키스트라 하더라도 내가 대접받기 바라는 것을 행해야 하는 것이 아니라 즉, 사디스트적 행위를 해야 하는 것이 아니라 '상대방이 처한 상황에서 내가 원하는 것'을 행해야 하기 때문이다. 호혜가 황금률의 전통적 정식 대신 다음과 같은 표준적 정식을 내세우는 이유도 이런 사정과 관련되어 있다. "너는 각인을, 그의 처지에서 네가 대접받기 바라는 대로, 대접하라(Behandle jedermann so, wie du selbst an seiner Stelle wünschtest behandelt zu werden)."[10] 호혜의 이러한 표준적 정식을 '선행의 의무와 관련한 칸트의 황금률 독해'에 맞세워 보면 다음과 같이 된다. 칸트가 보기에 황금률은 '타인에게 선행을 베푸는 것이 자신에게 단지 면제되어도 좋다면 타인이 자신을 돕지 말아야 한다'[11]는 것을 정당화한다. 즉 내가 타인으로부터 도움받기 원하지 않는다면 나 또한 타인을 도울 의무가 없다는 것이다. 그러나 호혜에 따르면, 위에서 보았듯이 황금률에서 관건인 것은 '모든 나의 속성들을 가진 채로, 상대방의 입장에서, 내가 대접받기 원하는 것'이 아니라 오히려 '상대방의 모든 속성들을 가진 채, 그의 처지에서, 내가 대접받기 원하는 것'이다. 중요한 것은 '도움받기 싫어하는 나'의 욕구가 아니라 '도움이 필요한 상대방의 처지'에 대한 나의 이해인 것이다.

호혜의 이러한 황금률 독해는 '주체의 특수한 욕구'를 배제할 가능성을 제시한다. 그러나 이것으로 황금률과 관련한 난점이 모두 제거된 것은 아니다. 입장 전환으로 말미암아 나의 특수 욕구는 배제될 수 있다 하더라도 입장 전환의 대상인 상대방의 특수한 욕구가 문제될 경우에는 어떻게 되는가? 다시 말해 만일 내가 입장 전환하여 처해 보아야 할 상대방이 예를 들어, '상대방의 고통에서 쾌감을 느끼는 사디스트'이거나 혹은 칸트의 예에서 등장하는 '감옥에 가고 싶지 않은 범죄자'라면, 위의 황금률의 정식에 따라, 나는 그로부터 기꺼이 고통을 당하거나 혹은 그를 감옥에 보내서는 안 되는가? 칸트의 이 의문은 황금률 자체는 '상대방의 특수한, 경우에 따라서는 비도덕적인, 욕구가 수용 가능한 것인가'에 대한 검증을 내포하지 않고 있다는 것이다.

이에 대해 호혜는 황금률적 추론이 갖는 '사유 실험적 특성'을 부각시킴으로써 대처한다. 그에 의하면 황금률에서 요구된 입장 전환은 타자와의 실제상의 입장 전환이 아니라 사유 실험상의 입장 전환이다. 그 이유는 먼저 '네가 여자라면', 혹은 '네가 남자라면', 혹은 '네가 미래 세대라면'이라고 묻는 경우처럼 상대방과 완전히 입장을 전환해 볼 가능성이 없는 경우가 많다는 것이다. 그러나 좀 더 중요한 이유는 사유 실험상의 입장 전환이 아니라면 '전환된 입장에서의 의욕'에 대한 검증, 대상화가 불가능하기 때문이다. '보훔 주점(酒店) 주인 모델(Bochum Gastwirts Model)'이라고 명명하여 들고 있는 예를 통해 그가 말하는 '사유 실험상의 입장 전환'이 무엇을 의미하는지 살펴보자. 자신의 음식점에서 술을 마시고 취한 손님이 운전을 하려 할 때, 자신이 어떻게 행위해야 할지와 관련하여 음식점 주인이 황금률적으로 사고할 경우, 호혜에 의하면, 다음과 같은 두 가지 종류의 추론이 가능하다. 주점 주인에게 가능한 제일의 추론은 다음과 같다. "'나 자신이 취한 상태로 직접 차를 몰고 집까지 가기 위해 내 차에 올라타려 한다고 해 보자. 거기서 나는 어떻게 대우받기를 원할 것인가? 나는 그러한 상황에서 어떤 사람이 나의 열쇠를 빼앗아서 택시를 불러 태우고 내 차는 다음날 다시 가져가는 것을 실제로 원할 것인가?'이에 대해서는 '천만에 그렇지 않아'라는 답만이 가능하다. …" 이러한 경우 음식점 주인의 행위 선택지는 음주 운전을 하려는 상대방의 욕구를 존중하는 것이 된다. 그러나 헤어에 의하면 다음과 같은 제이의 추론도 가능하다. "'나 자신이 취한 상태로 직접 차를 몰고 집까지 가기 위해 내 차에 올라타려고 한다고 해 보자. 지금, 즉 이러한 질문을 온전하고도 취하지 않은 머리로 생각하고 답하려는 지금 나는 타인이 이러한 가상적 상황에서 나를 어떻게 다루기를 원할 것인가?' ― 그리고 이에 대해 사람들은 주저하지 않고 다음과 같이 대답할 것이다. '나는 경우에 따라서는 어떤 사람이 나를 강제로 내 차에서 내리게 만들기를 원한다. 그것도 내가 발광하더라도 말이다.'"[12] 호혜는 이러한 두 번째 추론이 본래적 의미에서의 황금률 추론이라고 본다. 호혜는 '도둑의 예를 들면서 황금률을 비판하고 있는 칸트'가 '황금률에 대한 전도된 해석'에 빠져 그 결과, 황금률을 윤리학으로부터 추방하였다고 비판한다. 그리하여 호혜는 자신의 황금률 해석에 입각하면, '당신이라면 감옥에 가고 싶겠는가'라고 묻는 범죄자에게 재판관은 다음과 같이 말할 수 있다는 것이다. "당신이 옳다. 당신의 입장이라면 나는 확실히 당신이 지금 원하는 것과 같은 것을 원할 것이다. 그러나 지금 문제는 그것이 아니다. 오히려 문제는 내가 지금 하나의 그러한 가상적 사례에서 어떻게 대접받기를 원하는가 하는 것이며 이때 나는 단지 정의롭게 그리고 법대로! 라고 말할 수 있을 뿐이다."[13]

III. 황금률과 정언명법

칸트라면 이상과 같은 호헤의 반비판에 어떻게 대응할 것인가? 문제는 황금률에 대한 호헤의 정합적 해석이 황금률의 의미를 더 정밀하게 규정한 것인가 아니면 이를 넘어서서 황금률에 외적인 의미를 부가한 것인가, 다시 말해 의미 규정(規定)인가 아니면 의미 교정(矯正)인가 하는 것이다. 그런데 이와 관련하여 호헤가 황금률의 과제에 대해 다음과 같이 말하고 있는 대목은 주목할 만하다. "내가 생각하기에 황금률의 의도는 우리가 우리 자신을 우리의 이웃에 대해 실천적 견지에서 그 어떤 특수지위를 가진 것으로 생각해서는 안 된다는 것을 환기하는 데 있는 것이 아니다. 나에게는 이를 넘어 그리고 일차적으로, 황금률의 과제는 구체적 사례들에서 의무를 인식할 수 있도록 도와주는 절차 혹은 도구를 제시하는 것으로 보인다."[14] 황금률이 의무의 인식 절차를 제시한다는 것은 황금률이, 칸트의 정언명법처럼, 의무를 근거 짓는 역할을 한다는 말로도 들릴 수 있다. 그러나 호헤가 보기에 황금률이 이러한 절차가 될 수 있는 이유는 "하나의 가상적 사례에서 우리가 어떻게 대접받기 원하는지를 판정하는 데 무엇이 적절하고 정당한가에 대한 표상, 혹은 우리가 다른 사람에게 정당하게 기대할 수 있는 것이 무엇인가에 대한, 다시 말해 타인들이 이러한 사례들에서 무엇에로 의무화되는지에 대한 완전히 규정된 표상을 우리가 지닌다는 데 있다." 결국 호헤는 "황금률의 사용의 근저에는 우리의 소망이 아니라 권리와 의무에 대한 우리의 표상이 놓여 있는 것으로 보인다. 비록 우리가 황금률을 우리의 의무를 개별 사례에서 제시하기 위해 사용하기를 원한다 하더라도 말이다"라고 말한다.[15] 만일 이러한 호혜의 발언이 '황금률의 기능은 의무를 정당화하는 데 있는 것이 아니라 단지 전제된 의무 표상을 구체적 상황에서 인식해 내는 데 있다'는 것을 의미한다면 칸트는 이에 반대하지 않을 것이다. 칸트라면 '도둑질한 사람은, 설령 자기 자신이라 할지라도, 처벌받아야 한다'는 명제는 황금률에 의해 정당화되는 것이 아니라 오히려 황금률의 올바른 적용을 위해 이러한 정당화가 전제되어야 한다고 볼 것이기 때문이다. 칸트에 따르자면 이 정당화는 정언명법의 몫이다. '자신의 이익을 위해서라면 타인의 소유를 그의 동의 없이 가져와도 좋다'는 준칙이 실천적 보편 타당성을 지닐 수 없기 때문에, 그리하여 이러한 보편화 불가능성 앞에서 누구도 예외일 수 없기 때문에, '판사 앞에서의 도둑(혹은 도둑 앞에서의 판사)'은 개인의 이익에서 비롯된 소망에 호소할 수 없는 것이다. 이런 맥락에서만 다음과 같은 칸트의 발언이 우리에게 이해될 수 있다. "여기서 네가 당하기를 원하지 않는 것을 남에게 하지 말라(quod tibi non vis fieri)는 평범한 말이 규준 혹은 원칙으로 사용될 수 있다고 사람들은 생각하지 하지 않는다. 왜냐하면 이 평범한 말은 비록 상이한 제한들을 가지고서이긴 하지만 단지 저 원칙(정언명법 – 필자)으로부터 도출되었기 때문이다. 이 평범한 말은 그 어떤 보편 법칙일 수 없다…".[16] 칸트가 보기에 황금률은 정언명법에 외적인 제한이 가해져서 도출된 것이다. 그렇기 때문에 칸트는 정언명법적 보편성이 외적으로 (경험적으로) 제한되어 도출된 것은 정언명법과 같은 수준의 보편성을 요구할 수가 없다고 보는 것이다. 결국 칸트에 따르자면 황금률에 대한 정합적 해석은, 황금률이 정언명법에 의해 정당화된 보편성을 특수한 사례에 적용하는 역할을 하는 경우에만, 다시 말해 황금률이 정언명법을 전제하는 경우에만, 가능하다. 브링크만(W. Brinkmann)은 이를 다음과 같이 달리 표현한다. "정언명법으로부터 황금률이 나온다. 그러나 그 황금률로부터 정언명법이 나오는 것은 아니다. 황금률은 합리적 의욕에 제한되어도 정언명법과 똑같은 도덕 기준인 것은 아니다 … 판사가 역할 교체에서 황금률에 따라 피고인의 합리적인 의욕만을 고려한다면 그는 피고자를 벌할 수 없을 것이다. 그러나 이러한 하나의 역할 교체는 정언명법의 단지 하나의 특수사례일 뿐이다. 정언명법은 이에 더하여 모든 관련된 사람들을 도덕적 숙고 내에서 고려하기를 요구한다."[17]

Ⅳ. 황금률의 현대적 '재구성' : 헤어(R. M. Hare)의 경우

오늘날 황금률의 역할 교체 요구를 도덕적 논증의 전형으로 부각시켜 황금률의 현대적 복권에 결정적으로 공헌한 자는 영국의 보편주의 윤리학자 헤어이다.[18] 헤어는 황금률 논증(Golden Rule Argument)이라고 명명된 이 절차에 도덕 판단 혹은 의무의 정당화도 포함시킴으로써, 황금률이 의무 표상을 그 사용의 근저에 둘 뿐이라고 본 호혜에 비해, 황금률에 더 많은 역할을 부가한다. 헤어에 의하면 도덕 추론은 특정의 구체적 상황에서 해야 할 행위를 선택하는 과정이며 이 추론은 궁극적으로 도덕 원리를 결단하는 과정이다. 그리고 도덕 원리를 결단한다는 것은 그 원리의 타당성이 자신을 포함한 모든 사람에게 해당된다는 것을 받아들임을 의미한다. 요컨대 문제 상황에서 특정 행위를 결정하는 도덕 추론은 나의 행위 원칙을 보편적 원리로 내가 의욕할 수 있는지를 검토하는 과정인데 헤어가 보기에 황금률 추론이 바로 이러한 과정이라는 것이다. 이를 보여 주기 위해 그도 황금률 추론의 사유 실험적 특성을 부각시킴으로써 출발한다. 그래서 황금률의 물음이 "만일 네가 그라면 너는 무엇을 말하고 느끼고 혹은 생각할 것이며 혹은 얼마나 이를 선호할 것인가"라는 식으로 정식화되어서는 안 되고 오로지 "네가 그 대상자의 입장에 처하는 가상적 경우에 대해 너는 무어라 말하는가"[19]라고 정식화되어야 한다고 본다. 대상자의 입장에 가상적으로 처해 볼 수 있는 주체의 능력을 헤어는 '상상력'으로 명시한다.[20] 이 능력이 정당화된 도덕적 명령이 지니는 보편성의 요구, 즉 보편적 규정가능성(universal prescriptibility)을 충족시키는 역할을 하는 것이다. 만일 A라는 채무자의 채권자 B가 '채권 회수를 위해 A를 감옥에 넣어도 좋은가'라고 자문함으로써 황금률 추론을 할 경우 B는 이 행위의 원칙, 즉 '채권 회수를 위해 채권자는 채무자를 감옥에 넣어야 한다'는 원칙이 정당한 도덕적 원칙이 될 수 있는지, 즉 이 명법이 보편화 가능한지를 검증해야 한다. 이 명령의 보편화 가능성을 검증하기 위해 추론의 주체인 B는, 상상력을 통해 A의 입장에 서 봄으로써, 이와 같은 상황에서의 A의 관심을 이해하여야 한다. 만일 B가 자신이 채무자의 처지에 처하는 가상적 경우에 감옥에 가기를 원하지 않는다면 처음에 전제되었던 원칙은 보편화 가능하지 않은 것으로 반증된다.[21] 그런데 헤어는 황금률의 역할 교체 요구를 '문자 그대로의 황금률에서 표현된 양자 관계'에 국한시키지 않는다. 헤어에 의하면 '칸트가 예로 들고 있는 판사 앞의 도둑의 경우'에서 판사가 상상력을 동원하여 입장 전환해 보아야 할 대상은 단지 '당신이라면 감옥에 가기를 원하겠는가? 라고 묻는 도둑' 뿐만이 아니다. "나의 행위가 많은 사람들의 이익에 영향을 미치는 것이라면 그리고 바로 이 상황에 처한 사람들에 대해 어떤 종류의 행위를 내가 보편적으로 규정할 수 있는지를 자문해 본다면 이 물음에 답하기 위해 내가 해야 할 것은 나 자신을 상상적으로 다른 관련자들(혹은 그들의 대표자들)의 입장에 위치시키는 것이다. … " 이 예는 채무자와 채권자의 예에서와 같은 양면적(bilateral) 문제가 아니라 범죄 피해자, 그의 가족 그리고 잠재적 범죄자들이 연루되는 "다면적(multilateral)" 문제라는 것이다.[22] 그래서 범죄자에게 재판관은 다음과 같이 답할 수 있다는 것이다. "만일 이것이 단지 당신과 나의 문제라면 물론 나는 당신을 감옥으로 보내야 한다고 느끼지 않을 수 있을 것이다. 그러나 나는 당신이 강탈할 사람들 그리고 만일 내가 당신을 감옥에 넣지 않을 경우 당신의 사례에서 고무받은 다른 사람들이 강탈할 사람들을 고려하고 있다. 그래서 나는 도둑들은 감옥에 보내져야 한다는 준칙을 보편화하는 것이 더 쉽다고 본다."[23]

V. 상상력과 이성

이상, 황금률의 역할 교체 요구를 보편화 가능성의 요구로, 황금률의 의욕을 도덕적 의욕으로 재구성하는 헤어의 시도에 대해 먼저 우리는 황금률의 역할 교체의 요구가 보편화 가능성의 도덕적 요구와 동일한지 (양자 관계를 다자 관계로 확대하는 것이 황금률 자체에 명시되어 있는지) 물어볼 수 있을 것이다. 다음으로 제기 가능한 질문은, 황금률의 역할 교체 요구가 보편화 가능성의 요구로 간주될 수 있다 하더라도, 이러한 요구에 과연 상상력이 제대로 부응할 수 있겠는가, 다시 말해 상상력이 당위의 보편성을 검증하는 능력일 수 있는가, 혹은 상상력에 의존하는 보편성은 과연 어떠한 보편성인가 하는 것이다. 이 물음은 '보편화 능력으로서의 순수 실천이성을 내세우는 칸트적 대안'에 대비될 때 더 분명해진다. 사실 상상력에 의존하여 재구성된 헤어의 황금률 추론에 필적하는 것은 칸트의 정언명법이다. 헤어에 의하면 자신의 황금률 추론에는 (객관적으로) 보편화 가능성의 요구와 (주관적으로) 보편화 능력이 포함되어 있기 때문이다.

과연 헤어의 황금률 추론은 '마찬가지로 당위의 보편화 가능성을 정당화의 기준으로 제시하는 칸트의 정언명법'과 동일한가? 헤어도 칸트의 정언명법을 '황금률 추론에서의 보편성의 요구'와 동일한 것으로 보는 것 같다.[24] 그러나 양자의 차이는 비교적 분명한데 이는 보편화 요구를 수행하는 주체의 성격에서 드러난다. 황금률 추론에서 보편성의 요구에 대응하는 주체의 능력은 상상력인 데 비해 정언명법에서는 상상력이 아니라 순수 실천이성이다.[25] 칸트에서는 당사자들의 가능한 경험적 관심이 아니라 이성의 관심이 등장하고, '관련 당사자들 모두의 입장에 서 보는 상상력'이 아니라 '아프리오리한 세계(이것이 칸트가 말하는 목적들의 왕국이다)에 진입하는 순수이성'이 등장한다. 이와 관련하여 카울바하(F. Kaulbach)는 다음과 같이 말한다. "헤어와는 다르게 칸트에서는 이러한 보편적인 것이 어떤 행위 상황과 관계하면서 경험적으로 존재하고 있는 약간의 사람들 및 그들의 경험적인 관심에 대해서 성립하고 있는 공통성과 동일하지 않다. 그러므로 칸트는 실천 '이성'에 관해서 말하고 있으며 '상상력'에 관해서는 말하고 있지 않다. 칸트에게서 보편적인 것은 … 상상적인 운동의 무대는 아니다. … 실천적 의식의 지평을 보편적인 것으로 확장하는 일이 문제시된다면, 그러한 운동은 칸트에 의하면 공감적 사유 행위에 의해 야기되는 것이 아니라 '도덕적 세계' 또는 실천적 이성 연관이라는 지반 위에서 입장을 취함으로써 야기되는 것이다."[26]

　무엇보다 헤어의 황금률 추론이 칸트의 정언명법과 구별되는 점은 그의 황금률 추론이 선호 공리주의로 귀결된다는 점이다. 헤어가 말하는 도덕 추리는 간단히 말해서 관련 당사자들의 상호 갈등하는 관심들을 모두 나의 관심들로 간주하고 이 관심들을 근거로 원리의 보편타당성을 검증하는 절차이다. 위의 채무자의 예에서 관심들의 갈등은 '채무자를 감옥에 넣어서라도 채권을 환수하고 싶은 선호'와 '감옥에 가고 싶지 않은 채무자의 선호' 간의 갈등이며, 상상력을 통한 역할 교체의 결과 나는 이 두 관심을 나의 관심으로 간주하고, 이 중에서 정당한 관심을 선택하여 이 관심을 근거로 당초에 제시된 원칙의 보편 타당성을 반증하거나 확증하는 것이다. 그런데 헤어는 갈등하는 선호들은 질적인 측면에서는 구별되지 않고[27] 단지 강도의 측면에서만 구별된다고 보고 "이 선호들의 강도를 비교하여", "이들 중에서 더 강한 선호가 우위를 가질 것이라" 봄으로써 문제를 해결한다.[28] 그래서 '감옥에 가고 싶지 않은 나의 선호'가 '감옥에 넣어서 채권을 회수하려는 나의 선호'보다 더 강하다는 사태에 의해, '채무 변제를 위해서는 채권자를 감옥에 넣어도 좋다'는 원칙은 반대된다. 그리고 '감옥에 가고 싶지 않은 (도둑으로서의 나의) 선호'보다 '강탈당하고 싶지 않다는 (피해자로서의 나의) 선호' 및 '강도를 벌함으로써 그 이상의 범죄를 막고자 하는 (잠재적 피해자로서의 나의) 선호'의 합이 더 크기 때문에 '남의 물건을 강탈한 자는 감옥에 넣어야 한다'는 규정이 더 보편화 가능하다는 것이다.[29] 이로써 헤어의 '황금률 추론'은 전통적 황금률 자체는 가지고 있지 않았던 정당화 원칙을 포함한다는 사실이 분명해진다. 이 원칙은 선호 충족의 극대화 원칙이다. 결국 '헤어의 황금률 논증'은 최대 다수의 선호 충족을 주장하는 공리주의와 결합한다.[30]

　사실 헤어의 황금률 추론이 공리주의로 귀결되는 것은 자연스럽다. 왜냐하면 먼저 그의 보편화 가능성 테제가 그에게는 중립적 논증을 가능케 하는 단순히 "논리적인 속성"[31]만을 갖기 때문이며 다음으로, 위에서 고찰했듯이, 중립적으로 취급된 관심들은 오로지 상상력에 의해 파악된 선호 강도에 의해서만 구별될 뿐이기 때문이다. 요컨대 헤어가 말하는 보편성은 말하자면 '상상력 의존적 보편성'이다. 헤어가 상상력 이상의 보편화 능력을 인정하지 않는 한, 즉 경험적 차원과만 관계하는 상상력 이상의 능력을 인정하지 않는 한 공리주의와의 결합은 불가피한 것으로 보인다.[32]

Ⅵ. 황금률과 공통감

칸트에 따르면 황금률에는 순수 실천이성의 계기가 결여되어 있다. 그
런데 역으로 다음과 같은 명제도 타당하다. 칸트의 정언명법에는 상상
력이라는 계기가 결여되어 있다. 만일 그의 정언명법만이 도덕적 사유
를 구성한다면 그의 기획은 "추상적 윤리학에 빠질 위험"에 처할 가능
성을 배제할 수 없다.[33] 요컨대 문자 그대로의 황금률이 의무의 정당화
를 행하지 못한다 하더라도 호혜가 말한 '특정의 구체적 상황에서 특정
의 의무를 인식하게 하는 기능' 또한 도덕을 위해 필수 불가결한 것이
아니냐는 것이다.

　　과연 칸트는 도덕적 사유에 대한 그의 탐구에서 황금률의 주요 계기
인 '역할 교체의 요구'를 전적으로 배제하는가? 이와 관련하여 칸트가
그의 도덕철학의 원리론이 아닌, '도덕적인 것과 경험적인 것을 관계
짓는 능력에 대한 탐구인 『판단력비판』에서 '반성적 판단력의 한 활동
양식으로서의 공통감'에 대해 말하고 있는 것은 흥미롭다. 그에 의하면
공동체적 감각(gemeinschaftlicher Sinn)으로서의 공통감(sensus com-
munis)은 "반성활동에서 타인의 표상양식을 사유 속에서 (아프리오리
하게) 고려하는 판정 능력"이다. 이 능력의 기능은 "우리의 판단을 타인
의 현실적 판단이 아니라 단지 가능적 판단에 맞추는 것", 즉 "우리 자
신의 우연적 양상의 판정에 부착된 제약들을 단순히 추상하는 과정에
서 타인의 입장에 서 보는 것"이다. "사회적 감각으로서의 공통감"이 이
러한 고려를 하는 목적은 "우리가 쉽게 객관적이라고 여길 수도 있는
주관적인 사적 조건으로부터 판단에 부정적인 영향을 미칠 수 있는 착
각을 피하기 위해서"라는 것이다.[34] 요컨대 공통감은 보편적 판단에 이
르기 위해 타인의 '가능적' 판단에 우리의 판단을 맞추고 타인의 입장
에 서 보는 능력이다. 칸트가 '가능적' 판단이라는 말을 쓰는 것은 공통

감이 행하는 판단이 (문자적 표현대로 취해진 황금률에서의) '나와 특정 타인의 관계'에서 내려지는 것이 아니라 '나와 타인 일반의 관계'에서 내려진다는 것을 의미하기 위해서인 것으로 보인다. 이렇게 되면 칸트의 (공통감의) 판단력은 헤어가 황금률에 대한 새로운 해석을 통해 살려 내고자 하는 '상상(력)'과 크게 다르지 않은 것으로 보인다.

그러나 간과되어서는 안 될 것은 칸트가 가상적으로 타인의 입장에서 보는 능력으로서의 판단력을 강조하고 있지만 이 능력과 실천이성의 능력의 구별은 여기서도 엄격히 유지된다는 것이다. 칸트는 다음과 같이 말한다. "1. 스스로 사유할 것, 2. 다른 모든 사람의 입장에서 생각할 것, 3. 늘 자기 자신과 일치되게 사유할 것. 첫 번째는 편견으로부터 자유로운 사유양식의 준칙이며, 두 번째는 활달한 사유양식의 준칙, 세 번째는 정합적 사유양식의 준칙이다. … 사유양식의 두 번째 준칙과 관련하여 … 다음의 경우에는 활달한 사유양식을 지닌 인간이 가능함을 보여 준다. 즉 그가 다른 많은 사람들도 속박되어 있는 판단의 주관적인 사적 조건을 벗어나고 보편적 입장(이 입장은 타인의 입장에 서 보는 것을 통해서만 결정될 수 있다)으로부터 자신의 판단을 반성하는 경우에는 이러한 활달한 사람을 보여 주는 것이다. 세 번째 준칙, 즉 정합적 사유양식의 준칙은 가장 도달하기 어려운 것으로, 이상의 두 준칙의 결합을 통해서만 도달될 수 있으며 숙련될 정도로 이 두 준칙이 빈번히 준수된 후에야 도달될 수 있다. 우리는 첫 번째 준칙을 오성의 준칙, 두 번째 준칙을 판단력의 준칙, 세 번째 준칙을 이성의 준칙이라고 말할 수 있다."[35] 판단력의 준칙이 이성의 준칙과 구별된다는 것은 말하자면 상상을 통해 상대방의 욕구를 파악해야 한다는 요구 그 자체만으로는 아직 도덕적 내용을 지니지 못한다는 것이다.[36] 이는 황금률만으로는 보편적 도덕 원칙이 될 수 없다는 그의 도덕철학에서의 주장과 일치된다. 그럼에도 '이성의 준칙이 판단력의 준칙의 준수 위에 선다'는 것은 '도덕의 실행이 상대방의 욕구를 파악하는 과정을 포함하지 않고서는 불가능하다' 는 의미로 해석될 수 있다. 실천이성(목적들의 왕국)이 현상계에서 실현되기 위해서는 반성적 판단력이 요구되는 것이다.

VII. 공동체와 황금률

요약하자면 다음과 같다. 우리가 고찰한 황금률 옹호자(호혜, 헤어)와 비판자(칸트)에게 공통적인 것은 다음과 같다. 첫째, 문자 그대로 취해진 황금률은 전도된 해석의 가능성을 내포하며 (따라서 황금률은 전도된 해석의 가능성을 차단하기 위해 세부 규정을 필요로 하며), 둘째, 이 경우에도 황금률 자체는 의무에 대한 정당화를 (칸트의 경우 정언명법을, 헤어의 경우 최대 선호 충족의 원칙을) 전제할 뿐 이를 행하지는 않고,[37] 셋째, 따라서 황금률은 의무에 대한 정당화와 결합할 경우 판단 원칙의 역할을 감당할 수 있다. 결론적으로 이상의 고찰을 토대로, 서론에 제시된 칸트의 황금률 비판에 대해 다음과 같이 평가할 수 있을 것이다. 첫째, 그의 주장대로 황금률이 자신의 정언명법을 대체할 수는 없는 것으로 보인다. 도덕의 동기와 관련해서 보자면 "나는 나에 대한 모든 타인의 호의를 원한다. 따라서 나는 모든 타인에게도 호의적이어야 한다" 라는 논증은 가언명법적일 가능성을 배제할 수 없다.[38] 둘째, 그뿐만 아니라 황금률이 자기 자신에 대한 의무를 제시하지 못한다는 칸트의 지적도 여전히 타당하다. 이 점은 황금률에 대한 선호 공리주의적 옹호자인 헤어도 인정한다.[39] 그러므로 황금률은 사회 윤리적 맥락에서만 사용될 수 있다. 셋째, 그러나 정언명법이 전제된다면 황금률은 적용의 규칙 역할을 해낼 수 있을 것이다.

칸트가 그의 도덕의 원리론에서 의무의 원칙을 정당화했을 뿐 의무의 구체적 목록을 확정하지 않은 것은 사실이다. 말하자면 정언명법은

선행의 의무나 손상 금지의 의무를 근거 짓는 원칙이지 구체적 상황에
서 선행이나 손상 금지의 대상이 무엇인지를 말해 주지 않는다. 예를 들
어 타인을 도우라는 명령이 정언명법에 의해 정당화됨을 승인하는 사
람이라 할지라도 이 도움이 과연 어떤 행위로 나타나야 하는가의 문제,
'생명을 단축시킬 수도 있는 진통제의 투여'가 과연 당사자에 대한 도
움인가 아닌가의 문제와 관련해서는 독립적인 판단력이 요구되는 것이
다.[40] 이 판단력, 즉 칸트가 원리론에서는 다루지 않았던 '경험을 통해
연마된 판단력(durch Erfahrung geschärfte Urteilskraft)'은 『판단력비
판』에서의 공통감과 연결된다. 이 판단력으로서의 공통감은 당위와 현
실을 매개하는 능력으로서 그것의 준칙은 '다른 사람의 입장에서 생각
할 것(易地思之)'이라는 역할 교체의 요구로 표현된다. 그러므로 이 능
력은 선험적 차원이 아니라 선험적 차원을 경험적 차원에 적용하는 데
존립하며 그것도 타인의 입장에 서 봄으로써 공동체성을 담보해 내는
능력이다. 말하자면 이 능력은 (덕론과 법론이라는) 사회 윤리의 (두)
차원에서 각각 목적의 왕국과 윤리적 자연 상태를, 그리고 원초적 공동
사회와 법적 자연 상태를 매개하는 능력인 것이다.

　황금률에 대한 비판이 오캄, 로크, 칸트 등의 철학자들에 의해, 즉 주
로 중세 말 이후에 이루어진다는 것은 황금률의 토대가 '근대 이전의
공동체적 삶'이라는 점을 말해 준다. 과거의 공동체적 삶의 해체와 더
불어 '새로운 방식의, 특히 보편주의적 방식의 당위의 정당화'가 관건
이 되자 황금률에 대한 관심은 이차적인 것으로 되었다. 오늘날 황금률
의 복권 시도는 의무에 대한 정당화에 치우쳐 구체적 상황에서의 의무
의 적용 문제에는 소홀했다는 반성을 배경으로 한다. 이와 더불어 아담
스미스가 주목했던 공감의 원칙이 상상력의 이름으로 새로운 조명을
받기 시작하는 것이다.[41]

제5장 주

* 이 글은 한국연구재단(구 학술진흥재단)의 지원에 의해 작성되었음(KRF 2002-074-AM1031).

1 O. 회페 편, 임홍빈, 김종국, 소병철 옮김, 『윤리학 사전』, 서울, 1998(*Lexikon der Ethik*, O. Höffe, (hg.), München, 1992), 546 참조.

2 이에 대해서는 H. Reiner, "Die Goldene Regel. Die Bedeutung einer sittlichen Grundformel der Menschheit", in: *Zeitschrift für philosophische Forschung*, Bd. 3, 1948, 79 참조.

3 이상 I. Kant, *Grundlegung zur Metaphysik der Sitten*, Akademie Ausgabe IV, 430.

4 여기서 말하는 보편주의 윤리(학)는 규범을 개별 집단이나 정당의 정치, 사회적 목표에 의해 정당화하지 않고 인간성의 보편적 목적에 의해 합리적으로 정당화하는 기획 일반을 의미한다. 이 글에서는 각각 준칙의 보편화 가능성 및 보편적 규정주의를 표방하는 칸트의 윤리학과 헤어의 윤리학을 다룬다.

5 M. G. Singer, "The Golden Rule", in: *Philosophy* 38, 1963, 297-300 참조.

6 "The Golden Rule", 300. (강조는 필자가 첨가함)

7 H. U. Hoche, "Die goldene Regel. Neue Aspekte eines alten Moralprinzips", in: *Zeitschrift für philosophische Forschung*, Bd. 32, 1978, 359 참조.

8 "Die goldene Regel. Neue Aspekte eines alten Moralprinzips", 358 참조.

9 "Die goldene Regel. Neue Aspekte eines alten Moralprinzips", 361. (강조는 필자가 첨가함)

10 "Die goldene Regel. Neue Aspekte eines alten Moralprinzips", 358. (강조는 필자가 첨가함)

11 *Grundlegung zur Metaphysik der Sitten*, Akademie Ausgabe IV, 430.

12 이상 "Die goldene Regel. Neue Aspekte eines alten Moralprinzips", 362-363.

13 "Die goldene Regel. Neue Aspekte eines alten Moralprinzips", 364. (강조는 필자가 첨가함)

14 "Die goldene Regel. Neue Aspekte eines alten Moralprinzips", 367.

15 "Die goldene Regel. Neue Aspekte eines alten Moralprinzips", 368.

16 I. Kant, *Grundlegung zur Metaphysik der Sitten*, 430.

17 W. Brinkmann, "Die Goldene Regel und der Kategorische Imperativ", in: *Kant und Aufklärung*, Bd. 4, 2001, Berlin, 20. 브링크만은 만일 우리가 정언명법의 의욕함을 실천적 의욕함이 아니라 분석적 의욕함으로 이해할 경우 황금률은 정언명법으로부터 아무런 제약 없이 도출될 것이라고 본다. 이를 간략히 소개하면 다음과 같다. 이 경우 "모든 사람 y에 대해 사람 a가 그들에게 f를 가하는 것이 금지된다는 것이 타당하다 ≡ 모든 사람 y에 대해, 사람 a가 '사람 y가 자신(즉 a)에게 f를 가하는 것'을 의지하지 않는다는 것이 타당하다"는 황금률 금지 법칙으로서의 정언명법의 정식화, 즉 "모든 사람 y에 대해 사람 a가 이 y에게 f를 가하는 것이 금지된다는 것이 타당하다 ≡ 모든 사람 y에 대해, 사람 a가 '모든 x가 y에게 f를 가하는 것'을 의지하는 것이 가능하지 않다는 것이 타당하다(W. Brinkmann, 17)"로부터 도출 가능하다는 것이다. 그러나 "정언명법의 정식화에서 분석적 가능성의 개념의 자리에 실천적 가능성의 개념이 선택된다면 황금률은 더 이상 도출 가능하지 않은데, 그 이유는 【□A⊃A, 사태 A가 존립하는 것이 필연적이라면 사태 A는 존립한다】에서의 추론이 실천적으로 필연적인 것에 대해서는 타당하지 않기 때문이다. 만일 황금률에서 말하는 의욕 자체가 합리적인 의욕(rationales Wollen)이 아니라면 말이다. 만일 이 의욕이 합리적 의욕이라고 한다면 황금률에 제일의 제약이 가해지는 것이다." W. Brinkmann, 15-20 참조.

18 현실적 도덕의 문제에 대한 도덕 추론은 헤어에 의하면 두 수준, 즉 직관적 사유와 비판적 사유로 구별된다. 직관적 사유는 일반적으로 받아들여진 도덕 원리에 따른 사유이고, 비판적 사유는 도덕의 개념의 논리적 속성이라는 조건하에서 도덕 원리를 선택하는 사유이다(이상 R. M. Hare, *Moral Thinking*, Oxford, 1981, 25-26 참조). 비판적 사유가 보여 주는 도덕 추론은 단순히 원리로부터 특정 상황에 대한 행위 지침을 연역적으로 끌어내는 과정도, 행위로부터 원칙을 귀납적으로 끌어내는 과정도 아니다. 오히려 도덕 추론은, 법칙의 반증 가능성을 검증하는 자연과학적 탐구 절차와 유사하게, 특정의 도덕 판단이 그것의 귀결에 의해 반증 가능한지를 검증하는 절차이다. 헤어에 따르면 이러한 비판적 사유가 전형적 도덕 추론이며 이 추론이 황금률 논증의 형식을 띤다는 것이다(이상, *Freedom and Reason*, Oxford, 1963, 87, 106 참조).

19 R. M. Hare, *Freedom and Reason*, 108.

20 *Freedom and Reason*, 94 참조.

21 이상 *Freedom and Reason*, 89-93 참조.

22 이상 *Freedom and Reason*, 123. (강조는 필자가 첨가함)

23 *Freedom and Reason*, 117.

24 R. M. Hare, *Essays in Ethical Theory*, Oxford, 1989, 234 참조. 헤어는 '각인은 하나로 계산되어야지 어느 누구도 하나 이상으로 계산되어서는 안 된다'는 벤담의 정식이 정언명법과 형식상 일치한다고 본다. 이에 대해서는 R. M. Hare, *Moral Thinking*, 4-5 참조.

25 헤어의 도덕 추리의 네 요소는 보편화 가능성의 논리, 당사자들의 성향 혹은 관심, 사실, 상상력(이에 대해서는 R. M. Hare, *Freedom and Reason*, 94 참조)인데 칸트라면 이러한 상상력과 성향(Inclination)에 대해 각각 순수 실천이성과 그것의 관심을 맞세울 것이다.

26 F. 카울바하 지음, 하영석, 이남원 옮김, 『윤리학과 메타 윤리학』, 서울, 1995 (F. Kaulbach, *Ethik und Metaethik: Darstellung und Kritik metaethischer Argumente*, Darmstadt, 1974), 184.

27 이것이 헤어의 중립성 테제이다. "우리는 우리 자신을 포함하여 각인을 하나로 다루어야 한다. … 우리는 도덕적 사유를 하고 있다는 이유로 우리 자신의 선호에 별도의 비중을 두지 않는다. 당사자인 한 우리의 선호는 타인의 선호와 동일한 비중을 지닌다." R. M. Hare, *Moral Thinking*, 129.

28 이상 R. M. Hare, *Moral Thinking*, 128, 111.

29 헤어는 이러한 추리 과정이 자연주의적 오류추리가 아닌가라는 의문에 대하여 다음과 같이 답한다. 황금률은 "'너는 사실상 이런 일이 가상적 상황에서 너에게 행해지는 것을 원하지 않는다. 고로 이로부터 너는 이런 일을 다른 사람에게 행해서는 안 된다'라고 말하고 있는 것이 아니다. 이러한 연역은 흄의 법칙('존재(is)'로부터는 그 어떤 '당위(ought)'도 도출될 수 없다)의 위반이다. … 문제는 가상적 상황에서 그에게 이것이 행해지는 것을 그가 싫어하기 때문에 그는 가상적 상황에서 이것이 그에게 행해져야 한다는 단칭적 규정(*prescription*)을 받아들일 수 없다는 것이다"(R. M. Hare, *Freedom and Reason*, 108, 109). 말하자면 이렇게 독해된 황금률 추론은 '원하는 무엇'으로부터 '행해야 할 무엇'을 도출하는 과정이 아니라, '무엇과 관련된 상황'에서 '이 무엇을 (합리적으로) 의욕할 수 있는지'를 검증하는 과정이라는 것이다.

30 이와 동시에 헤어의 황금률 해석은 공리주의의 전통적 난점을 떠안게 된다. 이러한 선호 공리주의적 독해에 따르면 만일 모든 (혹은 최소한 과반수의) 사람들이 처벌의 이익을 의심하는 상황이 발생한다면 처벌하지 말아야 한다는 결론도 가능할 것이다. '왜 내가 다수의 쾌락을 위해 희생되어야 하는가?'라고 묻는 로마의 노예 검투사에게도, 황금률의 공리주의적 추론은, '내가 당신의 입장이라도 당신 덕분에 이익을 얻을 수많은 사람들을 위해 희생할 것이다'라는 결론을 이끌어 낼 것이다. 선호 공리주의적 입장에 서면 이익의 갈등이 있을 경우 더 강한 선호가 충족되어야 하기 때문이

다. 다수의 선호를 충족하는 소수의 희생을 정당화하는 공리주의의 불가피한 난점에 대(한 자기 승인에 대)해서는 B. Gesang, "Konsequenter Utilitarismus – ein neues Paradigma der analytischen Bioethik?", in: *Zeitschrift für philosophische Forschung*, Bd. 55, 2001, 24-51(특히 46-51) 참조. 그리고 '헤어의 황금률 추론에 따르자면 나치의 수가 유대인의 수보다 충분히 많다면 모든 유대인을 죽이는 것이 선호 충족을 최대화할 것'이라고 주장하는 허샤니의 반론 참조. Harsanyi, "Problems with Act-Utilitarianism," in: *Hare and Critics*, Oxford, 1988, 96 참조.

31 R. M. Hare, *Moral Thinking*, 4. 헤어에 의하면 '보편적 규정성'은 "언어적 직관"의 사태이다. *Moral Thinking*, 11. 왜 도덕의 명령의 규정성이 보편화 가능해야 하는가의 물음은 헤어가 보기에는 더 이상 답해질 수 없는 물음인 것이다. 그런데 칸트의 정언명법이 실천이성의 사실이어서 이 명법을 의식함이 바로 도덕의 차원으로의 이행을 함축하는 데 비해, 헤어는 한사코 당위의 보편화 가능성의 요구를 단지 논리적 요구로 본다. 그리하여 헤어는 이러한 논리적 특징이 도덕의 추론을 중립적인 것으로 만든다고 본다. 헤어가 중립성 테제를 고수하는 좀 더 심층적인 근거는 메타 윤리적인 것인바, 말하자면 그의 비(非)기술주의(Non-Descriptivism)이다. 보편화 가능성의 요구의 중립성에 대한 논쟁과 관련해서는 J. L. Mackie, "Right, Utility and Universalization", in: *Person and Value*, Oxford, 1985; R. M. Hare, "Right, Utility and Universalization: Reply to J. L. Mackie", in: *Essays on Political Morality*, Oxford, 1989 참조. 그리고 헤어가 중립적이라고 주장하는 보편화 가능성의 요구(공평성의 요구)를 도덕적 입장이라고 보는 T. Nagel, "The Foundation of Impartiality", in: *Hare and Critics*, Oxford, 1988 참조.

32 로스(P. Rohs)가 보기에 결국 헤어에서 "보편화는 하나의 도구적 성격을 지니며 이익 극대화에 봉사한다." P. Rohs, "Warum Kant kein Utilitarist war", in: *Zum moralischen Denken*, C. Fehige u. G. Meggle (hrg.), Frankfurt am Main, 1995, Bd. II, 39. 말하자면 헤어에서 보편화 가능성의 요구나 공평성의 요구는 그것의 준수가 우리에게 유익한 결과를 가져오기 때문에 선호된다는 것이다.

33 F. 카울바하 지음, 『윤리학과 메타 윤리학』, 189.

34 이상 I. Kant, *Kritik der Urteilskraft*, Akademie Ausgabe V, 294. (강조는 필자가 첨가함)

35 *Kritik der Urteilskraft*, 294.

36 게르하르트는 정치적 사유를 오로지 판단력에만 근거 지을 수 있다고 보는 한나 아렌트를 일면적이라고 비판하면서 다음과 같이 말한다. "칸트는 늘 판단력의 활동을 인간의 다른 지성적 활동들과의 연관 내에서, 특히 오성의 추상화 능력과 이성의 보편화 능력과의 연관 내에서 이해한다. 따라서 칸트는 판단력의 준칙을 그 자체로 취하여 분리된 원칙으로 제시하려는 생각을 가지지 않았을 것이다. '모든 타인의 입장에서' 생각하라는 요구는, 이 요구가 '스스로 사유하라'는 준칙과 '항상 자기 자신과

일치되도록 생각하라'는 요구와 같이, 즉 오성의 개념 및 이성의 개념과 같이 나타날 때에만, 의미를 줄 수 있다. 판단력의 의미에서의 반성적 판단은 오성의 규정하는 활동이 없다면 대상 없이(gegenstandlos) 머무르며 이 판단은 이성의 보편적 틀이 없다면 무의미(sinnlos)하게 된다." 이상 V. Gerhardt, "Vernunft und Urteilskraft. Politische Philosophie und Anthropologie im Anschluss an Immanuel Kant und Hannah Arendt", in: *John Locke und Immanuel Kant: historische Rezeption und gegenwärtige Relevanz*, hrsg., Martyn P. Thomson, Berlin, 1991, 331.

37 헤어도 그의 황금률 추론에 공리주의의 원칙이 '부가'된 것임을 부인하지 않는다. 다만 그는 황금률 추론이 궁극적으로 공리주의와 동일한 결론에 도달한다고 주장하고 있는 것이다. 이상 R. M. Hare, *Sorting Out Ethics*, Oxford, 1997, 440 참조.

38 칸트는 다음과 같이 덧붙이고 있다. "이때 내가 법칙의 대상으로 포함되는 것은 내가 이 의무 법칙을 통해 '나 자신을 사랑하도록' 구속되는 듯이 포함되는 것이 아니다 (왜냐하면 나 자신을 사랑하는 것은 이 명령 없이도 불가피하게 일어나며 따라서 나를 사랑하는 것에 대해서는 그 어떤 의무화도 없기 때문이다)." 이상 I. Kant, *Metaphysische Anfangsgründe der Tugendlehre*, Akademie Ausgabe VI, 451.

39 R. M. Hare, *Freedom and Reason*, 151-153 참조.

40 현대 응용 윤리에서의 이러한 판단력의 역할에 대한 탐색으로는, 김종국, 「사회적 맥락 내에 있는 원칙 : 의료 윤리와 판단력」, 『철학연구』, 53집, 서울, 2001, 337-341 참조.

41 아담 스미스에 의하면 우리에게는 타인의 행복에 대한 자연적 관심이 있는데 이는 궁극적으로 순수한 도덕 감정인 공감(Sympathy)에 기반한다. 그도 공감이 그것을 자극하는 상황에 대한 '조망'으로부터 생겨난다고 봄으로써 단순한 감성 이상의 합리적 차원이 도덕의 한 계기임을 용인한다. 그에게서도 이러한 조망은 상상력에 의해 이루어진다. 상상에 의해 우리는, 타인의 느낌이나 애호에 대한 직접적 경험이 없이, 타인의 처지에 우리를 위치시킬 수 있다는 것이다. 이상 A. Smith, *The Theory of Moral Sentiments*, Indianapolis, 1759/1984, 2-12 참조. 칸트에서 이러한 스미스의 도덕 감정으로서의 공감에 대응하는 감정은 그의 도덕철학에 나오는 '법칙에 대한 존경'이 아니라 (앞서 보았듯이) 『판단력비판』에 나오는 공통감이다. 전자의 감정은 도덕의 정당화 차원과 관계하므로 경험 독립적으로 발생한다. 그리고 칸트에서 경험 독립적 차원과 경험적 차원을 매개하는 반성적 판단력은 '협의의' 미적 판단력에 제한되지 않는다.

제3부
칸트에서 도덕과 법
그리고 교육

제 6 장

『도덕 형이상학』에 대한 사회 윤리적 독해

I. 왜 '칸트의' 사회 윤리인가?

오늘날 윤리학의 르네상스는 생의(生醫) 윤리, 환경 윤리, 기술 윤리 등의 응용 윤리가 주도하고 있다. 이는 근대 이래 꾸준히 진행되어 온 '생활 세계의 분절화' 그리고 '분화된 사회 하부 영역들의 탈도덕화'에 대한 윤리학의 대응으로 보인다. 인간들 간의 행위 및 제도적 행위에 대한 규범적 판단의 문제가 사회 윤리의 중심 문제이고 이러한 제도적 행위에는 경제 행위, 과학 기술 행위, 정치적 행위 그리고 법적 행위 등이 포함된다. 그래서 경제 윤리, 과학 기술 윤리, 정치 윤리, 법 윤리, 생의 윤리 등은 우선 사회 윤리의 이름하에 아우를 수 있다. 반면에 근대 이래 개인의 가치관이나 세계관은 개인의 선택에 맡겨진다. 따라서 사회 윤리는 '개인적 가치 선호와 양립 가능한 사회적 가치'를 모색해야만 하는 것이다. 이와 더불어 전통 윤리학의 원칙들도 사회적 차원으로 '맥락화' 되어야 한다는 과제에 직면한다. 원칙이 적용되어야 할 장이 주로 사회라는 것은 사회의 규범적 문제들이 주로 경제, 과학, 기술, 정치 행위 등의 '집단적, 제도적 행위'에 의해 야기된다는 사태에 기인한다. 만일 윤리학의 (전통적) 원칙들이 그 원칙의 타당성을 상실함이 없이 사회적 차원으로 맥락화될 수 없다면 무용성의 혐의를 벗어날 수 없을 것이다. 다른 한편 원칙주의의 포기는 맥락주의, 혹은 상대주의로 귀결될 위험을 내포하는데, 이는 현대 응용 윤리의 차원이 개인적 결단의 차원이 아니라 도덕적 일치의 공적 차원이라는 것을 간과한 데서 기인하는 것이다.

칸트의 의무론적 윤리는 그 기획의 특성상 사회 윤리의 차원을 함축할 수 있다. '보편화 가능한 준칙에 따라 행위하라'는 그의 정언명법에서 언표된 보편성이 원칙상 사회성을 포함할 수 있기 때문이다. 만일 이러한 보편성이 사회 윤리의 차원으로 번역될 수 있다면 이러한 사회 윤리를 칸트 윤리학의 근본 방향성에 따라 '의무론적 사회 윤리'라 부를 수 있을 것이다. 이러한 번역의 중요성은 공리주의의 '목적론적 사회 윤리'에 대비될 때 더욱 부각된다. 하버마스의 '칸트 실천철학의 화용론적 변형'과 롤스의 '구성주의적 해석'은 '칸트적' 사회 윤리를 재구성하는 전형적 시도들이랄 수 있다.[1] 그러나 칸트의 도덕 원칙의 적용, 그리하여 '칸트의' 사회 윤리의 가능성을 함축하는 응용 윤리는 이미 칸트 자신에 의해 체계적으로 제시되었다. 칸트의『도덕 형이상학의 정초』(1784)나『실천이성비판』(1788)이 도덕철학, 기초 윤리학(Funda-mentalethik)이라면 여기서 정당화된 규범의 일차적 '적용'은 그의 말년의 작품『도덕 형이상학』(1797)에서 행해졌다. 오늘날 이 저작은 '현실에 대한 원칙의 적용'의 모범을 보여 주고 있다는 점에서 주목의 대상이 되고 있다. 사실 칸트가 그의 법론에서 법을 실정법의 차원과 그것의 토대가 되는 자연법의 차원으로 나눈 것은 사회 윤리의 고유한 차원을 추출해 내고자 하는 우리의 의도에 중요한 단서를 제공해 준다. 특히 '인권의 윤리'로 대표될 수 있는 법론은 칸트 실천철학의 핵심 개념인 '인격 개념'을 법 영역에 적용한 것이라 할 만하다.

물론 칸트의『도덕 형이상학』전체가 사회 윤리인 것은 아니다. 덕론의 '자기 자신에 대한 덕의무' 로서의 '자살 금지의 의무', '진실성의 의무' 그리고 '자신의 소질 계발의 의무' 등은 개인의 가치관과 관련하므로 그 성격상 사회 윤리가 아니라 개인 윤리에 속한다. 그러나 덕론의 두 번째 부분, 즉 타인에 대한 덕의무 부분은 원칙적으로 '인간들의 공생을 위한 규범에 대한 탐구로서의 사회 윤리' 에 속할 수 있다. 왜냐하면 칸트에게 타인에 대한 덕의무란 '타인에 대한 선행' 인데 이 선행은 '타인에 대한 손상 금지' 와 더불어 사회 윤리의 근본 규범에 속하기 때문이다. 그러므로 법론이 제도적 행위를 다루는 반면 덕론은 개인 내적, 혹은 개인들 간의 행위를 다루기 때문에 개인 윤리에 속한다고 보는 것은 칸트 덕론에 대한 사회 윤리적 독해의 가능성을 차단하는 것이다. 현대 사회는 각기 기능적인 방식으로 자신의 역할을 수행해 나가는 수많은 하부 체계들에 의해 구성되고 이 체계들은 단지 소극적 합법성뿐만 아니라 적극적 사회 복지도 지향한다. 『도덕 형이상학』에 대한 사회 윤리적 독해 영역에 칸트의 '동시에 의무인 것으로서의 목적' 인 '타인의 행복' 이 포함되어야 할 필요성도 여기에 있다.

II. 인권의 원칙과 『도덕 형이상학』 「법론」

칸트 사회 윤리의 근본 규범을 고찰하는 데 『도덕 형이상학』 「법론」이 일차적 대상이 되어야 한다는 것은 분명하다. 왜냐하면 법론은 인간들 상호 간의 행위 규범 중에서도 우선적으로 준수되어야 하는 손상 금지라는 '소극적' 의무, 칸트 식으로 말하면 '완전한' 의무를 대상으로 하기 때문이다. 아래에서는 손상 금지 의무의 칸트 사회 윤리적 표현을 그의 법원칙 및 자유권 그리고 법의무를 중심으로 살펴본다.

이에 앞서 해명되어야 할 것은 이 저작이 다루는 법의 차원이다. 만일 칸트의 법론이 좁은 의미의 법, 즉 실정법에 관한 논의라면 그의 법론은 사회 윤리적 번역을 허용하는 법윤리 혹은 법철학이 아니라 (경험적) 법학으로 축소될 것이며 따라서 『도덕 형이상학』「법론」은 실정법에 독립적인 사회 윤리를 구성해 내는 데 아무런 기여도 할 수 없을 것이다. 이와 관련하여 다음과 같은 칸트의 발언이 결정적이다. "외적 입법만이 가능한 구속적인 법칙들은 일반적으로 외적 법칙들(äußere Gesetze)이라 불린다. 이들 외적 법칙들 중에서 그것의 구속성이 외적 입법 없이 아프리오리하게 이성에 의해 인정될 수 있는 그러한 법칙은 사실 외적 법칙이긴 하지만 그러나 자연적 법칙들(natürliche Gesetze)이다. 이에 비해 현실적 외적 입법 없이는 결코 구속하지 못하는 그러한 외적 법칙은, 그리하여 외적 입법 없이는 법칙이 아닐 그러한 외적 법칙은 실증적 법칙이라 불린다. 따라서 순전한 실증적 법칙만을 포함하는 그러한 외적 입법이 생각될 수 있지만 그러나 이 경우에도 자연적 법칙, 즉 입법자의 권위(다시 말해 자신의 단순한 자의로써 타인을 구속할 권한)를 근거 짓는 자연적 법칙이 선행해야만 할 것이다."[2] 요컨대 국가는 자연법과 실정법 모두를 인간들의 외적 행위를 규제하는 법칙으로 입법할 수 있지만 실정법적 구속력의 근거, 국가의 입법의 정당화 근거는 결국 '이성에 의해 인식되는 자연법', 말하자면 자연법적 이성법에 있다는 것이다. 칸트의 법론은 바로 이러한 '실정법의 자연법적 근거'를 다룬다. 그것은 단지 도덕 형이상학이 이성의 체계이고 모든 경험을 체계가 수용하는 것이 불가능하다는 방법론적 자기 제한[3] 때문만은 아니다. 좀 더 중요한 근거는 칸트 법철학 기획이 지니는 이성주의적 특성에 있다. 『도덕 형이상학』「법론」의 의의가 '도덕철학과 실정법의 매개'나 '실정법의 관념화'에 있다는 평가[4]는 이런 맥락에서 나온 것이다.

칸트는 이러한 자연법적 기획에 입각하여 법의 원칙을 제시하고 법의무의 세 가지 종류를 구별하는데 이는 (협의의) 사회 윤리의 근본 원칙과 의무라 할 만하다. 법의 원칙은 "너의 자의의 자유로운 사용이 각인의 자유와 보편적 법칙에 따라 공존할 수 있도록 외적으로 행위하라"[5]
이다. 이 원칙에서 제시된 구속성은 자아, 타자 그리고 양자의 관계라는
세 가지 측면으로 나뉠 수 있다. 즉 '보편 법칙에 입각한 자유의 공존'
이라는 법원칙의 요구에는 자신의 자유에 대한 주장, 타인의 자유에 대
한 불침해, 그리고 양자의 자유를 보호하기 위한 계약이 함축된다. 칸트
가 내적 법의무, 외적 법의무 그리고 양자를 매개하는 의무로 분류하여
제시하는 세 가지 법의무는 이를 구체화한 것으로 볼 수 있다. 이 세 가
지 법의무란 각각 "타인과의 관계에서 한 인간의 가치로서의 자신의 가
치를 주장할 것"(자신의 권리를 포기하지 말 것), "그 누구에게도 불법
을 행하지 말 것"(타인의 권리를 침해하지 말 것), "각인이 자신의 권리
를 유지할 수 있는 사회에 진입할 것"(법적 관계를 창출할 것)이다.[6] 이
렇듯 협의의 사회 윤리의 근본 규범이 손상 금지라면 칸트에서 이 손상
금지는 '권리의' 손상 금지이다. 그리고 이 권리는 정확히 말하자면 자
연법적 이성법의 원칙에 따라 정당화되는 자유권, 칸트의 표현을 빌면
"모든 타인의 자유와 하나의 보편 법칙에 따라 공존할 수 있는 한에서
어떤 타자의 강제하는 자의로부터 독립"[7]하는 권리로서의 자유권이다.
그렇지만 칸트 기획의 특성이 분명히 나타나려면 이 권리에 '양도 불가
능성'의 규정이 더해져야 한다. 이러한 자유권의 핵심 규정은 칸트에
의하면 "유일한 생득적"[8] 권리이다. 이 자유권은 실정법에 의해 비로소
가능한 그러한 권리가 아니라 이성에 (의해 인식 가능한 법칙에) 의해
정당화되는 자연적 권리이기 때문에 '생득적'이며 또 이 자유권은 모든
사회적 권리의 근거이기 때문에 '유일한' 생득적 권리라는 것이다. 칸
트가 평등권, 독립권, 표현의 자유권 등을 이러한 유일한 생득적 자유
권, 한마디로 인권으로서의 자유권의 양태들에 지나지 않는 것으로 보
는 것도 이 때문이다. 그뿐만 아니라 자연법적으로 정당화되는 인권은
칸트가 분류한 사법과 공법상의 모든 권리들의 근거이다. 앞서 본 대로

계약하여 국가를 이룰 의무도 '보편 법칙에 따라 타인의 자유와 공존할 수 있는 자의의 자유'와 본질적 연관 내에 있다.[9] 그리고 사법의 경우 칸트는 생득적 자유권을 외적 대상에 대한 점유 일반(즉 경험적 점유 및 예지적 점유)으로 확대함으로써 토대로 삼는다.[10]

　이러한 칸트 법철학의 자유권이 근대 초기의 자연법적 논의의 연장 선상에 있다는 것은 분명하다. 그러나 칸트는 이러한 자연권을 근거 지음에 있어 자신의 도덕철학의 근본 명법과 관련지음으로써 '형이상학적' 기획의 특징을 드러낸다. 잘 알려진 대로 '준칙의 보편적 입법성'을 요구하는 정언명법은 행위가 의무에 적합해야 할 뿐만 아니라 이 행위가 의무로부터, 즉 법칙에 대한 존경이라는 동기로부터 나와야 함을 요구한다. 그러나 '보편 법칙에 따라 타인의 자유와 공존할 수 있도록 자의를 사용하라'는 법원칙의 요구는 이러한 내적 동기를 요구하지 않는다. 말하자면 법원칙은 정언명법의 동기화 부분을 사상함으로써 도출된 것이다.[11] 그러므로 칸트의 법원칙은 가언명법이 아니라 '정언명법의 법적 사용'[12]이며 따라서 순수 실천이성으로부터 비롯된 것이지 경험에 제약된 실천이성, 즉 도구적 이성에서 비롯된 것이 아니다.[13]

III. 연대성의 원칙과 『도덕 형이상학』 「덕론」

선행의 의무는 손상 금지의 의무와 더불어 사회 윤리의 근본 원칙을 이룬다. 사실 19세기 중반에 사회 윤리라는 명칭이 루터주의적 기독교 윤리에서 처음 등장한 것은 당시 산업 자본주의에 의해 '연대성의 원칙'이 등한시되고 있었다는 사태이다.[14] 흔히 칸트 규범 윤리는 여타의 프로그램(특히 공리주의)에 비해 선행의 의무를 소홀히 다룬다는 비판이 제기된다. 이와 같은 비판은 칸트의 사회 윤리를 '선행의 의무를 다루지 않는 법론'에만 국한하는 데서 비롯된다. 그러나 선행을 법적으로,

그것이 자연법적인 방식이건 실정법적 방식이건 강제할 수 있는가? 선행은 행위자의 희생을 포함하기 때문에 자발적 선행이 아닌 강제된 선행(그것이 어떤 타인에 의한 강제이건 아니면 사회에 의한 강제이건 간에)은 인권 손상 금지의 원칙에 위배될 수 있다. 칸트가 선행의 의무를 의무화의 방식에서 동기를 고려하는, 즉 동기에서의 자발성을 고려하는 덕론에서 다루는 것은 이와 같은 이유에서이다.[15] 그러므로 선행의 의무가 사회 윤리의 근본 원칙이라면 이를 다루는 칸트 『도덕 형이상학』 「덕론」의 타인에 대한 덕의무도 이에 포함되어야 하며 결국 사회 윤리는 단일한 구속성 아래 묶일 수 없는 것이다.[16] 이하에서는 인권의 원칙과 함께 광의의 칸트 사회 윤리를 구성하는 것으로 보이는 '연대성의 원칙', 칸트의 표현으로 '타인에 대한 덕의무로서의 존경과 선행의 의무'의 원칙 및 이에 대한 칸트의 정당화를 살펴본다.

칸트가 제시하고 있는 선행과 존경의 의무의 특성을 추출하려면 이에 앞서 그의 도덕철학 내에서의 덕론의 위상, 덕의무의 규정 그리고 두 가지 종류의 덕의무의 구별에 대한 고찰이 선행되어야 한다. 먼저 칸트의 『도덕 형이상학』 「덕론」은 『실천이성비판』이나 『도덕 형이상학의 정초』처럼 '무제약적 선이나 도덕의 근본 법칙에 대한 철학적 정당화'가 아니라 이러한 선과 근본 법칙의 (법적이 아니라) 윤리적 적용이라는 것이 환기되어야 한다.[17] 일단 윤리적 적용은 타인에 의해 강요될 수 없는 "자기 강제"를 다룬다는 점에서 "외적 강제"를 다루는 법론과 구별된다.[18] 그렇지만 덕의무를 다루는 덕론은 이러한 형식적 특징 외에 특정의 내용을 지니는데 그것이 '목적'이다. 정언명법이 '의무로부터 의무에 적합하게 행위하라'로 간단하게 표현될 수 있다면, 덕의무의 원칙은 이 정언명법을 목적의 영역에 '적용'한 것이며, 따라서 『도덕 형이상학』 「덕론」은 말하자면 '도덕적 목적론', "순수한 실천이성의 목적들의 체계"[19]인 것이다. 이러한 도덕적 목적론의 원칙이 바로 칸트가 말하는 덕론의 최상의 원칙, 즉 "그것을 갖는 것이 모든 사람에 대해 하나의 보편적 법칙일 수 있는 그러한 목적들의 준칙에 따라 행위하라"[20]이다. 칸트의 덕의무는 이러한 덕원칙에 의해 정당화되는 의무랄 수 있다. 칸트의 말을 빌자면 덕의무란 "인간이 자신에게 자신의 본성의 충동에 따라 정립한 목적이 아니라" "인간이 자신에게 목적으로 만들어야만 하는 그러한 대상,"[21] 말하자면 사실상 인간들이 추구하고 있는 목적이 아니라 추구해야만 할 당위적 목적, 즉 '동시에 의무인 목적'이다. 마지막으로 동시에 의무일 수 있는 목적은 칸트에 따르면 자신의 완전성과 타인의 행복으로 나뉜다.[22] 그래서 자기 자신에 대한 덕의무는 자신의 소질 계발이며 타인에 대한 덕의무는 타인에 대한 선행이다. 이상의 논의를 토대로 칸트의 선행의 의무를 일단 외적으로 규정하자면 '자기 강제에서 비롯된, 당위적 목적으로서의 타인의 행복'을 추구할 의무가 된다.

칸트는 타인에 대한 덕의무로서의 사랑의 의무를 다루기 전에 이와 밀접히 연관된 존경의 의무를 다루는데, 이 의무는 "타인의 인격 내에 있는 인간성의 존엄에 의해 우리의 자기 평가(Selbstschätzung)를 제한하는 준칙"[23]을 가질 의무, 간단히 말해서 '자신을 타인 위로 높이지 말아야 할' 의무이다. 칸트가 존경의 의무를 선행에 앞세우는 이유는 존경의 의무란 것이 하고 싶으면 하고 하기 싫으면 하지 않아도 되는 그러한 의무가 아니라 마땅히 해야 하는 것, 칸트의 용어로 말하자면 책무적(schuldig)인 것이기 때문이다. 존경의 의무는 마치 법적 의무가 덕의무에 비해 소극적인 것이듯 덕론 내에서의 소극적 의무이다. 이러한 의미의 존경은 타인의 삶의 방식이나 결정에 대한 존중을 의미하는 관용(Toleranz)의 의미를 함축한다. 이에 비해 선행의 의무, 즉 "(비도덕적이지 않은 한에서의) 타인의 목적을 나의 목적으로 만들 의무"[24]는 그것을 이행할 경우 칭송받지만 행하지 않는다고 해서 비난받지는 않는 의무, 즉 공적적(功績的) 의무이다.[25] 칸트는 결의론에서 이러한 선행의 의무의 구체적 규정으로 '선행은 자신의 손해를 감수하는 행위여야 한다'[26]는 것과 선행에 있어 자신의 능력의 소모는 다른 사람을 돕는 데 능력을 소모한 나머지 "그 자신이 타인의 선행을 필요로 하지 않을 정도"[27]여야 한다는 것을 제시한다.

내가 보기에 선행의 의무에 대한 칸트의 논의에서 특별히 부각될 필요가 있는 것은 이 의무에 대한 칸트의 '의무론적 정당화'인데 이는 대체로 다음의 두 가지 방식으로 나타난다. 먼저 칸트는 '너 자신처럼 너의 이웃을 사랑하라'는 황금률이 다음과 같은 정당화, 즉 "나는 모든 타인이 나에게 호의적이기를 원한다. 따라서 나는 모든 타인에게도 호의적이어야 한다"[28]로 사용되어서는 안 된다고 본다. 이는 다음과 같은 주장에서 확인된다. "그러나 나를 제외한 모든 타인은 모두(Alle)가 아니기 때문에, 따라서 의무화에 필수적인 '법칙의 보편성'을 준칙이 자신에 있어 지니지 못할 것이기 때문에 호의의 의무 법칙은 나를 이 법칙의 대상으로서 실천적 이성의 명령 내에 동시에 포함할 것이다. 그러나 이때 내가 법칙의 대상으로 포함되는 것은 내가 이 의무 법칙을 통해 '나 자신을 사랑하도록' 구속되는 듯이 포함되는 것이 아니다. (왜냐하면 나 자신을 사랑하는 것은 이 명령 없이도 불가피하게 일어나며, 따라서 나를 사랑하는 것에 대해서는 그 어떤 의무화도 없기 때문이다.) … "[29] 요컨대 '타인의 호의를 원하는 자아'로부터는 '타인에게 호의적이어야 하는 자아'가 도출될 수 없다는 것(현대적 용어로 바꾸어 말하자면 이러한 도출은 자연주의적 오류추리라는 것)이다. 오직 '타인에게 호의적이어야만 하는 자아'만이 의무의 법칙에 의해 정당화되는 자아, 즉 의무의 대상으로서의 자아이며 이 자아는 타인의 호의를 원하는 경험적 자아에 오히려 대립하는 것이다. 둘째로 칸트는 선행의 의무에 대한 다음과 같은 의문, 즉 '할 수만 있다면 타인에게 신세 지지 않고 나도 타인을 돕지 않겠다는 준칙도 보편화될 수 있지 않겠는가'라는 의문을 고려한다. 이에 대한 칸트의 다음과 같은 대답은 시사적이다. " … 자신에게만 유용한 준칙은 그것이 보편적 법칙으로 된다면 그 자신에게 모순된다. 즉 이 준칙은 의무에 위반된다. 따라서 공동에게 유용한, 궁핍한 자에 대한 선행의 준칙은 인간들의 보편적 의무이다. 그것도 다음의 이유에서 보편적 의무이다. 이 인간들은 공동인간들(Mitmenschen)로 간주되어야만 하기 때문이다. 다시 말해 이 인간들은 한 거주지에서 자연을 통해 상호 돕도록 연합된, 결여적, 이성적 존재자들로 간주되어야만 하기 때문이다."[30] 인간은 하나뿐인 지구 위에서 살아갈 수밖에 없고 생존을 위해 서로를 필요로 하는 그러한 결여적 존재이지만 동시에 인간은 이성적 존재자, 즉 그의 이성에 의해 상호 통일된 그러한 존재라는 것이다.[31] 여기서 연합된 이성적 존재자라는 표현은 연대성(Solidarität)의 사회적 존재자로서의 인간을 의미하는 것과 다름없을 것이다. 이처럼 칸트가 선행의 의무를 공동인간의 이념과 관련짓고 있다는 점에 비추어 볼 때 다음과 같은 주장이 등장하는 것은 이상한 일이 아니다. "행복의 재화들에 의존적인 선행의 능력은 대부분 통치의 부정의를 통한 특정인들의 우대로부터 나온 것이다. 이 부정의가 타인의 선행을 필요하게 만드는 복지의 불평등을 낳은 것이다. 이러한 상황 아래에서 부자가 궁핍한 자에게 제시할 도움이 선행이라는 이름, 즉 공덕으로 뽐낼 만한 선행이라는 이름에 값할 수 있을 것인가?"[32] 한정된 자원이라는 조건에서 부의 불평등은 이성적 질서라기보다는 자연의 메커니즘(약육강식)의 결과인 경우가 많다. 만일 이러한 약육강식이 국가 내에서 일어난다면 이는 공동인간의 이념에 반하는 부정의이며, 따라서 빈민구제는 선행이라기보다는 차라리 부정의의 교정일 것이다.

IV. '인권에 기초한 연대성'의 적용 규칙

이상의 칸트 사회 윤리의 원칙들과 의무들, 즉 법원칙과 덕원칙, 그리고 법의무들과 덕의무들은 적용의 상황에서 질서 지어질 수 있어야 할 것이다. 칸트 자신이 이러한 적용의 규칙을 정리된 형태로 제시하지 않았기 때문에 우리는 단편적으로 언급된 적용의 규칙을 구성해 내고 이를 '칸트가 들고 있는 사례'에서 확인해 낼 수 있어야 할 것이다. 이러한 규범의 적용 사례는 『도덕 형이상학』 「법론」의 본문 혹은 응용의 사례를 다루고 있는 주해에서, 특히 『도덕 형이상학』 「덕론」의 결의론에서 그리고 이와 동일한 논의 차원에 있는 단편적 저술들에서 등장한다.

우선 살펴보아야 할 것은 의무 갈등과 관련한 칸트의 주장이다. 그가 양자택일을 의미하는 의무 간의 갈등을 인정하지 않은 것은 그의 『도덕 형이상학』의 서론에서 확인된다. 이에 따르면 의무 간의 일대일의 충돌은 불가능한데 이 경우 어느 한쪽은 의무에 반하는 것이다. 칸트적 시각에서 보자면 흔히들 의무들 간의 충돌인 것처럼 보이는 경우, 즉 두 가지 의무가 동시에 참인 것처럼 보이는 경우는 그러나 구속성의 근거, 즉 의무화하는 근거가 서로 다른 그런 두 가지 의무들의 사이비 대립일 뿐이며 이는 원칙적으로 해결 가능하다. 그래서 법적 의무와 덕적 의무가 충돌하는 듯이 보일 때에는 그것은 의무들 간의 충돌 상황이 아니라, 즉 양자 택일이 요구되는 상황이 아니라 의무화의 근거들 간의 질서화가 요구되는 상황일 뿐이다.[33] 마찬가지로 법적 입법의 영역과 덕적 입법의 영역 내에서도 더 강력한 의무화의 정도에 따라 의무들을 질서 지을 수 있는 것이다.

칸트 사회 윤리의 적용 규칙을 구성하기 위해서는 '완전한 의무와 불완전한 의무' 그리고 그다음으로 '자기 자신에 대한 의무와 타인에 대한 의무'의 구분에 주목해야 한다. 먼저 칸트가 윤리적 입법과 법적 입법에 의한 의무를 각각 불완전한 의무와 완전한 의무로 특징지은 것은 가장 일반적 의미에서의 적용의 우선순위를 제시한 것이라 볼 수 있다. 완전, 불완전의 개념 쌍은『도덕 형이상학의 정초』에서는 경향성의 이익을 위한 예외의 허용 여부에 의해 규정된다.[34] 그리고『도덕 형이상학』에서 이 개념 쌍은 자의에 여유공간을 마련해 주느냐의 여부에 따라 좁은 의무와 넓은 의무로 표현되기도 한다.[35] 그러나 적용의 우선성을 판정하는 데 완전·불완전이 지니는 중요한 의미는 외적 강제 가능성과 불가능성이며,[36] 이 경우 적용에 있어서는 외적으로 강제 가능한 의무가 우선적으로 충족되어야 한다.[37] 이에 대한 예로는 칸트가 덕론, 선행의 의무에서 다루고 있는 선행의 의무와 법적 의무 간의 질서화를 들 수 있다. 도움을 받을 사람의 행복의 내용에 대한, 도움을 받는 사람의 선택의 자유를 박탈하고 도움을 주는 사람의 행복의 기준에 따라 돕는 것, 이를테면 (어린이나 정신장애자에 대한 도움을 제외한) 가부장적(väter-lich) 도움은 "인간성의 폐기"이며 '이러한 공적은 피원조자의 인권 침해를 보상할 수 없다'는 것이다.[38] 여기서 우리는 '적용에 있어 선행의 의무에 대한 인권 불침해의 의무의 우위'를 확인할 수 있는 것이다. 그리고 칸트는『그것은 이론에서는 맞을지 모르지만 실천을 위해서는 소용이 없다라고들 하는 말에 대하여』(1793)에서 국가의 화를 방지하기 위해 부모를 배신하는 것을 '도덕적' 긴급 상황에서 불가피한 것으로 보고 있는데, 이 또한 외적 강제(국가에 대한 피해 금지라는 무조건적 의무)의 내적 강제(부모에게 선행을 하는 조건적 의무)에 대한 적용상의 우위의 예로 볼 수 있다.[39]

다음으로 적용의 규칙의 구성과 관련하여 '자기 자신에 대한 의무와 타인에 대한 의무'의 구분에 주목해 본다면 우리는 이러한 구분이 적용 규칙으로 사용될 수 있음을 알게 된다. 칸트는『도덕 형이상학』서론에서 덕의무와 법의무 각각을 타자 관계냐 자기 관계냐에 따라 완전한 의

무를 '우리 자신의 인격 내에 있는 인간성의 권리'와 '인간의 권리'로
나누고 불완전한 의무를 '우리 인격 내에 있는 인간성의 목적'과 '인간
의 목적'으로 나눈다.[40] 여기서 타자 관계와 자기 관계의 구분은 강제
가능성의 하위 구분으로, 그리하여 적용에 있어 기준으로 사용될 수 있
다. 우선 법의무의 경우 이것이 의미하는 것은 최소한 적용상 구체적 타
인에 대한 의무가 추상적 사회(혹은 인류)에 대한 의무에 선행한다는
것이다. 이 같은 규칙은 칸트의 「인간애로부터 거짓말할 사이비 권리에
대하여」(1797)라는 단편에서도 확인된다. 여기서 칸트는 거짓말이 우
리의 인격 내에 있는 인간성의 권리를 손상하고 사회계약의 이념을 훼
손하여 사회적 피해를 불러일으키는 것이라 할지라도, 그것이 특정인
에게 피해를 야기하지 않는 한 불법 행위가 아니며, 따라서 (실정)법적
처벌의 대상이 되어서는 안 된다는 것이다.[41] 자기 관계에 대한 타자 관
계의 우위라는 이러한 규칙은 외적 강제뿐만 아니라 자기 강제에서도,
즉 덕적 의무화에서도 확인된다. 즉 '타인의 목적에 대한 의무'가 '우리
의 인격 내에 있는 인간성의 목적'에 대해 원칙상 적용의 우위를 지니
는 것이다. 칸트는 덕론, 자기 자신에 대한 의무 중 거짓말 금지에서
'예의로부터의 거짓말'을 예로 들고 있다. 이 예에 나타난 원칙의 적용
문제는 말하자면 타인에 대한 선행이냐 자기 자신에 대한 진실성의 의
무냐의 문제이다. 만일 칸트가 암시하는 대로 예의로부터의 비진리 진
술이 '잘못으로서의 거짓말'이 아닐 수 있다면[42] 이 예는 덕의무에서
'자기 관계에 대한 타자 관계의 적용상의 우위'의 예이다. 이 적용 규칙
은 타인을 위한 자기 희생(자살)의 문제, 즉 덕론 내에서 자기 자신에
대한 자살 금지 명령이 우선인가 아니면 타인에 대한 선행의 명령이 우
선인가의 문제에 대한 칸트의 판단에서도 확인될 수 있다.[43]

　적용의 문제와 관련하여 그러나 간과하지 말아야 할 것은 칸트가 이
러한 우선순위를 기계적으로 적용하고 있는 것은 아니라는 점이다. 소

위 긴급한 상황에서의 딜레마에 대해 칸트가 단편적으로 언급하고 있
다는 사실이 이를 뒷받침한다. 사실 적용이라는 것이 소수의 규범들과
다수의 사례들의 결합이고 특정 사례에 대한 해석의 가능성은 원칙적
으로 무한하다는 점을 고려한다면 절대적으로 타당한 적용 규칙은 있
을 수 없다. 이러한 맥락에서 우리의 관심을 끄는 것은 법론에서의 긴급
권 그리고 명예를 위한 살인의 예이다. 칸트는 난파한 상태에서 둘 중
하나가 죽지 않으면 둘 다 죽을 상황에서 자신의 생명을 건지기 위해 살
인한 경우[44]와 수치심에서 사생아를 살해하거나 명예감 때문에 결투의
상대자를 죽인 경우[45]를 예로 든다. 그에 의하면 난파한 상태에서 타인
을 살해한 경우와 수치심에서 사생아를 살해하거나 명예감 때문에 결
투에서 상대방을 죽인 경우는 '벌을 받아 마땅하지만 벌할 수 없는 경
우'에 속한다. 왜냐하면 전자는 벌의 위협이 아무런 효력을 발휘할 수
없는 물리적 긴급의 상태[46]이며 후자는 실정법의 효력 밖의 영역, 즉 자
연 상태[47]이기 때문이다. 그러나 이 예들이 칸트에 있어 법의 효력이 부
정되는 경우로 거론될 수는 없다. 말하자면 이들 경우는 현실적으로 실
정법을 적용할 수 없는 경우인 것이다.

V. 현대 응용 윤리와 칸트의 사회 윤리

칸트 『도덕 형이상학』에 대한 사회 윤리적 독해의 결과로 우리가 얻은
것은 다음과 같이 요약될 수 있을 것 같다. 첫째, 칸트에 있어 관건인 것
은 제도적 행위냐 개인들 간의 행위냐가 아니라 행위가 외형적으로 제
도적 행위이건 개인들 간의 행위이건 간에 그것의 구속성의 방식이 법
적 입법이냐 아니면 덕적(윤리적) 입법이냐 하는 것이다. 그러므로 칸
트의 법적 입법의 영역을 협의의 사회 윤리로 보고, 여기에 '타인과 관
계함에 있어서의 윤리적 입법'의 영역을 더하여 광의의 사회 윤리로 보

는 것이 맞다. 둘째, 칸트의 협의의 사회 윤리는 1. 실정법의 토대가 되는 2. 인권의 윤리이며 이는 3. 그의 도덕철학에서 정당화된 인격 개념의 법적 차원의 번역이다. 셋째, 칸트 사회 윤리에서 인권의 원칙과 함께 광의의 사회 윤리를 구성하는 또 하나의 원칙은 1. 자유로운 자기 강제에서 비롯된 2. 사회적 연대성의 원칙이며 이는 3. 행복론이 아니라 의무론에 의해, 혹은 자연적 행복이 아니라 공동인간의 이념에 의해 정당화된다. 넷째, 칸트 사회 윤리의 응용 규칙은 1. 완전한 의무를 불완전한 의무보다 우위에 두고 2. '타인에 대한 의무'를 '자기 자신에 대한 의무'보다 우위에 둔다. 그러나 동시에 칸트 사회 윤리는 3. 적용에 있어 긴급한 경우를 고려한다.

내가 보기에 '인권에 기초한 연대성'으로 압축될 수 있는 칸트의 사회 윤리는 사회 윤리상의 여타의 기획들에 비해 다음의 세 가지 의의를 지닐 수 있다. 첫째, 칸트 사회 윤리는 상호 구별되면서 동시에 질서화 가능한 두 종류의 구속성을 제시하므로 사회 윤리의 다른 기획들에 비해 포괄적이고도 체계적이다. 둘째, '인권에 기초한 연대성'의 원칙은 선행을 위해 인권을 희생시키지 않는다. 셋째, 칸트의 사회 윤리는 연대성의 의무에 대해 자연주의적 오류추리로부터 자유로운 정당화를 제시한다.

마지막으로 나는 현대 응용 윤리에 대한 칸트 사회 윤리의 의의를 짚어 보고 싶다. 만일 응용 윤리가 규범 윤리의 대개념이라면 양자의 관계는 일종의 특수와 보편의 관계에 해당할 것이다. 이 경우 응용이란 그것의 문자적 의미에서 '규범의 사례에 대한 응용'이기 때문이다. 그러나 현대 응용 윤리가 보여 주는 것은 응용 윤리가 '규범 윤리'의 대(對)개념이 아니라 '이론 윤리'의 대개념이라는 것이다. 이 점에서 응용 윤리라는 말보다는 '실천 윤리'라는 말이 더 적당할지도 모른다. 이론의 대개념으로서의 응용과 규범의 대개념으로서의 응용은 각각 그 출발점이

사례냐 원칙이냐라는 점에서 다르다. 규범의 대개념으로서의 응용에서
관건은 말하자면 '사례 포섭적 원칙'이지만, 이론의 대개념으로서의 응
용에서 관건은 '규범 형성적(규범 모색적) 사례', 혹은 '문제 해결을 요
구하는 사례'이다. 실천 윤리로서의 응용 윤리의 관점에서 본다면 칸트
도덕철학의 일차적 응용인 칸트 『도덕 형이상학』의 법론과 덕론은 현대
적 의미에서의 응용 윤리가 아니다. 『도덕 형이상학』에서 관건이 되는
것은 '사례 포섭적 원칙'이기 때문이다. 그러나 『도덕 형이상학』으로부
터 구성된 칸트의 사회 윤리는 내가 보기에 현대 응용 윤리의 기초 혹은
응용 윤리의 메타이론의 역할을 할 수 있다. 응용 윤리의 메타이론은 한
편으로 응용 능력에 대한 인식론적 규명,[48] 예를 들어 사례에 원칙을 적
용하거나 사례로부터 원칙을 찾아내는 능력으로서의 실천적 판단력에
대한 인식론적 규명이나 그 외 응용 윤리에서 사용되는 주요 개념들에
대한 분석을 다룰 수 있다. 그러나 다른 한편 현대 응용 윤리의 고유한
차원이 '사회'라는 점이 감안된다면, 그리하여 응용 윤리가 단순한 결
의론이나 결단주의로 흐르지 않으려면 추상적 원칙이나 규범을 사회적
차원으로 번역해 내는 작업도 중요한데 내가 보기에 이 또한 응용 윤리
의 기초이론으로 분류될 수 있다. 이 점에서 위에서 구성된 칸트의 사회
윤리의 원칙 및 적용 규칙은 현대 응용 윤리의 이론적 토대 역할을 할
수 있다.[49]

1 하버마스는 도덕과 법의 규칙들을 검증하거나 새로운 규칙들을 생겨나게 하는 절차
와 관련하여 칸트의 정언명법을 변형한다. 그래서 '특정의 규범을 보편적으로 따름
으로써 나타나는 결과의 강제 없는 수용 가능성'을 제시하는 보편화 원칙 및 '담론
구성원들의 동의 가능성'을 제시하는 담론 원칙을 내놓는다. (보편화 원칙에 대해서
는 J. Habermas, *Moralbewußtsein und Kommunikatives Handeln*, Frankfurt am
Main, 1983, 103 참조. 그리고 담론 원칙에 대해서는 J. Habermas, *Erläuterungen
zur Diskursethik*, Frankfurt am Main, 1991 참조.) 롤스도 칸트적 기획을 구성주의
적으로 해석하여 '평등한 자유'와 '최소 수혜자 이익 및 기회 균등'으로 구체화되는
그의 정의 원칙을 제시한다. (이에 대해서는 J. Rawls, *Theory of Justice*, Cam-
bridge, 1971. 302 ff. 참조.) 말하자면 양자는 각기 나름의 방식으로, 즉 롤스는 원초
적 상태를 통해, 그리고 하버마스는 이상적 담론 상황을 통해 칸트의 정언명법을 사
회적 차원에서 재구성하고 이에 입각해 사회 윤리의 원칙들을 제시한 것이다. (그리
고 롤스와 하버마스 양자의 입장의 동일성과 구별성에 대해서는 J. Habermas, "Re-
conciliation through the Public Use of Reason", in: *The Journal of Philosophy*,
XCII, 1995, 109–131 그리고 같은 책에 있는 J. Rawls, "Reply to Habermas", 132–
180, 특히 132 ff. 참조.) 전체적으로 보아 하버마스와 롤스의 기획은 '칸트의
(Kants)' 사회 윤리라기보다는 '칸트적(kantsch)' 사회 윤리의 가능성에 주목한다
고 평가된다. 칸트 실천철학에 대한 이러한 현대적 해석과 변형을 사회 윤리와 관련
하여 조명해 보는 것은 흥미로운 일이겠지만 이는 독립적 고찰을 요한다. '칸트의'
사회 윤리를 겨냥한다면 먼저 칸트의 기획 내에서 사회 윤리의 위상을 점검해 보아
야 하고 이를 위해 '칸트 실천철학 내에서의 정언명법과 법론 및 덕론의 관계'에 대
한 논의에서 출발해야 한다. 역으로 이러한 작업은 칸트 실천철학을 현대적으로 변
형하거나 해석하는 데 시사점을 제시할 수 있을 것이다.

2 I. Kant, *Metaphysische Anfangsgründe der Rechtslehre*, 224.

3 *Metaphysische Anfangsgründe der Rechtslehre*, 205 참조.

4 이에 대해서는 F. Kaulbach, "Moral und Recht in der Philosophie Kants", in: *Recht und Ethik Zum Problem ihrer Beziehung in 19. Jahrhundert*, J. Blühdorn u. J. Ritter (hrg.), Frankfurt am Main, 1970, 49, 53 참조.

5 *Metaphysische Anfangsgründe der Rechtslehre*, 231.

6 *Metaphysische Anfangsgründe der Rechtslehre*, 236.

7 *Metaphysische Anfangsgründe der Rechtslehre*, 237.

8 *Metaphysische Anfangsgründe der Rechtslehre*, 237.

9 계약하여 시민 상태에 진입할 의무와 관련해서는 *Metaphysische Anfangsgründe der Rechtslehre*, 312, 313 참조.

10 *Metaphysische Anfangsgründe der Rechtslehre*, 247–252 참조.

11 "법법칙(Rechtsgesetz)은 나에게 구속성을 부과하되 이 구속성을 위하여 나의 자유를 이 법법칙이라는 조건에 제한시켜야만 한다는 것을 결단코 기대하지 않고 더욱이 요구하지도 않는다." *Metaphysische Anfangsgründe der Rechtslehre*, 231.

12 이에 대해서는 R. Dreier, "Zur Einheit der praktischen Philosophie Kants. Kants Rechtsphilosophie im Kontext seiner Philosophie", in: *Recht Moral Ideologie. Studie Zur Rechtstheorie*, Frankfurt am Main, 1981 참조. 그에 의하면 "법적 사용 내에 있는 정언명법이 바로 법의 원칙이다." (296)

13 카울바하는 칸트가 합법성의 두 가지 개념, 즉 윤리적 합법성과 법적 합법성 혹은 '자연법에 정향된 자연적 합법성'과 '실정법의 영역에 속하는 시민적 합법성'의 개념을 지니고 있었으며, 법론의 법적 입법은 윤리적 합법성 혹은 자연적 합법성의 개념의 전개에 해당한다고 본다. 이에 대해서는 F. Kaulbach, 같은 책, 47 참조.

14 이에 대해서는 H. Hühn, "Sozialethik", in: *Historisches Wörterbuch der Philosophie*, J. Ritter u. K. Gründer (hrg.), Basel, Bd. 9, 1134–1135 참조.

15 반대로 칸트는 약속준수의 의무와 같은 법적 의무를 '외적으로 강제될 수 없는 선행의 의무'로 간주해서는 안 된다고 말한다. 이에 대해서는 *Metaphysische Anfangsgründe der Rechtslehre*, 220 참조.

16 칸트가 프랑스 혁명의 이념 중 자유와 평등을 법적 권리로 다루면서도 박애, 즉 선행의 의무나 도움에의 권리를 법론에서 다루지 않은 것은 이와 같은 사정에 관련된다. 즉 그에 있어 타인에게 도움을 요구할 권리는 인권에 포함되지 않는 것이다. 물론 본래적 의미에서의 자발적 도움이 아니라 역할상 마땅히 주어야 할 도움이라면 (예를 들어 부모가 자식에게 주는 도움의 의무) 이는 덕론의 주제가 아니라 법론의 주제이다. 부모의 자식에 대한 양육의 의무에 대해서는 *Metaphysische Anfangsgründe der Rechtslehre*, 280, 281 참조.

17 칸트에 의하면 의무론으로서의 도덕론(Sittenlehre; Moral)은 (의무에 따라서가 아

니라) 의무화의 방식에 따라서 윤리학(Ethik; Tugendlehre)과 법론(Rechtslehre)으
로 나뉜다. 이에 대해서는 I. Kant, *Metaphysische Anfangsgründe der Tugend-
lehre*, Akademie Ausgabe VI, 379 참조. 그래서 우리는 도덕론(Sittenlehre), 덕론
(Tugendlehre), 법론(Rechtslehre)을 각각 광의의 윤리학, 협의의 윤리학, 법론이라
부를 수 있을 것이다. 협의의 윤리학과 법론은 각각 광의의 윤리학에서 제시된 도덕
법의 윤리적, 법적 적용이다. 한편 회폐는 덕론의 도덕을 '메타적 의미에서의 무제약
적 선'(Moral 1)과 관습적 도덕(Moral 3)을 매개하는 차원으로 보고 이를 Moral 2
로 명명한다. 이에 대해서는 O. Höffe, "Recht und Moral : ein kantischer Proble-
maufriß", in: *Neue Hefte für Philosophie*, Heft 17, 1979, 7-8 참조.

18 *Metaphysische Anfangsgründe der Tugendlehre*, 379.
19 *Metaphysische Anfangsgründe der Tugendlehre*, 381.
20 *Metaphysische Anfangsgründe der Tugendlehre*, 394.
21 *Metaphysische Anfangsgründe der Tugendlehre*, 385.
22 이에 비해 자신의 행복 추구는 당위가 아니라 사실이며 완전성 추구는 각 개인 자신
의 일이므로 내가 타인의 완전성을 추구할 수 없다. 이에 대해서는 *Metaphysische
Anfangsgründe der Tugendlehre*, 386 참조.
23 *Metaphysische Anfangsgründe der Tugendlehre*, 449.
24 *Metaphysische Anfangsgründe der Tugendlehre*, 450.
25 칸트는 사랑과 존경을 도덕적 세계의 인력과 척력의 법칙으로 표현한다. 카울바하에
의하면 칸트에게는 세 가지 세계, 즉 덕론의 세계와 법론의 세계 그리고 순수이성비
판의 세계가 있다. 이는 각각 도덕계, 사회, 자연에 해당한다. 이에 대해서는 F.
Kaulbach, 같은 책, 50 참조.
26 *Metaphysische Anfangsgründe der Tugendlehre*, 453 참조.
27 *Metaphysische Anfangsgründe der Tugendlehre*, 454.
28 *Metaphysische Anfangsgründe der Tugendlehre*, 451.
29 *Metaphysische Anfangsgründe der Tugendlehre*, 451.
30 *Metaphysische Anfangsgründe der Tugendlehre*, 453.
31 칸트 철학에서 자연, 즉 인간의 자연적 욕구나 인간들 간의 이러한 욕구의 메커니즘
이 인간들 간을 결합하는 주체일 가능성은 없다. 오직 인간의 이성만이 이러한 메커
니즘으로부터 상호 원조를 위한 연합으로 인도하는 것이다. 칸트가 말하는 영구 평
화란 '되물릴 수 없는 연합상태'에 다름 아니다. 이 연합체가 지상에서의 목적의 왕
국인지 아니면 이와 구별되는 시민 상태인지의 문제는 결국 선행의 의무가 지향하는
것이 무엇인가의 문제와 관련된다. 자연과 이성 사이의 영구 평화에 대해서는 이 책
의 8장 「이성에 의한, 자연을 통한 평화: 칸트의 평화 개념」 참조.
32 *Metaphysische Anfangsgründe der Tugendlehre*, 454.
33 이상 *Metaphysische Anfangsgründe der Rechtslehre*, 224 참조.

34 *Grundlegung zur Metaphysik der Sitten*, Akademie Ausgabe IV, 421 참조.

35 *Metaphysische Anfangsgründe der Tugendlehre*, 390 참조.

36 *Metaphysische Anfangsgründe der Tugendlehre*, 379 참조.

37 그리고 우리가 칸트를 좇아 외적 행위를 규정하는 법적 입법을 '아프리오리하게 단순한 이성을 통해' 행위를 규정하는 자연법적 입법과 '타자의 자의를 통해' 행위를 규정하는 실정법적 입법으로 나눈다면, 이 경우 강제 가능성의 기준에 따른 적용 규칙은 '실정법의 자연법에 대한 우위'가 될 것이다. 왜냐하면 강제 가능성에 있어 실정법이 훨씬 현실적이기 때문이다. 그리고 내가 보기에 적용에 있어 실정법의 우위는 정당화에 있어 자연법의 우위와 양립 가능하다.

38 *Metaphysische Anfangsgründe der Tugendlehre*, 454.

39 I. Kant, *Über den Gemeinspruch : Das mag in der Theorie richtig sein, taugt aber nicht für die Praxis*, Akademie Ausgabe VIII, 300 참조.

40 *Metaphysische Anfangsgründe der Rechtslehre*, 240 참조.

41 I. Kant, "Über ein vermeintes Recht aus Menschenliebe zu lügen", Akademie Ausgabe VIII, 426 참조. 그리고 이 책의 7장「'인류의 권리'와 거짓말: 진실성의 의무에 대한 칸트의 계약론적 정당화」참조.

42 *Metaphysische Anfangsgründe der Tugendlehre*, 431 참조.

43 *Metaphysische Anfangsgründe der Tugendlehre*, 423 참조.

44 *Metaphysische Anfangsgründe der Rechtslehre*, 235 참조.

45 *Metaphysische Anfangsgründe der Rechtslehre*, 335-337 참조.

46 *Metaphysische Anfangsgründe der Rechtslehre*, 235 참조.

47 이에 대해 J. K. Uleman, "On Kant, Infanticide, and Finding Oneself in a State of Nature", in: *Zeitschrift für philosophische Forschung*, Bd. 54, 2000, 173-195 참조.

48 이에 대한 하나의 시도로 김종국,「사회적 맥락 내에 있는 원칙: 의료 윤리와 판단력」,『철학연구』, 53집, 철학연구회, 2001, 327-342 참조.

49 의료 윤리에서 뷰챔프와 칠드레스의 4원칙주의(손상 금지, 선행, 자율, 정의)도 말하자면 응용 윤리의 정초작업에 해당한다. 4원칙주의가 근본적으로 재구성적 (즉 여러 규범 윤리적 프로그램들로부터 원칙들을 조합한) 기획이라는 점에 비추어 볼 때 칸트의 사회 윤리의 근본 원칙과 적용 규칙들이 지니는 정합성이 돋보인다. 4원칙주의에 대해서는 L. T. Beuchamp a. J. F. Childress, *Principles of biomedical ethics*, New York, 1989 참조.

제 7 장

'인류의 권리' 와 거짓말: 진실성의 의무에 대한 칸트의 계약론적 정당화

I. 들어가는 말

칸트는 그의 짧은 글 「인간애로부터 거짓말할 사이비 권리에 대하여」에서 '살인할 의도를 가지고 나의 친구를 쫓는 악한 앞에서라 할지라도 거짓말하는 것은 잘못' 이며 이에 비해 '진실성의 의무를 다하여 결과적으로 친구가 살해되어도 내게는 잘못이 없다' 고 주장한다. 사상사적으로 보자면 칸트의 이러한 주장은, 거짓말의 예외 없는 금지에 대한 아우구스티누스와 아퀴나스의 '신학적' 근거 지음이 근대 초기의 그로티우스, 푸펜도르프, 볼프 등의 '합리적' 기획에 의해 비판되는 맥락에서 나온, '합리적' 기획에 입각한 반비판이며 구체적으로는 '거짓말에 대한 무조건적 금지가 사회를 불가능하게 한다' 는 프랑스 철학자 벤야민, 콩스탕의 주장에 대한 반론이다.[1]

패이튼은 도덕 원칙과 '예외를 허용하는 도덕 법칙' 을 구별함으로써,[2] 코스가드는 살인자 앞에서의 거짓말이 칸트의 정언명법의 보편적 자연법칙의 정식에 의해 정당화된다고 주장함으로써[3] 거짓말 논문에서의 칸트의 입장을 포기한다. 이에 비해 가이스만은 살인자 앞에서의 거짓말 금지와 법의 원칙 간에는 그 어떤 불일치도 없다고 본다.[4] 에빙하우스도 거짓말 논문에서의 칸트의 입장을 최종적인 것으로 보는데, 그 이유는 '위법한 공격을 방어하는 거짓말에 대한 예전의 목적론적 승인' 이 이 논문에서 극복되었기 때문이라는 것이다.[5]

　'살인자 앞에서의 거짓말이 칸트의 도덕 법칙에 의해 정당화 가능한 가' 하는 문제와 '칸트의 법철학이 목적론을 용인하는가' 하는 문제에 개입하는 대신 나는 첫째, 칸트 입장의 법철학적 근거, 특히 '거짓말의 엄격한 금지와 사회계약의 이념 간의 연관' (V)을 밝히고 싶다. 이 작업이 칸트 입장에 대한 찬반 논의의 경계를 지어 줄 수 있는 기초 작업이라고 믿는 나는 이를 위해 먼저 칸트와 이 논문에서의 칸트의 상대인 콩스탕 간의 논쟁점(II)을 정리할 것이다. 다음으로 칸트가 살인자 앞에서 거짓말할 법적 권리를 전적으로 부정하고 있지는 않음(III)에도 어떤 차원에서 동시에 이를 사이비 권리로 판정하고 있는지(IV)를 밝힐 것이다. 둘째, 나는 거짓말에 대한 입장과 관련하여 칸트 실천철학을 세 가지 당위 차원들로 구별하는 과정에서, 거짓말 논문의 예가 갖는 외관상의 비상식성에 독립적으로, 오늘날에도 여전히 유효한 (특히 정치영역에서) 결론(VI)을 끌어내고 싶다. 내가 보기에 칸트 거짓말 논문의 진정한 의도는 '오로지 실정법적 하자만을 피하려는 반사회적 행위에 대한 경고' 에 있다.

II. 진실할 의무의 원칙(Kant)과 그 적용(Constant)

잘 알려진 대로 칸트의 이 논문은 콩스탕의 "정치적 반동에 대하여"라는 글에 대한 반론이다. 콩스탕은 도덕의 추상적 원칙이 적용을 위한 중간 원칙 없이 현실에 바로 적용되면 사회적 무질서를 야기한다고 주장하면서 그 예로 거짓말 금지의 원칙을 든다. "예를 들어 진실을 말하는 것은 의무이다라는 도덕 원칙은 절대적으로 그리고 그 자체로 이해된다면 모든 인간적 공생을 불가능하게 만들 것이다. 우리는 그 증거를 한 독일 철학자[6]가 이 원칙으로부터 이끌어 낸 직접적 귀결에서 발견하는 데 이 독일 철학자는 우리에게 우리의 친구가 우리 집에 은신해 있는지를 묻는 살인자에게라 할지라도 거짓말은 하나의 범죄라고 주장하는 데까지 나간다."[7] 물론 콩스탕은 거짓말 금지 원칙과의 완전한 결별을 주장하는 반원칙주의자나 사례주의자가 아니다. 그도 "참된 것으로 인식된 원칙은, 이 원칙에 내재하는 위험이 아무리 커 보인다 하더라도, 결코 포기되어서는 안 된다"고 일반적으로 말하고 있을 뿐만 아니라, "(거짓말 금지라는 – 필자) 이 원칙을 버린다면 이 원칙을 그 자체로 적용하는 것 못지않게 사회가 붕괴된다"[8]고 구체적으로 말하고 있기 때문이다. 이렇게 일반적 도덕 원칙이 잘못된 것으로 보이는 경우에 잘못의 원인은 원칙이 아니라 적용 원칙의 부재에 있다는 관점에 입각하여 콩스탕은 거짓말의 예에서 적용의 원칙을 찾기 위해 의무의 개념을 분석해 볼 것을 제안한다. 콩스탕의 의무 개념에 대한 분석에 따르면 첫째, 의무란 권리의 대(對)개념이어서 "그 어떤 권리도 없는 곳에는 의무 역시 존재하지 않으며", 이를 토대로 거짓말 금지라는 추상적 의무에서의 제이의 (적용) 원칙을 구성하면 둘째, "진실을 말하는 것은 단지 진실에 대한 권리를 가진 사람에 대해서만 의무이며 그 누구도 타인에게 해를 가하는 진실을 요구할 권리를 가지지 않는다"[9]는 것이다.

이러한 콩스탕의 주장을 칸트는 두 가지 문제로, 즉 살인자 앞에서 거짓말할 권리의 문제와 살인자 앞에서 친구를 위해 거짓말할 의무의 문제, 달리 말하면 친구가 나에게 거짓말을 요구할 권리의 문제로 정리한다.[10] 그리고 칸트가 논쟁의 핵심으로 보는 것이 바로 '진실을 말하는 것은 오직 진실에 대한 권리를 가진 사람에 대해서만 의무이다'라는 콩스탕의 주장이다. 칸트가 비판하는 것은 콩스탕에 의해 적용 원칙으로 명명된 이 원칙이 '참된 것으로 인식된 거짓말 금지의 원칙은 결코 포기되어서는 안 된다' 라는 자신의 제일 원칙과 모순된다는 것이다. 다시 말해 콩스탕의 중간 원칙, 즉 진실의 권리를 가진 사람에 대해서만 진실의 의무가 있다는 원칙은 엄밀히 말하자면 거짓말 금지 원칙의 적용을 위한 원칙이 아니라 예외를 위한 원칙이므로 거짓말 금지 원칙의 부정이라는 것이다.[11] 뒤에서 고찰하겠지만 칸트가 위험시하는 것은 '진실성의 의무는 오직 이에 대한 권리를 가진 사람에 대해서만 성립한다' 는 콩스탕의 중간 원칙이 그 이상의 차원에서의 진실성의 의무, 즉 '인류 혹은 사회에 대한 진실성의 의무' 와 '자기 자신에 대한 진실성의 의무' 를 배제한다는 것이다. 특히 칸트 글의 제목에서 압축된 주장, 즉 '인간애로부터 거짓말할 권리란 사이비 권리이다' 라는 주장과 '거짓말에 대한 예외적 허용이 사회를 불가능하게 만든다' 는 주장은 콩스탕에 의해 배제된 두 번째 차원, 즉 인류에 대한 진실성의 의무와 관련된다.

III. 살인자 앞에서 거짓말할 실정법적 권리

칸트와 콩스탕의 논쟁이 일견 원칙의 예외 허용 여부라는 단순한 주제에 관련한 것처럼 보이지만 콩스탕의 문제 제기에 대한 칸트의 대응 방식을 분석해 보면 이 짧은 글에도 그의 실천철학의 체계 및 입장이 투영되어 있다는 점이 드러난다. 우선 밝혀져야 할 것은 콩스탕이 제기한 문제를 칸트가 어떻게 받아들이고 있는가 하는 것이다. 대개 논쟁에서 일방이 타방의 문제 제기를 자신의 문제로 받아들이는 방식 내에 이미 이에 대한 나름의 응답의 방향이 내포되어 있다. 살인자 앞에서의 거짓말의 예를 칸트가 어떤 맥락에 위치 짓고 있는지 분석하는 것이 중요한 것도 이 때문이다. 잘 알려진 대로 칸트 실천철학은 상호 구별되는 두 가지 차원, 즉 법과 도덕을 다룬다. 간과해서는 안 될 것은 칸트는 거짓말 논문에서 살인자 앞에서 거짓말할 권리의 문제를 법적 차원에 한정해서 논의하고 있다는 점이다. "나는 여기서 원칙을 더욱 첨예하게 하여 '비진실성은 자기 자신에 대한 의무의 위반이다'라고 말하지는 않겠다. 왜냐하면 이 원칙은 윤리학에 속하기 때문이다. 지금 말하고 있는 것은 법의무이다 — 덕론은 이 위반에 있어 오직 비존엄성만을 주목하는바, 거짓말하는 사람은 이러한 오명을 자초하는 것이다."[12] 이로써 칸트가 살인자 앞에서 거짓말할 권리의 문제를 내면적 존엄과 관련된 덕적 의무(윤리학, 내면적 도덕성)의 차원이 아니라 법적 의무(법철학, 외적 도덕성)의 차원에 위치시키고 있다는 것이 분명해진다. 콩스탕도 칸트와 마찬가지로 법적 차원에 한정하여 이 예를 다루고 있는지는 그의 글에 명시적으로 나타나 있지 않다. 그가 정치의 원칙과 도덕의 원칙을 구별하고 거짓말의 절대적 금지가 사회를 불가능하게 만든다고 주장하고 있다는 점에서 내면적 의무 위반을 문제삼고 있지 않다고, 따라서 칸트와 동일한 차원에서 문제를 다루고 있다고 생각할 수 있다. 그러나 설령 콩스탕이 순수 내면적 차원과 사회 윤리적 차원, 법적 차원을 구별하지 않고 이 모두를 도덕의 이름으로 표현하고 있다는 것이 사실이라 하더라도 어쨌건 칸트는 이 문제를 순수 법철학의 문제로 받아들이고 있다는 사실은 간과되어서는 안 된다.

다음으로 우리는 거짓말 논문에서 칸트가 법적 의무로서의 거짓말 금지도 두 가지 차원으로 분리하여 다루고 있음을 알게 된다. 이는 각각 거짓말에 대한 '법률가의 의미에서'의 고찰과 '의무 일반의 본질적 부분에서'의 고찰이다. 그리고 전자의 차원도 '나의 거짓말과 살인자의 권리'의 경우와 '나의 거짓말과 친구의 권리'의 경우로 나뉘어 고찰된다. 먼저 나와 살인자의 관계에 대해 칸트는 "비록 내가 불의의 방식으로 말하도록 나에게 강요하는 자에게 사실을 위조해도 그에게 잘못을 행하는 것은 아니라 할지라도, 그럼에도 나는 이 때문에 (비록 법률가들의 의미에서는 아니지만) 거짓말로 불리는 사실 위조를 통해 의무 일

반의 본질적 부분에서 잘못을 행하는 것이다"[13]라고 말하고 있다. 불의
의 방식으로 말하도록 내게 강요하는 살인자에게 사실을 위조해도 그
살인자에게 불의를 행하는 것은 아니며 이런 점에서 이 사실 위조는 법
률가의 의미에서 살인자에 대한 잘못이 아니라는 것이다. 이와 유사한
상황을 언급하는 다른 곳에서 칸트는 적이 들이닥쳐서 내게 돈을 둔 곳
을 물을 경우 내가 진실을 말하면 그가 오용할 것이기 때문에 나는 진실
을 숨길 수 있다고 말한다.[14] 그뿐만 아니라 칸트는 다른 글에서 상대방
에게 진실을 말할 것을 명시적으로 언표하지 않은 이상 그에게 무엇을
말하든 이는 발언의 자유권에 속한다고 말하고 있다.[15] 다음으로 나와
친구의 관계에 있어 칸트는 법률가의 의미에서의 거짓말의 성립 조건
으로 "거짓말이 특정 타인을 해롭게 해야 한다"[16]는 것을 들고 있다. 그
래서 살인자에 대한 의도적 비진실 언표로 말미암아 도망자에게 피해
가 발생하지 않았다면 나의 비진실 언표는 법률가의 의미에서, 즉 실정
법적으로 — 왜냐하면 법률가는 오직 실정법에 입각하여 판단하므로[17]
— 불법이 아니라는 것이다. 이에 입각하여 칸트는 만일 나의 의도적 비
진실 언표로 말미암아 도망자에게 피해가 발생했다면 나는 그에 대해
책임이 있다고 말한다. 예를 들어 내가 살인하려는 추적자에게 의도적
으로 비진실을 말했는데 내 친구가 집에 숨어 있지 않고 몰래 빠져 나와
내 말을 믿은 추적자와 마침 맞닥뜨려 살인이 일어나는 경우도 있을 것
이다. 이 경우에는 살인이라는 결과의 근거가 나의 의도적 비진실 언표
에 있으므로 내 행위는 가벌적이라는 것이 칸트의 주장이다.[18]

　이렇듯 만일 살인자 앞에서의 의도적 비진리 언표가 구체적 피해를
불러일으키지 않는 경우 이는 실정법적으로 불법이 아니라고 말하는
이상, 칸트가 거짓말할 실정법적 권리를 승인하고 있음은 분명하다. 그
리고 '타인의 자유와 보편 법칙에 따라 공존할 수 있는 한(타인의 권리
를 손상하지 않는 한)에서의 자유(발언의 자유)'라는 기본권의 정의는

여전히 타당하다. 오늘날의 법 이론에서도 기본권은 타인의 특정한 법익과 충돌하지 않는 한에서만 보호되며 형법은 기본권의 합법적 제약이다. 이렇게 되면 최소한 실정법적 차원에서의 칸트의 주장은 사실상 콩스탕의 것과 별반 다를 것이 없다. 만일 칸트가 '그 어떤 실정법적 권리도 훼손하지 않는 비진실성일지라도 법률가적 의미에서 불법이다'라고 주장하거나 '모든 거짓말은 가벌적이다'라고 주장한다면 그는 '도덕의 직접적 실증화'를 범하고 있다는 혐의를 벗어날 수 없을 것이다.

IV. 형식적 의무로서의 거짓말 금지

남은 문제는 칸트가 살인자 앞에서의 거짓말을 조건적으로 실정법적 권리로 생각한다면 도대체 어떤 맥락에서 이 권리를 사이비 권리라고 말하고 있는가, 즉 어떤 관점에서 살인자 앞에서의 거짓말을 법적 의무의 위반으로 보고 있는가 하는 점이다. 이와 관련하여 우리는 칸트 법철학에서 강조되고 있는 좀 더 중요한 차원에 접하게 된다. 살인자에 대한 거짓말이 실정법적으로 살인자에 대한 잘못이 아니라고 말하면서도 동시에 칸트는 그럼에도 내가 "(비록 법률가들의 의미에서는 아니지만) 거짓말로 불리는 사실 위조를 통해 의무 일반의 본질적 부분에서 잘못을 행하기" 때문에, "거짓말은 그것이 법의 근원을 쓸모 없게 만듦으로 해서 인류 일반에게 해를 끼치기 때문에"[19] 잘못이라고 본다. 살인자 앞에서의 거짓말이 살인자에 대한 잘못이 아니고 또 (피해를 불러일으키지 않는 한) 도망자에 대한 잘못이 아닌 반면 인류 일반에 대해서는 잘못이라는 것이다. 그렇다면 '법의 근원을 쓸모없게 만듦으로 해서 인류 일반에 대해 행하는 잘못'이라는 말로써 칸트가 의미하고자 하는 것이 무엇인가? 거짓말 논문에서의 이와 관련된 설명은 다음과 같다. "진실성은 계약을 토대로 하여 그 위에 근거 지어지는 모든 의무들의 토대로 간주되는 의무이며 계약에 근거하는 모든 의무들의 토대로서의 이 의무의 법칙(진실성의 의무의 법칙 – 필자)은 우리가 만일 이 의무에 대해 조금의 예외라도 허용하면 동요되고 쓸모없이 되기 때문이다."[20] 말하자면 각종 실정법들은 사회적 계약의 산물이며 계약은 오직 진실성에 의해서만 담보되기 때문에 진실성은 모든 실정법들의 토대가 되는 의무라는 것이다. 이런 맥락에서 칸트는 실정법적 의무와 이 의무들의 토대로서의 의무를 구별하여 각각 질료적 의무, 형식적 의무로 명명한다. "비록 내가 특정의 거짓말을 통해 사실상 아무에게도 불의를 범하지 않는다 하더라도 그럼에도 나는 모든 불가피하게 필수적인 발언 일반과 관련하여 법의 원칙을 손상시키는 것이다. (비록 질료적으로는 아니라 할지라도 형식적으로 잘못을 범하는 것이다.)"[21] 살인자 앞에서의 거짓말이 살인자에 대한 실정법적 잘못도 아니고 도망자에게 피해를 불러일으키지 않는 한 도망자에 대한 실정법적 잘못도 아니지만 이러한 실정법적 권리를 가능케 하는 계약과 그 계약으로 이루어지는 사회를 불가능하게 하기 때문에 형식적으로, 즉 아프리오리하게 잘못이라는 것이다. 그렇다면 동시에 실정법적 권리일 수도 있는 잘못을 실정법적 잘못, 불법이라고 명명할 수는 없을 것이다. 칸트가 질료적 불의와 형식적 불의를 구분한 것은 이러한 사정에 연유한다. 살인자 앞에서의 거짓말은 구체적 타인에게 피해를 야기하지 않는 한 공권력의 처벌 대상이 아니지만 사회의 가능 조건인 계약의 이념을 훼손하므로 잘못이다. 그리고 칸트는 여기에 덧붙여 '형식적 불의가 질료적 불의보다 더 나쁘다'[22]고 말한다. 따라서 칸트가 '거짓말의 예외 없는 금지'를 주장한 근거는 '거짓말은 그것이 비록 실정법의 위반, 즉 특정인의 권리의 손상이 아니라 하더라도 여전히 그 실정법의 가능 조건의 위반, 즉 인류의 권리의 손상이다'에서 찾아져야 할 것이다.[23]

　이에 입각하여 칸트는 (살인자 앞에서의 거짓말의 허용, 즉 거짓말할 권리의 문제가 아니라) 살인자 앞에서 거짓말할 의무의 문제에 대해서도, 도망자가 나에게 거짓말을 강요할 권리가 없기 때문에, 그런 의무란 없다고 주장한다. 내가 진실을 말한다 하더라도 결과적으로 살인이 일어날지 일어나지 않을지는 경험 의존적이기 때문에 설령 진실함에 이어 살인이 일어났다 하더라도 이 경우 언명의 진실성이 해를 끼친 것은 단순히 하나의 우연이었지 자유로운 행위가 아니었다는 것이다. 말하자면 진실함이 상대방에 대한 불의를 아프리오리하게 함축하는 것이 아닌 이상, 그리고 진실해야 한다는 당위적 명령을 가능케 하는 인과율이 피해를 발생시키거나 발생시키지 않는 사실적 인과율에 관계없이 타당한 이상, 진실함이라는 당위의 실천과 손해라는 사태 간에 필연적 연관은 없다는 것이다. 그래서 칸트는 "진실성은 이로 말미암아 자신에게나 타인에게 큰 손실이 발생한다 하더라도 인간의 각인에 대한 형식적 의무이다"[24]라고 말한다.

V. 법의 원칙, 사회계약 그리고 진실성

사실 콩스탕에 대한 칸트의 견해차는 법과 사회에 대한 칸트적 근거 지음에서 비롯된 것이다. 칸트에 의하면 우리가 계약하여 사회(칸트가 말한 바에 따라 정확하게 말하면 시민 상태)를 이루게 되는 근거는 홉스가 주장하는 것처럼 계약 이후의 이익 때문이 아니라 계약 이전에 의식되는 옳음 때문이다. 그렇기 때문에 칸트에 있어서는 계약했기 때문에 옳은 것 이전에, 혹은 계약의 산물인 국가 권력에 의해 효력을 갖는 실정법 이전에 법적 옳음의 의식이 존재한다. 즉 '옳기 때문에 계약함'이 선행하고 그 토대 위에 '계약했기 때문에 있는 옳음'이 있는 것이다. 후자의 옳음을 실정법적 옳음으로 명명할 수 있다면 우리는 칸트 법철학의 방향성과 관련하여 전자의 옳음을 이성법적 옳음으로 명명할 수 있을 것이다. 칸트는 그의 『도덕 형이상학』 「법론」에서 계약에 선행하는 이러한 이성법적 옳음을 법의 법칙으로 정식화한다. "너의 자의의 자유로운 사용이 각인의 자유와 보편적 법칙에 따라 공존할 수 있도록 외적으로 행위하라."[25] 그리고 이러한 보편적 원칙으로부터 세 가지 법의무, 즉 "타인과의 관계에서 한 인간의 가치로서의 자신의 가치를 주장할 것"(자신의 권리를 포기하지 말 것), "그 누구에게도 불법을 행하지 말 것"(타인의 권리를 침해하지 말 것), "각인이 자신의 권리를 유지할 수 있는 사회에 진입할 것"(자신과 타인의 권리를 보호하기 위해 법적 관계를 창출할 것)과 같은 법의무가 도출된다.[26] 진실성의 의무는 바로 이 세 번째 법의무, 즉 법적 관계를 창출하고 이러한 사회적 약속으로서의 계약을 유지, 보존하는 것과 관련된 의무인 것이다. 이러한 근거에서 칸트는 거짓말 논문에서 거짓말 금지의 의무를 사실적 계약 이후에 그 효력을 갖는 '질료적' 의무가 아니라 이런 계약의 이념을 유지하고 보존하는 것과 관련하는 '형식적' 의무로 규정한 것이다. 이런 관점에서면 우리는 콩스탕과 칸트 사이의 논쟁이 궁극적으로는 사회와 법을 근거 짓는 데에서의 입장 차이에서 비롯된다는 것, 무엇보다도 칸트의 사회계약론의 선험적 기획에서 비롯된다는 것을 확인하게 된다. 살인자 앞에서의 진실함에 의해 위협받게 되는 콩스탕의 사회와 살인자 앞에서의 거짓말일지라도 그것에 의해 위협받게 되는 칸트의 사회는 엄밀히 말해 각기 다른 사회이다. 전자가 계약의 산물로서의 현실적 사회라면 후자는 법의 법칙에서 비롯된 이념적 사회이다. 칸트는 현실적 계약에 선행하는 이러한 이념적 계약을 '원초적 계약'으로 명명하고 국가의 법적 옳음은 오직 이 이념에 입각해서만 생각될 수 있다고 본다.[27] 요컨대 칸트의 입장은 거짓말이 현실적 사회를 위태롭게 하지 않을지 몰라도 이념적 사회를 위태롭게 하기 때문에 잘못이라는 것이다. 이를 칸트적 용어로 표현한다면 '거짓말은 특정인에게 피해를 야기하지 않는다 하더라도 인류에게 피해를 야기하기 때문에 잘못이다'가 될 것이다. 결국 칸트가 반대하는 것은 '진실성의 의무는 오직 이에 대한 권리를 가진 이에 대해서만 성립한다'는 콩스탕의 주장의 절대화가 야기할 위험, 즉 '실정법적 하자만을 피하려는 반사회적 행위'라는 것이 드러난다.

Ⅵ. 정치와 거짓말

나는 칸트의 거짓말 논문에 대한 고찰은 칸트 입장에 대한 찬반을 막론하고 이상과 같은 분석 위에서 출발해야 한다고 믿는다.

나의 주장은 이렇다. 첫째, 거짓말 금지 의무에 대한 칸트 입장을 분석함에 있어 도덕이 '통일성 내에 있는 구별되는 세 가지 차원'으로, 즉 내면적 도덕성의 차원, 사회 윤리의 차원, 법적 차원으로 나뉜다는 점을 분명히 하면 단순히 도덕을 윤리와 법의 두 차원으로 나누는 것보다 훨씬 명료한 분석에 도달한다는 것이다. 그뿐만 아니라 이런 시각은 칸트 도덕철학은 물론 나아가 도덕현상 일반을 명료하게 통찰할 수 있게 한다. 이 세 차원은 대체로 각각 개인 윤리, 사회 윤리 그리고 법으로 달리 표현될 수 있다. 도덕현상에 대한 이런 차별화된 접근방식이 갖는 장점은 '내면적 도덕성이 아무런 중간단계 없이 법으로 현상하고(도덕의 법화) 외적인 법이 바로 내면적 도덕성의 영역을 규정하는 일(법의 도덕화)'을 방지하는 데 있다. 이러한 세 차원의 구별은 '거짓말 금지'라는 당위적 명령에 대한 칸트의 사례 분석에서 다음처럼 정리된다. 거짓말은 내면적 도덕성의 차원에서 보자면 자신의 인격의 존엄성의 훼손이고, 사회 윤리의 차원에서 보자면 형식적 의무의 위반이며, 법적 차원에서 보자면 질료적 의무의 위반이다. 그러나 타인의 권리를 훼손하지 않는 거짓말은, 자신의 존엄성의 훼손이나 인류의 권리의 위반이라 하더라도, 실정법적 처벌의 대상이 되지 않으며 되어서도 안 된다는 것이다.

둘째, 거짓말 금지 원칙의 정당성과 이 원칙의 적용 차원들에 대한 구분이 타당할지라도 이를 예시하기 위해 칸트가 들고 있는 예가 그가 처한 시공적 상황을 넘어 오늘날에도 여전히 설득력이 있는지는 의문이다. 유사한 예를 다루고 있는 다른 글들에서와는 달리 거짓말 논문에서는 살인자 앞에서의 발언 상황이 공적 상황임을 말해 주는 조건이 명시적으로 나타나 있지 않다.[28] 이는 아직 언어의 공적 사용 영역이 오늘날처럼 사적 사용 영역으로부터 분명히 구별되지 않는 당시 상황의 반영일 수도 있다. 혹은 칸트가 처한 독일의 근대 초기가 계약의 이념을 특별히 강조해야 할 시공적 상황이었다는 점도 고려될 수 있을 것이다.

그뿐만 아니라 이 예에서의 칸트의 실정법적 판단도 오늘날의 그것과 다른 것 같다. 먼저 '살인자 앞에서 친구를 살리기 위한 거짓말이 결과적으로 친구가 살해되는 결과에 이른 경우 실정법적으로 가별적이다'라는 칸트의 주장은 오늘날의 실정법적 판단과 다를 것 같다. 현대 형법은 살인자의 살해 행위라는 결과를 '친구가 도망할 것이라는 것을 전혀 예측할 수 없었고 따라서 당시로서는 친구의 도망을 막을 수 없었던 나'의 거짓말 행위에 객관적으로 귀속시킬 수 없다고 볼 것 같다.[29] 다음으로 대체로 행위 자체의 위법성보다는 결과적 법익의 손상을 중시하는 오늘날의 형법은 친구가 살해당할 가능성을 인지하고도 살인자 앞에서 진실을 말한 나에게, 칸트가 생각했던 것과는 달리, '미필적 고의에 의한 살인 방조죄'의 혐의를 둘 것 같다.[30] 그러나 이때 분명히 해 두어야 할 것은 이 문제는 엄밀히 말하면 실정법적 기준(객관적 원인성 및 객관적 위험 창출이라고 하는 기준, 주관적 고의라는 기준)의 문제이며 형법의 역사, 특히 근대 이래의 형법의 역사는 이 기준이 변할 수 있다는 것을 보여 주고 있다는 점이다. 달리 말하자면 사회 윤리적 가치와 구체적 법익 간의 실정법적 질서화도 시대에 따라 다를 수 있다. 대체로 법의 역사는 추상적인 사회 윤리적 가치보다는 구체적 법익을 우선시하는 방향으로 발전해 온 것 같다. 그러나 현대 형법 이론조차도 위법성 판단에서 사회 윤리적 가치를 고려할 가능성과 더 나아가 기왕에 징표된 위법성이 사회 윤리적 가치의 영향력에 의해 배제될 가능성을 차단하고 있지 않다.[31] 그 외 물론 극단적 경우이긴 하지만, 실정법 내에서의 가치 갈등 해결에 독립적으로, 실정법의 위반에 따른 처벌을 감수하고서라도 사회 윤리적 가치를 지켜야 할 경우도 있을 수 있다.

셋째, 이러한 예의 부적절성과 예에서의 실정법적 판단의 상이성에도 불구하고 칸트의 다음과 같은 주장, 즉 거짓말이 타인의 구체적 권리를 훼손하지 않는 한 법적으로 '위법한 행위'는 아니지만, 그럼에도 언어에 의해 맺어지는 인간 간의 공적 관계를 훼손하므로 사회 윤리적으로 특별히 '비윤리적 행위'라는 주장은 오늘날에도 여전히 유효하다. 칸트가 들고 있는 예와 그의 실정법적 판단의 생소함은 내가 주목하는 칸트의 결론, 즉 '언어의 공적 사용에서 의도적 왜곡은 실정법적으로 문제가 없다고 해서 면책되는 것이 아니다'는 결론에 영향을 미치지 못한다. 이 결론의 정당성은 상호 갈등하는 윤리적 가치와 실정법적 법익 양자를 실정법적으로 질서화하는 문제에 독립적이기 때문이다. 이러한 칸트의 주장은 오늘날에도 여전히, 그리고 특히 현대에 와서는 독립된 공적 영역이 된 정치에서 유효할 뿐만 아니라 또 강조되어야 한다. 내가 보기에 칸트가 거짓말 논문에서 실제로 염두에 두고 있는 영역도 정치인 듯하다. 거짓말 논문의 결론에서 그는 '법이 정치에 적응되어서는 안 되고 정치가 법에 적응되어야 한다'고 강조하고 있는 것이다. 결국 칸트가 콩스탕의 발언을 비판한 것은 '법의 적용으로서의 정치'가 역전될 위험을 보았기 때문이다. 그리고 이러한 주장은 '정치적 도덕가'와 '도덕적 정치가'를 구별한 『영구 평화론』(1795)의 기획의 연장선상에 있다.[32] 실정법적 하자만을 피하려는 반사회적 행위는 정치 영역에서 특히, 어떤 면에서는 구체적 제재가 가능한 개별 범죄보다 더, 위험하다.

1 거짓말에 대한 철학적 입장들의 역사에 대해서는 G. Bien, ˈLügeˈ, in: *Historisches Wörterbuch der Philosophie*, J. Ritter (hrg.), Bd. 5, Darmstadt, 1980, 533-544 참조. 그 외 이에 대한 간략한 정리로는 H. Oberer, "Zur Vor-und Nachgeschichte der Lehre Kants vom Recht der Lüge", in: *Kant und das Recht der Lüge*, G. Geismann u. H. Oberer (hrg.), Würzburg, 1986, 8-10 참조.

2 패이튼은 살인자 앞에서 거짓말할 권리뿐만 아니라 의무도 인정하고 이 두 가지는 칸트의 추상적 정언명법 차원이 아닌 구체적 적용의 차원에서 정당화된다고 주장한다. 거짓말 논문에 대한 그의 입장에 대해서는 H. Paton, "An Alleged Right to Lie. A Problem in Kantian Ethics", in: *Kant-Studien*, 45 Jg., 1953/54, 190-203 참조.

3 코스가드(C. M. Korsgaard)도 패이튼과 유사하게 거짓말 논문에서의 칸트를 칸트의 그 외의 저작에 의해 교정하려 시도한다. 그녀의 관심은 불법이나 악에 대한 권한으로서의 법(권리)에 있다. 그녀의 입장에 대해서는 C. M. Korsgaard, "The Right to lie : Kant on dealing with evil", in: *Ethical Theory*, James Rachels (ed.), New York, 1998, 530-552 참조.

4 이에 대해서는 G. Geismann, "Versuch über Kants rechtliches Verbot der Lüge", in: *Kant: Analysen-Probleme-Kritik*, H. Oberer u. G. Seel (hrg.), Würzburg, 1988, 302-304 참조.

5 에빙하우스의 입장에 대해서는 J. Ebbinghaus, "Kantˈs Ableitung des Verbotes der Lüge aus dem Rechte der Menschheit", in: *Revue Internationale de Philosophie*, Nr. 30, 1954, 409-422 및 J. Ebbinghaus, "Briefwechsel Paton-Ebbinghaus", in: *Kant und das Recht der Lüge*, G. Geismann u. H. Oberer (hrg.), Würzburg, 1986, 70-71 참조. (나는 도덕철학에서의 목적론이 덕론의 방법론으로서의 종교철학에 대한 정당화로 기능할 뿐만 아니라 법론의 방법론, 즉 법론의 적용 기술로서의

정치에 대한 정당화로 기능하고 있다고 본다. 따라서 칸트 실천철학에서 자연법과의 선명한 결별을 주장하는 에빙하우스의 주장은 재고의 여지가 있다.)

그리고 거짓말 논문에 대한 찬반 논쟁을 비판적으로 정리한 것으로는 문성학, 「칸트와 거짓말」, 『칸트 철학의 인간학적 비밀』, 울산, 1997, 365-413 참조. 그에 의하면 '거짓말의 예외 없는 금지'의 칸트적 근거는 그의 도덕철학의 '형이상학적 기획'에 있다(411-413).

6 오버러(H. Oberer)에 의하면 칸트는 콩스탕의 글이 나오기 전에 자신이 쓴 그 어떤 글에서도 명시적으로 이런 주장을 한 적이 없다. 첫째, 콩스탕이 독일 철학자라는 표현으로 칸트 자신을 지목한다고 칸트가 생각한 이유는 불어로 된 콩스탕의 글을 그의 독일 친구였던 크라머(K. Fr. Cramer)가 독어로 번역, 편집하면서 '이 독일 철학자란 칸트를 지목한다고 저자(콩스탕)가 내게(크라머) 말했으며 칸트 이전에 미하엘리스(J. D. Michaelis)도 이런 주장을 제기했다'고 부기하였기 때문이다. 당시 살인자 앞에서의 거짓말일지라도 잘못이라고 주장하여 세간의 논쟁을 불러일으킨 당사자는 미하엘리스였다고 한다. 둘째, 칸트는 자신이 이러한 주장을 직접적으로 제기하지 않았을지라도 거짓말에 대한 미하엘리스의 이러한 입장을 자신의 입장으로 자처한다. 크라머가 칸트를 지목한 경위와 칸트가 미하엘리스에 동의하여 이를 자신의 입장으로 받아들인 자세한 경위는 H. Oberer, "Zur Vor-und Nachgeschichte der Lehre Kants vom Recht der Lüge", 11-13 참조.

7 B. Constant, "Über politische Reaktion", in: *Kant und das Recht der Lüge*, G. Geismann u. H. Oberer (hrg.), Würzburg, 1986, 23 그리고 콩스탕 글은 B. Constant, "Über politische Reaktion", in: B. Constant, *Politische Schriften*, Bd. 3, L. Gal (hrg.), 1972, 182-186에서도 찾아볼 수 있다.

8 이상 B. Constant, "Über politische Reaktion", 24.

9 이상 B. Constant, "Über politische Reaktion", 24.

10 I. Kant, "Über ein vermeintes Recht aus Menschenliebe zu lügen", Akademie Ausgabe VIII, 426 참조. 콩스탕은 살인자에게 거짓말할 권리의 문제를 제기하고 이를 옹호하고 있기는 하지만 살인자에 대해 거짓말할 의무를 명시적으로 문제 삼고 있지 않다.

11 "Über ein vermeintes Recht aus Menschenliebe zu lügen", 430 참조.

12 "Über ein vermeintes Recht aus Menschenliebe zu lügen", 426.

13 "Über ein vermeintes Recht aus Menschenliebe zu lügen", 426. 의무 일반의 본질적 부분에 대한 분석은 다음 장에서 다룬다.

14 칸트의 용어를 사용하자면 이 경우는 비진리 진술로서의 Falsiloquium일 뿐 잘못으로서의 Mendacium은 아니다. 그러나 만일 이 경우 내가 나의 생각을 천명하려 한다는 것을 실제로 밝히고 시작하는 경우라면 사정은 달라지는데, 비록 내가 거짓말해도 악한에게 불의를 범하는 것은 아니지만 그럼에도 칸트는 인류의 권리에 대해

불의를 범한다고 본다. 이상 *Vorlesungen über Moralphilosophie (Collins)*, Akademie Ausgabe XXVII, 444-450 참조.

15 이에 대해서는 I. Kant, *Metaphysische Anfangsgründe der Rechtslehre*, Akademie Ausgabe VI, 237 참조.

16 "Über ein vermeintes Recht aus Menschenliebe zu lügen", 426.

17 '법률가의 의미' 및 실정법적 의미에 대한 분석으로 다음을 참조. G. Geismann, "Versuch über Kants rechtliches Verbot der Lüge", 307-308.

18 여기서 칸트가 주장하는 인과관계는 '원인으로서 그 자체로 잘못인 행위'와 '결과로서의 법익 침해' 간의 인과관계, 말하자면 당위적 인과관계이다. 콩스탕 및 그의 글을 번역, 편집한 크라머가 또 한 명의 논적으로 지목한 미하엘리스도 칸트와 유사한 예를 동원한다. 즉 '도망자가 나의 집에 숨어 있지 않다고 의도적으로 비진실을 말했는데 추적자인 살인자가 내 말을 곧이곧대로 믿지 않고 내 말과 반대로 도망자가 내 집에 숨어 있다고 판단하고 결과적으로 살인을 저지르는 경우'에도 나의 비진실 진술은 친구가 살해된 원인이라는 것이다. (이에 대해서는 H. Oberer, "Zur Vor-und Nachgeschichte der Lehre Kants vom Recht der Lüge", 10 참조.) 물론 이러한 입장들은 현대 형법의 인과론(조건설)과 다른데 이 이론은 결과로서의 법익 침해와 사실적 인과관계에 있는 원인을 판정하는 것으로 만족한다. 현대 형법은 우선 미하엘리스의 예의 경우 나의 거짓말 행위는 아예 원인이 아니라고 판정할 것이다. 내가 전해준 정보를 살인자가 사용하지 않는 순간 내 행위의 인과성은 단절되었고 따라서 살해라는 결과에 나의 행위는 침전되어 있지 않은 것이다. 다시 말해 정범(Haupttäter)이 '방조범에 의해 제공된 도구'(여기서는 정보)를 사용하지 않은 경우 방조범(Behilfe)에게는 원인이 귀속되지 않는다. 현대 형법이 칸트가 예를 든 경우를 어떻게 판정할지에 대해서는 이 글의 VI 참조.

19 이상 "Über ein vermeintes Recht aus Menschenliebe zu lügen", 426.

20 "Über ein vermeintes Recht aus Menschenliebe zu lügen", 427.

21 "Über ein vermeintes Recht aus Menschenliebe zu lügen", 429.

22 "Über ein vermeintes Recht aus Menschenliebe zu lügen" 참조. 왜냐하면, 칸트에 따르면, 전자에서는 사례가 아니라 원칙의 위반이 문제이기 때문이다.

23 더 나아가 예외 없음이 완전히 충족되려면 '거짓말이 설령 특정 개인의 권리의 손상도, 인류의 권리의 손상도 아니라 하더라도 여전히 덕적으로 잘못이다'가 추가되어야 할 것이다. 거짓말이 덕적인 잘못인 근거는 자신의 존엄성의 손상에 있다. 이에 대해서는 *Metaphysische Anfangsgründe der Tugendlehre*, 429-431 참조.

24 "Über ein vermeintes Recht aus Menschenliebe zu lügen", 429.

25 *Metaphysische Anfangsgründe der Rechtslehre*, 231.

26 *Metaphysische Anfangsgründe der Rechtslehre*, 236-237.

27 칸트의 원초적 계약에 대해서는 *Metaphysische Anfangsgründe der Rechtslehre*, VI,

315 참조. 그리고 홉스와 구별되는 칸트 사회계약론의 선험적 특성에 대한 간략한
설명으로는 V. Gerhardt, "Vernunft und Urteilskraft. Politische Philosophie und
Anthropologie im Anschluss an Immanuel Kant und Hannah Arendt", in: *John
Locke und Immanuel Kant : historische Rezeption und gegenwärtige Relevanz*, M.
P. Thomson (hrg.), Berlin, 1991, 320 참조.

28 칸트의 거짓말 논문에서 자주 등장하는 단서, 즉 "가부간 불가피하게 말하지 않으면
안 되는 상황"("Über ein vermeintes Recht aus Menschenliebe zu lügen", 426),
"불가피하게 필요한 발언과 관련하여"("Über ein vermeintes Recht aus Men-
schenliebe zu lügen", 429)에 비해 콜린스의 도덕철학 강의에서 등장하는 "나의 생
각을 천명하려 한다는 것을 실제로 밝히는 경우"(*Vorlesungen über Moralphilosophie
(Collins)*, Akademie Ausgabe XXVII, 541)라는 단서는 훨씬 더 명시적으로 공적 도
구로서의 언어 및 이를 통한 공적 상황을 나타내는 것으로 보인다. 중요한 것은 '공적
도구로서의 말에 대한 의식'이 선행하느냐 아니냐이다. 이런 의식이 없거나 혹은 상
호 간에 이런 의식이 결여된 상태는 거짓말의 경우가 아니다. 필자는 덕론의 결의론
에 등장하는 '예의로부터의 비진실 진술'(*Metaphysische Anfangsgründe Tu-
gendlehre*, 431)은 이 경우에 속한다고 본다.

29 객관적 귀속의 기준으로서의 '지배가능성'에 대해서는 K. Kühl, *Strafrecht*, Mün-
chen, 1997, 58 참조. 따라서 '시민 법률상 가벌적'이라는 표현은, 현대 형법의 관점
이 고려된다면, 약화되어야 한다. 그리고 칸트에게서 이러한 가능성이 아주 없는 것
도 아니다. 덕론에서 칸트는 고용인의 명령에 따라 거짓말한 피고용인은 이로 말미
암아 발생한 피해에 대해 윤리적으로 (법적으로가 아니라) 책임을 져야 한다고 말한
다. 달리 말하면 법적 책임은 없을지 몰라도 도의적 책임은 있다는 것이다. 이에 대
해서는 *Metaphysische Anfangsgründe der Tugendlehre*, 431 참조.

30 미필적 고의에 대해서는 U. Ebert, "Kausalität im Strafrecht", in: *Lexikon des
Rechts*, Bd. 8, G. Ulsamer (hrg.), Berlin, 1996, 508 참조.

31 전자의 가능성에 대해서는 K. Kühl, *Strafrecht*, 191-197 참조. 그리고 후자의 가능
성에 대해서는 다음과 같은 언급 참조. "'기본법적 가치질서라는 척도에 따른, 그리
고 이러한 토대적 가치체계의 통일을 고려하는 가치교량이 행위자에 의해 유지된 이
익의 우위로 결과될 경우' 구성요건 해당적 행위도 정당화된다(위법성이 징표된 행
위도 그 위법성이 배제된다 - 필자)." 같은 책, 343. 나는 '가치체계의 통일을 고려하
는 가치교량에 의해 우위에 있는 것으로 평가되는 이익'의 목록에 (기본권뿐만 아니
라) '계약의 이념 준수를 위한 진실성'이(라는 사회 윤리적 가치도) 포함될 가능성
이 있다고 본다.

32 그리고 국가 간의 정치영역에서의 '영구 평화'를 위해서도 거짓말 금지는 등장한다.
장차의 전쟁을 위해 은밀히 유보조항을 두는 것은 국가 간의 계약 조건으로서의 진실
성의 의무의 위반이다. (영구 평화를 위한 제일의 예비조항) 이에 대해서는 I. Kant,

Zum ewigen Frieden, Akademie Ausgabe VIII, 343 참조. 그리고 칸트의 영구 평화의 기획을 '자연주의적 오류를 범하지 않는 영구 평화의 기획'의 관점에서 정리한, 이 책의 8장 「이성에 의한, 자연을 통한 평화」 참조.

이성에 의한, 자연을 통한 평화: 칸트의 평화 개념

I. 들어가는 말

평화란 무엇인가? 평화가 단지 갈등의 부재 상태를 의미한다면 이는 '사회적 열(熱) 죽음'의 상태에서도 가능할 것이다. 또 평화의 본질적 규정을 '힘의 균형'에서 찾는 것도 부족하다. 힘의 균형이 깨어짐과 동시에 종식되는 평화는 실은 '휴전'에 불과하기 때문이다. 그렇다면 첫째, 힘의 법칙에 종속적이지 않은 평화란 어떤 것일까? 다음으로 참된 평화가 힘의 논리에 독립적이라는 점이 일단 승인된다 하더라도, 둘째, 이 평화는 어떻게 실현되어야 하는가? 인간이 근본에서부터 변하지 않으면 평화는 실현 불가능할 것인가? 아니면 실현의 현실적 단서들은 없는가?

이상의 두 물음들은 서로 관련되어 있다. 이념으로서의 평화가 현실적으로 관철될 수 없거나 최소한 그 전망이라도 보이지 않을 경우, '도덕은 강자들에 대항하는 약자들의 무기에 불과하다'는 주장이 용인될 수밖에 없을지도 모르기 때문이다.

이 글은 평화론의 고전 중의 하나라 할 만한 칸트의 『영구 평화론』(1795)을 중심으로 이 문제들에 대해 가능한 답을 모색한다. '이성에 의한 평화' 라는 제목으로 첫 번째 질문을, '자연을 통한 평화' 라는 제목으로 두 번째 질문을 다룬다.

II. 이성에 의한 평화

그리 길지 않은 글『영구 평화론』에서 칸트가 논하고 있는 평화는 사람들 간의 평화이다. 다시 말해 인간의 내면적 (덕적) 평화가 아니라 인간들 사이의 외면적 (법적) 평화이다.[1] 구체적으로는 이 저작에서 말하고 있는 평화란 '국가 간의' 평화이며 그것도 국가 간의 '영구적' 평화이다. 일반적으로 '끝이 없음' 을 의미하는 '영구(永久)' 의 주된 규정으로 칸트가 의미하고자 하는 것은 '비가역성' 이다. 그리고 그가 보기에 비가역성의 근거는 이 평화가 전략적 계약의 산물이 아니라는 점에 있다. 계약 상태가 당사자들의 이기심들의 메커니즘의 전략적 산물이라면 이는 이론상 언제든지 전쟁 상태로 회귀할 가능성이 있는 평화, 따라서 가역적, 비영구적 평화일 것이기 때문이다. 따라서 칸트가 말하는 영구 평화란 전략적 합리성이 아니라 도덕성에 근거를 둔 평화이다. 그렇다면 도덕성에 근거를 둔 평화란 구체적으로 어떤 평화인가? 칸트에 있어 '도덕성에 근거를 둔 평화' 의 본질적 요소는 '법적 상태' 이다. 물론 여기에 '법은 도덕성에서 비롯된다' 는 그의 테제가 추가되어야 한다. 칸트에 따르면 "너의 자의의 자유로운 사용이 각인의 자유와 보편적 법칙에 따라 공존할 수 있도록 외적으로 행위하라"[2]라는 명령은 순수 실천이성의 소유자인 모든 인간이 의식하는 법의 법칙이며 이 명령은 궁극적으로는 정언명법으로 표현되는 도덕법에 근거한다. 따라서 칸트에 따르자면 덕적 공동체(목적의 왕국)뿐만 아니라 법적 공동체 또한 순수 실천이성의 '자유' 에 기반하는 것이다.[3]

'이성법주의' 라 할 만한 이러한 칸트의 입장은 홉스의 입장과 비교해 보면 비교적 선명하게 드러난다. 홉스에 의하면 인간들이 평화 계약을 하는 이유는 오직 이 계약이 각인의 이익을 보호해 주기 때문이다. 따라서 이론상 이익의 당사자가 아니면 계약할 필요가 없고 이익이 보장되지 않는 한 원칙적으로 계약은 파기될 수 있다. 이러한 홉스의 전제, 즉 '인간은 결여적인 존재로서 현실적으로 특정 공간 내에서 공생할 수밖에 없으며 그것도 각자의 이익을 추구하면서 살 수밖에 없는 존재' 라는 인간학적 전제를 칸트도 부인하지 않는다. 그러나 칸트가 보기에 인간은 전적으로 이러한 인간학적 사태로만 환원되지는 않는다. 이 인간은 말하자면 동시에 '타인의 이익과 충돌하지 않도록 자기 자신의 이익을 추구하라' 는 명령을 의식하고 있는 인간이다. 홉스적 인간이 '자신의 이익을 추구할 수 있는 한에서 타인의 이익을 존중하는 인간' 이라면, 칸트적 인간은 사실상으로는 자신의 이익을 추구하고 있지만 동시에 '자신의 이익을 위하여 타인의 이익을 희생해서는 안 된다' 는 당위를 의식하고 있는 (사실상 이 명령을 따르는지 아닌지와는 관계없이) 인간인 것이다.[4] 홉스에 있어 인간은 자신의 이익을 위하여 법적 상태에 들어간다. 그러나 칸트에 있어 법적 상태는 '타인의 이익을 침해해서는 안 된다' 는 의식된 명령의 외적 표현과 다름없다. 계약의 효력과 계약에 따른 법의 효력은 홉스에 있어서는 계약했기 때문에 발생한다. 그러나 칸트에 있어서는 이와 반대이다. 계약했기 때문에 옳은 것이 아니라 옳기 때문에 계약하는 것이다. 요컨대 칸트에 있어 옳음에 대한 의식, 즉 당위의식의 외화된 형태가 법이요, '이러한 법적 상태하에서의 생기 넘치는 경쟁 상태' 가 바로 평화 상태이다. 그렇기 때문에 영구 평화는 오직 순수 실천이성에 의해서만 가능하다. 물론 출발점에 선 상태의 인간, 즉 이기적 욕구의 소유자인 동시에 순수 실천이성의 소유자인 인간에게 이러한 법적 상태는 '당위' 로 의식된다. 더 나아가 완전한 의미에서의 국제적 영구 평화는 도덕적 당위, 법적 의무로 의식된다. 이러한 맥락에서만 칸트『영구 평화론』의 조항들, 이를테면 즉 영구 평화의 예비조항인 '장차의 전쟁을 위한 조항의 은밀한 삽입 금지', '전쟁 후의 평화를 방해하는 적대 행위 금지', '폭력적 내정간섭 금지' 그리고 영구 평화의 확정조항인 '공화주의 국가', '공화주의 국가들의 세계 연방', '세계시민권' 등이 (실천적 정치가들의) 의무로, 규범으로 등장할 수 있는 것이다.[5]

그런데 '옳기 때문에 계약해야 한다'는 주장에 대해 아예 '왜 옳아야만 하는가', 즉 '우리는 왜 법적이어야 하는가' 하는 근본적 질문을 제기할 수 있다. 이러한 법적 회의주의의 물음은 '법의 법칙은 어떻게 가능한가'의 문제와 관련된다. 도덕성의 정당화에 대한 칸트의 최종 결론은 '도덕법(그리고 법의 법칙)은 그것의 의식 내 실재를 부인할 수 없는 이성의 사실(Faktum der Vernunft)이다' 정도가 될 것이다. 이것만으로는 법의식의 부재를 강변하는 회의주의자들의 주장을 적극적으로 논박할 수 없다는 것은 사실이다. '이성의 사실'이 함축하는 것은 '법의 법칙은 그것의 의식 내 실재를 주관적으로는 부인할 수 없는 직관적 사태이지만 이를 객관적으로 입증할 수는 없다' 이기 때문이다. 그럼에도 그 어떤 경우에도 '왜 타인의 자의와 공존할 수 있도록 행위해야만 하는가' 하는 질문에 대해, 칸트의 패러다임 내에서는, '나의 자의의 관철(즉, 이익)을 위해서' 라는 답이 나올 수는 없다. 왜냐하면 이 법의 원칙은 나의 이익을 위해 타인의 이익을 침해하는 바로 그 순간 나의 자의에 반하여 의식되기 때문이다.

III. 자연을 통한 평화

1. 자연의 보장?

'국가 간의 영구 평화를 위한 추가조항'에서 칸트는 영구 평화의 보장에 대하여 논한다. 그런데 단순히 문맥만 따라가는 독자들에게는 이 추가조항의 '보장' 이라는 용어는 낯설게 다가오는 것 같다. 왜냐하면 '영구 평화를 추구하라' 는 요지의 예비조항과 확정조항에 이어 갑자기 '평화가 자연에 의해 보장된다' 고 말하고 있기 때문이다. 더 나아가 '평화가 우리의 호·불호에 상관없이 자연의 메커니즘을 통해 도래한다' 는 요지의 칸트의 주장을 접하게 되면 독자는 이후의 철학자들의 '이성의 간지(奸智)' 나 '생산력과 생산관계의 변증법' 을 연상하게 된다. 내용적으로 의문스러운 듯이 보일 뿐만 아니라 앞의 두 조항과 외견상 상반되는 듯이 보이는 조항이 등장한다는 이러한 흥미로운 사태를 나름대로 해명하자면 다소간의 분석이 필요하다.[6]

칸트는 '자연의 메커니즘이 평화라는 목적을 지향하는 합목적성을 보여 주고 있다는 사실' 을 우리가 경험으로부터 알 수 있다고 한다. 경험 가능성이라는 기준 때문에 섭리나 운명이 아니라 자연이라는 용어를 선택한 것이다.[7] 이때의 자연은 순수 실천이성의 대개념인 한에서의 자연, 즉 경험 가능한 인간의 경향성 및 그것의 메커니즘, 더 나아가 인간사에서 이 메커니즘의 산물인 경험 가능한 역사를 포괄한다.[8] '자연의 메커니즘이 평화를 목적으로 하는 합목적성을 가진다' 는 말을 달리 표현한 것이 '자연은 평화를 원한다' 이다. 바로 이어 칸트는 자연이 평화를 원한다는 것을 다음과 같이 설명하고 있다. "여기서 내가 자연에 대해 자연이 이런저런 일이 일어나는 것(평화)을 원한다고 말할 때, 이는 이런 일을 하는 것을 자연이 우리에게 의무로 부과한다는 말이 아니라 (이를 할 수 있는 것은 오직 강제로부터 자유로운 실천이성뿐이므로) 우리가 원하건 아니하건 간에 자연 스스로가 이를 행한다는 의미이다."[9] 이 때문에 칸트는 '보장' 이라는 말을 써 가면서까지 이를 옹호하고 있는 것이다. 구체적으로 칸트는 자연이 영구 평화를 준비한 부분과 자연이 영구 평화를 관철해 내는 부분으로 나누어 여느 조항보다 많은 지면을 할애하여 설명하고 있다.

우선 자연은 인간이 지구상의 어느 곳이라도 살 수 있도록 미리 마련한다. 땔감이 없는 곳이면 동물자원을 풍부하게 하여 땔감과 교환할 수 있도록 배려한다. 그리고 이렇게 준비된 곳에 자연은 인간들의 경향성들의 갈등, 즉 전쟁을 통하여 인간들을 흩어 놓는다. 말하자면 동일한 공간에 있으면서 싸우는 것보다는 나은 상태로 배려한 것이다. 여기까지가 영구 평화를 위하여 자연이 준비한 것에 대한 칸트의 설명이다. 이어서 자연의 의도가 야기하는, 소위 변증법적이라 이름할 만한 과정이 일어난다. 흩어진 인간들의 공간이라고 무한할 수는 없다. 서로 팽창하는 개인들이나 집단들의 자기 이익 추구적 경향성은 필연적으로 개인 간의 전쟁, 집단 간의 전쟁을 불러온다. 바로 이 전쟁을 통하여 자연은 평화를 관철하는 일 단계로 이끈다. 즉 특정 집단 내의 전쟁이 그 집단을 공적인 법의 강제(공화국)하에 들어가도록 만들거나 아니면 특정의 적대 국가의 위협 앞에서 단일한 힘으로 무장하기 위하여 법적 강제하에 들어가도록 만든다는 것이다. 전쟁은 전쟁으로 말미암은 공멸을 회피하기 위해 평화를 추구하도록 만든다. 물론 이 집단이 평화를 추구하는 근거는 타인의 이익을 침해해서는 안 된다는 무조건적 당위의식이 아니다. 이기심은 자신의 궁극적 충족을 위해 이기심에 봉사하는 전략적 이성을 통해 자신을 제어하는 것이다.[10] 칸트의 유명한 주장, '비록 악마들이라 할지라도 공화제는 가능하다'[11]는 주장은 이러한 사정과 관련된다.

다소 뜻밖으로 칸트는 국가 간의 평화 상태인 '공화국들의 연방제'가 민족 간에 존재하는 종교와 언어의 상이성에 매개되어 가능하다고 주장한다. 각 국가는 될 수 있는 한 자신의 지배 영역을 확대하려는 경향성을 갖지만 민족들 간의 언어의 자연적 상이성은 이러한 강제적 통합에 반작용하며 종교적 상이성, 정확하게 말하자면 신앙 양식들 — 유일한 종교는 이성 종교이며 우리가 말하는 종교들은 이들의 현상양태들에 지나지 않기 때문에 — 의 상이성도 이러한 제국주의에 반대하는 역사적 요소라는 것이다. 더 나아가 간혹 국가 간의 단순한 이익 다툼보다 훨씬 더 격렬한 형태로 나타나는 종교 전쟁들은 그럼에도 평화를 향한 상호 이해로, 원칙상의 일치로 이끌어 간다는 것이다.[12]

마지막으로 타국으로의 자유로운 방문권, 이방인이라는 이유 때문에 적대시되지 않을 권리 — 이 권리는 지구표면에 대한 공동 소유의 권리에 기반한다 — 는 인간의 상업적 기질을 통하여 확보된다. 이 상업적 기질은 자기 이익의 추구에 기반하지만 전쟁을 억제하는 기능이며 전쟁과 양립할 수 없는 기질이라는 것이다. 이를테면 필요한 것을 빼앗느니 필요한 것을 교환하는 것이 필요한 것을 확보하는 더 좋은 방법이라는 식이다. 이상 '자연이 평화의 보장이다'라는 칸트의 추가조항을 한 마디로 표현하면 평화를 준비하는 것도 자연이요, 평화를 관철해 내는 것도 자연이라는 것이다.

이와 같은 '자연의 보장'과 관련한 칸트의 주장에 대한 예상 가능한 반론은 크게 보아 다음의 두 갈래가 될 것 같다. 먼저 추가조항 내의 모순에 대한 지적으로 과연 자연은 위와 같은 방식으로 평화를 보장하는가 하는 것이다. 과연 '어둠이 깊으면 새벽이 가깝다'는 자연 필연성을 갖는 명제와 마찬가지의 확실성을 가지고 자연은 평화를 보장하는가? 오히려 전쟁이 군비 경쟁을 초래하는 것은 아닌가? 이에 대해 '궁극적으로' 전쟁이 평화를 가져온다라는 주장이 재차 등장한다면 도대체 얼마나 많은 전쟁이 필요한 것일까?[13] 또 종교 간의 갈등이 관용을 불러오는 경우보다는 그 반대의 경우가 많았던 것이 지금까지의 역사적 현실이라는 반론도 가능하다. 그뿐만 아니라 갈등이 평화를 불러온다는 명제를 문자 그대로 고수할 경우 '평화를 위해 전쟁은 있어야만 한다'는 엉뚱한 결론이 날 수도 있다.

다음으로 예비조항 및 확정조항과 추가조항 사이의 모순에 대한 지적으로 과연 영구 평화의 실현 주체가 누구인가 하는 것이다. 말하자면 평화가 자연 필연성의 산물이냐 자유의 인과율의 산물이냐 하는 문제이다. 문제는 분명하다. 칸트적 패러다임에서 양자가 동시에 성립할 수 없다는 것 그리고 평화가 자연 필연성의 산물이라면 자연주의적 오류 추리의 혐의를 벗을 수 없다는 것이다.[14]

2. 자연을 통한, 이성에 의한 평화

자연의 합목적성에 대한 논의와 이에 대한 정당화는 『영구 평화론』(1795)에 선행하는 저작인 『판단력비판』(1790)에서 행해지고 있다. 따라서 『영구 평화론』에서의 확정조항과 추가조항 사이의 표면적 모순을 해소하려는 시도는 『판단력비판』의 논의를 거치지 않으면 안 될 것 같다. 이 저작의 '목적론적 판단력의 방법론'에서 자연의 외적 합목적성에 대해 논하면서 칸트는 인간의 문화가 자연의 최종 목적(der letzter Zweck)이면서 인간의 자연 목적(Naturzweck)이라고 말한다. 그리고 인간의 문화는 인간의 최고의 자유(도덕적 자유)를 준비한다는 것이다.[15] 이렇게 인간이 경험적으로 알 수 있는 문화가 경험영역에서의 최종 목적이다. 그런데 문화 창조의 과정에서 야기된 불평등, 갈등이 새로운 형식적 숙련을 낳도록 강제하는데 이것이 합법성에 입각한 시민사회이며 따라서 문화의 영역에서 이루어지는 시민사회야말로 인간의 자연적 소질의 완전한 발현이라는 것이다.[16] 여기까지는 『영구 평화론』의 추가조항과 같다. 문제는 이러한 자연의 목적의 인식론적 지위가 『판단력비판』에서는 어떻게 매겨지고 있는가 하는 것이다.

『판단력비판』의 서문에서 자연의 합목적성은 반성적 판단력의 원칙으로, 그리고 반성적 판단력은 이성과 오성을 매개하는 능력으로 천명되고 있다. 자연과학적 인식의 대상으로서의 세계와 도덕적 세계, 이 양자를 매개하는 것이 '합목적적 자연'이고 이렇게 자연을 합목적적으로 파악하는 능력이 반성적 판단력이라는 것이다. 자연이나 인간 내에서 감성적인 것이 초감성적인 것을 규정할 수는 없다. 그러나 초감성적인 것(자유의 영역)이 감성적인 것(자연의 영역)을 규정하는 유일한 사례가 있는데 '도덕 법칙에 대한 의식에 말미암은 현상계 내에서의 도덕적 행위'가 그것이다. 왜냐하면 자유의 인과율은 도덕 법칙에 입각하여 행위가 이 현상계에 일어날 것을 명하기 때문이다.[17] 칸트는 이를 자유계의 현상계에 대한 '형이상학적' 규정이라고 명명하여 오성이 자신의 원칙을 가지고 현상계의 경험들을 질서 짓는 '선험적(transzendental)' 규정과 구별한다.[18] 이에 비해 자유개념에 따른 궁극목적의 현상의 전제를 밝혀내는 능력이 반성적 판단력이다.[19] 즉 반성적 판단력은 현상계에 나타난 도덕적 행위를 목적으로 하여 여타의 제 경험적 사태들을 질서 짓는다. 우리는 위에서 칸트가 도덕적 근거와 그것의 현상계의 결과의 예를 법의 법칙과 시민 상태로 제시함을 보았다. 여기서 반성적 판단력의 역할은 시민 상태를 목적론적 질서의 정점에 놓고 현상계의 경험들을 합목적적으로 질서 짓는 일이다.

중요한 것은 이러한 합목적적 세계 인식이 단지 '반성적으로만' 일어난다는 것이다. 칸트에 의하면 오성과 (순수 실천)이성은 자신의 고유한 대상영역을 지니는 데 비해 반성적 판단력은 그렇지 못하다. 즉 오성은 자연법칙의 근거를 자신 속에 가지고 있으면서 이를 통해 자연을 규정하며 이성도 자유의 법칙으로서 인간의 행위를 규정하지만, 반성적 판단력은 자연이나 인간의 행위에 대해서가 아니라 '오직 자기 자신에 대해서만' 법칙을 부여한다.[20] 이것이 합목적성을 판단하는 능력이 '규정적'이 아니라 '반성적'인 이유이다. 달리 표현하면 자연의 합목적성의 원리는 단지 자연을 반성하기 위한 원칙이지 자연을 규정하는 원칙은 아닌 것이다. 이처럼 '자연의 목적'은 대상에 대한 관찰 및 자연과학적 인식활동의 주체인 '선험적 오성'의 주제가 아니며 '자연의 합목적성'의 원칙은 단지 '규제적으로만' 사용될 수 있을 뿐이다.[21] 이를 달리 표현하여 칸트는 '자연의 목적은 관찰되는 것이 아니라 반성으로부터 자연에 부가적으로 생각(hinzu denken)되는 것'이라고 말한다.[22] 『판단력비판』의 본래적 주제, 즉 '나는 무엇을 희망해도 좋은가'라는 물음의 가능 근거는 이렇게 부가적으로 생각할 수 있는 능력, 그것도 필연성을 가지고 그렇게 할 수 있는 능력에 있다.

　　이제 『영구 평화론』의 '보장'이 자연 필연성으로부터 나온 것으로 볼 수 없다는 것이 분명해졌다. 역사의 합목적성이 '나는 무엇을 알 수 있는가'의 물음과 관계하는 것이 아니라 '나는 무엇을 희망할 수 있는가'의 물음과 관계하는 것이라면 '전쟁은 평화를 가져온다'라는 명제는 사실적 인과 필연성을 함축하지 않으며, 평화를 위해 전쟁이 있어야만 한다는 당위적 필연성을 함축하지도 않는다. 오히려 평화란 우리가 도덕적이기를 결단하는 한, 전쟁 속에서도 희망할 수 있다. 말하자면 역사의 목적론은 순수 실천이성의 우위하에 있는 존재론, 즉 "실천적 형이상학"[23]인 것이다. '영구 평화를 위하여'라는 글의 성격상, 자연의 합목적성의 인식적 지위에 대한 논의가 생략되어 있어서 오해의 소지가 있긴 했지만, 칸트는 추가조항의 마지막에서 다음과 같이 말함으로써 '보장'과 관련되어 생길지도 모르는 오해를 교정하고 있다. "이상의 방식으로 자연은 인간적 경향성들 자체 내에 있는 메커니즘을 통하여 영구 평화를 보장한다. 물론 이 보장은 평화라는 미래를 (이론적으로) 예언할 만큼 충분한 확실성을 가지지는 않지만 그럼에도 실천적 견지에서는 충분한 확실성을 가지는 보장이며 이러한 (단지 환상적이지만은 않은) 목적을 위해 매진하는 것을 의무로 만드는 그러한 확실성을 가지는 보장이다."[24] 이성이 영구 평화를 실현해야만 할 때 역사는 그 실현의 수단들을 보여 줌으로써, 즉 실현의 전망을 제시함으로써 이성이 자신의 목

표를 놓치지 않게 돕는다는 것이다.[25] 그리고 역사가 실현 수단을 보여
준다는 것은 반성적 판단력이 실현 수단을 발견하여 제시한다는 것과
동일한 의미이다. 이성은 이미 영구 평화를 추구하라는 명령을 의식하
고 있다. 물론 도덕적 명령에 대한 의식이 바로 도덕적 행위로 나타나지
는 않는다. 추구해야 하는데도 경향성의 반대 탓으로 사실상 추구하지
못할 때 반성적 판단력은 '당연히 해야만 하는 것'과 '사실적으로 행하
지 않는 것' 사이에서 '해야만 하는 행위를 목적으로 현상계의 사태들
을 질서 지음'으로써 실현의 전망을 제시하는 것이다. 그러므로 여기서
관건은 과연 전쟁이 평화를 가져온다는 명제가 보편적 타당성을 갖는
명제이냐 아니냐가 아니다. 다만 '전쟁을 통한 공멸(共滅)'은 순수이성
을 돕기 위한 수단의 목록에 들어 있지 않은 것이다. 현실적으로 평화의
전망이 전무하지만 않으면 된다. 비관적 전망이 더 크다는 것이 낙관적
전망의 실재를 부정할 이유가 되지 못하는 것이다. 요컨대 반성적 판단
력은 이성의 명령이 현실에서 관철될 전망을 제시함으로써 사실과 당
위를 매개한다.

　'자연은 궁극적으로 영구 평화를 목적으로 한다'가 사실 명제이고
'우리는 평화를 이루어야 한다'는 명제가 당위 명제라면 양자 간의 모
순은 불가피하다. 그러나 전자는 오직 후자에 입각한 인간의 노력의 과
정에서 생기는 필연적 기대로 보면 모순은 해소된다. 그러므로 우리는
칸트가 '보장'이라는 개념으로 '자연 필연성'이 아니라 이 개념의 일반
적 내포인 '확실한 약속'이라는 의미를 지시하고 있다고 생각해야 한
다. 약속에는 주체와 객체가 있다. 누가 누구에게 약속하는가? 자연(역
사), 혹은 반성적 판단력이 이성에게 약속한다. 그러므로 우리는 칸트
와 더불어 다음과 같이 결론 내릴 수 있다. '이성에 의한, 자연(역사)을
통한 평화' 혹은 '이성에 의한 반성적 판단력을 통한 평화.'

IV. 맺는말

왜 칸트는 '보장'이라는 다소 파격적인 용어를 써 가며 역사철학적 명제를 영구 평화의 추가조항으로 삽입하였는가? 그것은 이 저작이 직접적으로 실천을 지향하고 있고 그 지침들을 설득시키려는 목적을 가지고 있다는 데서 비롯되는 것 같다.[26] 이 저작이 조항의 형식으로 명문화된 것, 그리고 제목이 영구 평화에 "대하여"가 아니라 영구 평화를 "위하여"인 것도 이러한 사정을 반영하는 것이다.[27] 영구 평화라는 의무의 내용(예비 및 확정조항)을 명시하여 실천적 과제를 제시함과 동시에 영구 평화의 실현전망(추가조항)을 보임으로써 이론적 정치가를 자처하는 칸트는 실천적 정치가들을 설득하고 있는 것이다. 영구 평화라는 제목에 이어 등장하는 칸트의 제안은 다분히 수사학적이다. 왜냐하면 자신의 글을 단순히 타자에게 강요하는 것이 아니라, 상대방의 수용여부를 자신의 설득력에 의존적이도록 만들고 있기 때문이다. 그리고 이 저작의 끝 부분인 정치와 도덕의 불일치, 일치에 관한 논의는 이러한 첫 부분과 조응하는, 마찬가지의 설득적 기능을 갖고 있는 것이다. 단순히 의무를 이행하도록 명령하는 것뿐만 아니라 동시에 설득하고자 할 때 현실적으로 동원 가능한 방법은 그에게 그 의무의 실현가능성의 전망을 제시하는 일이다. 그래서 추가조항이 등장하고 평화의 보장이라는 말이 나오는 것이다.

중세 이래 신법은 자연법의 근거요, 자연법은 실정법의 근거로 여겨져 왔다. 그리고 근대 이래의 유물론은 인간의 자연적 속성과 경제적 관계를 정치의 근거로, 정치 경제를 도덕과 종교의 근거로 여긴다. 그러나 하늘에도 땅에도 기대지 않는 칸트에게 종교와 정치는 도덕(덕과 법)을 실행한다(ausüben). 종교는 덕(내면적 도덕성)과 자연을 매개하고 정치는 법과 자연을 매개한다. 특히 정치는 홉스의 인간학적 전제와 칸트 법철학의 이성의 명령 사이를 매개한다. 종교의 목적은 윤리적 공동체이고 정치의 목적은 법적 공동체이다. 그러나 칸트에게는 법적 공동체에서 윤리적 공동체로 나아가는 길만 있을 뿐 그 반대의 길은 없다.[28] 평화를 내면적 도덕성의 진보에 의해서만 확보하려는 해법은 그야말로 너무 많이 원해서 아무것도 원하지 않는 것이다.[29]

제8장 주

1 바움가르트너가 정리한 바에 따르면 칸트 저작에서는 세 가지 차원의 평화, 즉 철학
 의 평화, 국가 간의 평화, 종교 간의 평화가 다루어지고 있다. 그는 세 가지 평화의
 규정과 근거 짓는 방식에서 구조적인 동일성이 발견된다는 것에 주목한다. H. M.
 Baumgartner, "Dreimal 'Ewiger Friede'. Über Struktur und Kontext der Kant-
 ischen Rede vom 'ewigen Frieden'", in: *Frieden durch Recht Kants Friedensidee
 und das Problem einer neuen Weltordnung*, M. Lutz-Bachman u. J. Bohman
 (hrg.), Frankfurt am Main, 1996, 76-86 참조.

2 I. Kant, *Metaphysische Anfangsgründe der Rechtslehre*, Akademie Ausgabe VI,
 230.

3 칸트에 있어 덕과 법의 관계에 대해서는 다음을 참조. R. Dreier, "Zur Einheit der
 praktischen Philosophie Kants. Kants Rechtsphilosophie im Kontext seiner
 Philosophie", in: *Recht Moral Ideologie Studie Zur Rechtstheorie*, Frankfurt am
 Main, 1981, 286-315. 저자는 이 글에서 정언명법으로부터 '법의 원칙'과 '덕의 원
 칙'이 도출되는 과정을 상술하고 있다.

4 칸트의 맥락에서 보자면 이는 현상적 인간과 예지적 인간의 구분의 한 예이다.

5 주로 예비조항은 금지의무로 구성되어 있고 확정조항은 행할 의무로 구성되어 있다.
 예비조항들은 영구 평화의 필요조건들이다. 즉 조항들을 지키지 않는 한 영구 평화
 는 가능하지 않지만 그렇다고 이 조항의 준수가 바로 영구 평화의 도래를 의미하는
 것은 아니다. 확정조항들은 영구 평화의 이념으로부터 나온다. 즉 영구 평화는 이상
 의 세 가지의 법적 상태이다. 따라서 영구 평화를 위해서는 이상의 세 가지 법적 상
 태를 창출해야만 하는 것이다.

6 추가조항에서의 칸트의 발언의 정합성에 대한 비교적 세부적인 논의로는 다음의 글
 참조. B. Ludwig, "Will die Natur unwiderstehlich die Republik? Einige Reflexio-

nen anläßlich einer rätselhaften Textpassge in Kants Friedensschrift", in: *Kant Studien*, 88 Jhg., 1997, 218-228.

7 I. Kant, *Zum ewigen Frieden*, Akademie Ausgabe VIII, 361-362.

8 이에 대해서는 G. Cavallar, *Pax Kantiana. Systematisch - historische Untersu-chungen des Entwurfs "Zum ewigen Frieden" (1795) von Immanuel Kant*, Wien, 1992, 274-277 참조.

9 첫 번째 괄호 안은 필자가 첨가한 것, 두 번째 괄호 안은 칸트의 것. *Zum ewigen Frieden*, 365.

10 이기적 욕구들, 전쟁, 평화를 향한 욕구로 이어지는 일련의 자연의 메커니즘은 이미 홉스에게도 등장한다. 그러나 홉스가 인간의 심리적 자연의 목적론, 즉 인간학에만 주목하는 반면 칸트는 자연적 존재로서의 인간뿐만 아니라 이 인간들의 경험의 총체로서의 역사도 포괄하는 '유사주체로서의 자연'을 문제 삼는다. 그러므로 여기서 칸트의 '자연의 의도'는 자연철학이나 인간학의 주제가 아니라 역사철학의 주제이며, 이 점에서 칸트의 자연의 목적론은 '필요악'을 중심으로 전개되는 전통적 신정론의 세속화라고 볼 수도 있다. 이미 칸트는 1784년의 자신의 저작에서 인간들의 항쟁을 '비사교적 사교성'이라 명한 바 있다. 이에 대해서는 I. Kant, *Idee zu einer allge-meinnen Geschichte in der weltbürgerlicher Absicht*, Akademie Ausgabe VIII, 20.

11 *Zum ewigen Frieden*, 366.

12 물론 여기서의 종교는 칸트가 말하는 이성 종교에 대비되는 자연 종교이다. 바움가르트너는 '칸트가 세계 공화국이 아니라 공화국들의 연방을 영구 평화의 모델로 삼은 것은 세계 공화국 차원이 법적으로 달성될 수 있는 영역이 아니라 윤리적 공동체의 영역이기 때문이다'라고 추측한다. H. M. Baumgartner, 'Dreimal 'Ewiger Friede'. Über Struktur und Kontext der Kantischen Rede vom 'ewigen Frieden'", 86 참조.

13 과연 칸트 사후 역사는 칸트의 발언을 확증했는가? 두 차례의 세계 대전이 자연의 보증에 대한 반증사례일 것인가 아니면 오히려 오늘날의 UN이라는 기구가 이에 대한 확증사례일 것인가? 프랑스 혁명을 '인류가 법적으로 진보한다는 희망을 불어넣어 준 사건'으로 보는 칸트에게는 UN이라는 조직체는 '합법성의 산물의 증가의 한 예'로 받아들여질 수도 있을 것이다. 그러나 지난 1995년의 칸트의 평화이념에 대한 국제 회의의 보고자가 말하듯이 칸트 사후 200년간의 결과는 그렇게 긍정적이지 못한 것이 사실이다. (이에 대해서는 K. Grün, "Internationale Konferenz zu Kants Friedensidee und dem heutigen Problem einer internationalen Rechts-und Friedensordnung in Frankfurt am Main", in: *Kant-Studien*, 87 Jahrgang, 1996, 355 참조) 다시 말해 인간들의 경향성들의 충돌은 너무 늦게 평화를 향한 욕구를 낳았을 뿐만 아니라 그 의욕에 입각하여 설립된 평화의 제도적 조건들도 각국의 전략적 이익에 좌우되고 있을 정도로 취약하다. 사회성이라는 결과와 반사회성이라는 원

인 사이에는 칸트가 생각했던 것보다는 먼 거리가 놓여 있었던 것이다.

14 이에 대해서는 R. Wimmer, "Kants philosophischer Entwurf 'Zum ewigen Frieden' und die Religion", in: *Akten des 8 internationalen Kant-Kongress in Memphis*, TN, 1996 참조. 빔머에 의하면 '평화는 선의지로부터만 나올 수 있다' 는 명제와 '평화는 불안으로부터 나올 수밖에 없다' 는 명제는 동시에 성립할 수 없다. 따라서 본래적 의미에서의 보장은 결코 있을 수 없다는 것이다.

15 물론 자연이 자유에 도달하는 것이 아니라 문화라는 자신의 최종 목적에서 자유의 법칙을 지시할 뿐이다. 여기서도 현상계와 예지계의 경계는 유지된다.

16 이상 I. Kant, *Kritik der Urteilskraft*, Akademie Ausgabe V, §83 (429-434) 참조.

17 도덕적 행위도 행위인 한 현상계의 인과의 법칙을 따른다. 이 인과의 법칙은 오로지 현상계의 경험과만 관계하는 선험적 오성의 법칙이다. 그러나 도덕적 행위의 '원인' 이 아니라 '근거' 는 자유의 법칙이라는 것이다.

18 'transzendental' 과 'metaphysisch' 의 구별에 대해서는 *Kritik der Urteilskraft*, 181-182 참조.

19 *Kritik der Urteilskraft*, 195-196 참조.

20 *Kritik der Urteilskraft*, 180 참조.

21 *Kritik der Urteilskraft*, 197 참조.

22 *Kritik der Urteilskraft*, 399 참조.

23 T. Mertens, "Zweckmüßigkeit der Natur und politische Philosophie bei Kant", in: *Zeitschrift für philosophische Forschung*, Bd. 49, 1995, 240. 나는『판단력비판』에 의해 정당화된 실천적 형이상학이 자연의 외적 합목적성의 영역(역사철학)뿐만 아니라 자연의 내적 합목적성의 윤리적 함축을 보여 준다고 생각한다.『판단력비판』에서 정당화된 자연은 '자유의 관점에서 해석된 자연' 이며 따라서 생명 보호의 윤리적 근거를 함축할 수 있다. 자연주의적 오류추리를 피하려면 자연과학적 인식의 대상으로서의 자연과 보호의 대상으로서의 자연을 동일한 차원에 놓고 생각할 수는 없는 것이다.

24 *Zum ewigen Frieden*, 368.

25 자연이 순수 실천이성 혹은 이에 입각한 의지를 '돕는다' 는 추가조항에서의 칸트의 주장 *Zum ewigen Frieden*, 366 참조.

26 게르하르트에 의하면 이 저작은 1795년의 프로이센과 프랑스의 평화 조약이라는 '정치적 동기' 에서 비롯되었고 프랑스 혁명에서 승인된 인권이 모든 정치의 토대가 되어야 한다는 것을 부각시키려는 '정치적 의도' 를 가진 저작이다. 칸트의 영구 평화론을 정치철학의 모범으로 독해하고자 하는 그의 입장에 대해서는 V. Gerhardt, "Eine Kritische Theorie der Politik Über Kants Entwurf Zum ewigen Frieden", V. Gerhardt, in: *Immanuel Kant und der internationale Frieden: das Friedens-problem nach dem Ende des Ost-West-Konflikt*, hrg., E. Crome, L. Schrader,

Potsdam, 1996, 39-62.

27 그러므로 이 저작은 법철학적 요소와 역사철학적 요소를 지니면서 동시에 이 두 요소와 관계하는 정치철학적 요소도 지닌다.

28 *Zum ewigen Frieden*, 366 참조. 물론 두 공동체는 도덕 공동체의 두 종류에 속하며 합법성과 도덕성 모두 순수 실천이성에서 비롯된다.

29 도덕적 진보의 정당화 여부는 전통적 신정론의 정당화 여부와 관련되어 있다. 칸트의 최종입장은 순수 실천이성의 자유와 신정론(도덕적 진보)은 양립 불가능하다는 것이다. 이에 대해서는 J. G. Kim, "Moralität in der Gott-Verlassenen Welt", in: *Akten des 9 internationalen Kant-Kongresses in Berlin*, 2000 참조.

자유의 강제:
『교육학 강의』에 대한 실천철학적 독해

I. 들어가는 말

왜 칸트의 『교육학 강의』(1803)는 지금껏 주목받지 못하였는가? 칸트의 이론철학, 실천철학 그리고 미학이 오늘날까지 활발한 논의의 대상이 되고 있는 반면, 교육이론을 다루는 그의 『교육학 강의』는 상대적으로 주목받지 못했다. 이런 사정의 일차적 이유로 흔히 이 저작의 내재적한계, 즉 이 저작이 칸트 자신에 의해서가 아니라 4회에 걸친 칸트 강의를 편집한 제자 링크(Rink)에 의해 간행되었다는 점과, 이와 관련된 개념 사용상의 모호함이 거론된다.[1] 그러나 내가 보기에 이 저작의 중요성이 간과된 좀 더 근본적인 두 번째 이유는 이 저작에서 보이는 『실용적 관점에서 본 인간학』 혹은 『판단력비판』과의 서술상의 유사성 및 개념적 근친성[2]으로 말미암아 이 저작이 주로 인간학, 혹은 목적론의 관점에서 독해된 데 있다. 만일 경험적 인간학에 불과한 그의 『실용적 관점에서 본 인간학』이 『교육학 강의』를 독해하는 기준이 된다면 칸트의 『교육학 강의』의 교육론은 경험과학으로 환원될 것이다. 그리고 경험계와 도덕계의 연관에 주목하는 『판단력비판』의 관점에 의해서만 『교육학 강의』가 독해될 경우 전략적 합리성과 도덕성의 선명한 구별에 기초하는 칸트 실천철학의 근본 방향성을『교육학 강의』의 도덕 교육론에서 확인하는 것은 어려울 것이다.[3] 이 글은 지금껏 칸트『교육학 강의』의 중요성을 부각시키는 데 장애로 작용한 이상의 두 가지 문제점들이『교육학 강의』에 대한 '실천철학적 독해'에 의해 극복될 수 있다고 보는 데서 출발한다. 이에 입각하여 이 글은『교육학 강의』에 나타난 '교육철학' 및 '도덕 교육론'을 '자유의 강제'라는 개념을 중심으로 재구성하여 제시하려고 한다.

칸트가『교육학 강의』에서 자유와 강제의 관계를 분명하게 말하고 있는 것은 다음에서이다.

> 교육의 가장 커다란 문제들 중의 하나는 우리가 어떻게 법칙적 강제하에서의 복종을 자신의 자유를 사용할 능력과 통일시킬 수 있는가 하는 문제이다. 왜냐하면 강제는 필요하기 때문이다! 나는 어떻게 자유를 강제에서 양성할(kultivieren) 것인가? 나는 나의 아동(Zögling)이 자신의 자유에 대한 강제를 견디도록 습관화시켜야만 하며 동시에 아동이 스스로 자신의 자유를 잘 사용할 수 있도록 인도(anführen)하여야만 한다. … 우리가 어린이에게 확실히 보여 주어야 할 것은 그에게 행사되는 강제가 그 자신의 고유한 자유를 사용하는 일로 인도하기 때문이라는 것, 우리가 어린이를 양성하는 것은 그가 일단 자유로울 수 있게 하기 위해서라는 것, 즉 다른 사람의 보살핌에 의존하지 않아도 되게 하기 위해서라는 것이다.[4]

우리는 이와 같은 칸트의 주장에서 두 가지 자유, 즉 '강제의 대상으로서의 자유'와 '강제의 목적으로서의 자유'를 발견하는데, 칸트 교육학의 고유성과 관계되는 것은 두 번째 자유이다. 그리고 여기서 '다른 사람의 보살핌에 의존하지 않음으로서의 자유'의 구체적 규정은 다음과 같은 칸트의 발언에서 확인된다.

> 실천적 교육은 인격성(Persönlichkeit)을 위한 교육, 자유로이 행위하는
> 존재자의 교육이다. 여기서 자유로이 행위하는 존재자란 자기 자신을 부
> 양하고, 사회 내의 한 구성원을 이루며 독자적으로(für sich selbst) 하나
> 의 내적 가치를 가질 수 있는 그러한 존재자이다.[5]

요컨대 『교육학 강의』에서 목적이 되는 자유란 도덕적 자유로서 '내
적 가치를 핵심으로 갖는 인격성'의 자유이며, 따라서 교육이란 '도덕
적 자유를 위한 강제'라는 것이다. 여기서 '자유의 강제'를 구성하는 두
가지 계기를 분리하여 생각할 수 있겠는데 그것은 첫째, '교육적 강제
가 목표로 하는 것으로서의 자유', 즉 '교육은 전략적 합리성 이상의 도
덕적 자유를 목적으로 함'과, 둘째, '강제(교육) 가능한 것으로서의 자
유', 즉 '도덕적 자유는 저절로 획득되는 것이 아니라 교육에 의해 획득
될 수 있음'이다. '교육의 목적으로서의 도덕적 자유'는 교육의 기획과
관련된 문제이다. 이에 비해 '자유를 위한 강제'로 도덕 교육을 규정하
는 데서 도덕 교육의 고유한 방법론이 흘러나온다.[6]

아래에서 나는 먼저, 칸트의 『교육학 강의』의 중심 개념인 '자유의
강제'가 교육철학적 맥락에서 '공교육 및 세계시민적 교육(kosmopoli-
tische Erziehung)의 철학적 옹호'로 귀결된다는 점을 부각시키고 싶다
(III). 다음으로 도덕 교육학적 맥락에서 '자유의 강제'가 '준칙에 따른
행위의 양성'과 '비도덕적 행위에 대한 수치심 유발'이라고 하는 인지
적, 감정적 계기를 갖는다는 점을 보이면서 특히 이것이 칸트 실천철학
과 대비하여 『교육학 강의』가 갖는 도덕 교육론의 고유성을 이룬다는
것을 확인할 것이다(IV). 이러한 논의에 들어가기 전에 간략히 칸트의
교육학과 실천철학의 관계를 살펴봄으로써 시작하자(II).

II. 칸트에서 실천철학과 교육학

칸트 실천철학은 그 기획상 교육학적이다. 칸트는 그의 저작 『도덕 형이상학의 정초』(*Grundlegung zur Metaphysik der Sitten*)에서 자신의 도덕철학을 상식에 내재한 도덕성의 해명(Aufklärung)과 다름없다고 말한다.[7] 이 해명은 '분석'으로서, 근본적으로 '교육'이다. 왜냐하면 있는 것의 분석, 명료화야말로 '없던 것을 집어넣는 것'이 아니라 '있는 것을 끌어내는 것'이기 때문이다.[8] 다시 말해 이러한 명료화나 끌어냄의 가능 조건은 '도덕성이 외부로부터 주어지는 것이 아니다'라는 사태이다. 사실 칸트의 실천철학을 포함하는 칸트 철학의 기획이 '비판' 철학이라는 점이 이미 교육학적 함의를 지닌다고 볼 수 있다. 비판의 주체도 비판의 대상도 이성이란 점에서 비판철학은 이성의 자기 해명과 다름없기 때문이다. 여기서 비판되는 이성의 자리에 피교육자를, 비판하는 이성에 교육자를 대응시키는 것은 자연스럽다.[9]

철학적 윤리학이라고 할 수 있는 칸트의 『실천이성비판』은 '순수 실천이성의 방법론'(Methodenlehre der reinen praktischen Vernunft)이라는 제목하에 도덕 교육론을 제시한다. 여기서는 도덕적 동인, 즉 도덕적 동기화가 주요 주제이며 논의는 어떻게 의무에 대한 존경을 유발할 수 있는가의 문제를 중심으로 전개된다.[10] 그리고 칸트의 규범 윤리학이라 할 수 있는 『도덕 형이상학』「덕론」도 '윤리적 교수법'(ethische Didaktik)과 '윤리적 연습'(ethische Asketik)으로 구성된 윤리적 방법론(ethische Methodenlehre)을 제시한다. 전자에서는 주로 구체적 상황에서의 의무의 목록을 확인하는 문답교수법이, 후자에서는 덕의 실행의 방법으로서의 금욕(Einhaltsamkeit) 등이 논의된다.[11]

그렇다면 칸트의 『교육학 강의』는 그의 실천철학으로 환원되는가? 『교육학 강의』가 그의 실천철학의 맥락에 놓일 경우에만 정당한 해석의 가능성이 열린다는 것은 분명하지만, 칸트 실천철학과 그의『교육학 강의』는 각기 다른 과제를 가진다. 칸트 실천철학은 철학적 윤리학, 규범 윤리학으로 구성되어 있으며 도덕 교육론은 여기서는 부차적 중요성만을 가질 뿐이다. 이에 비해『교육학 강의』에서는 '교육의 이념' 및 이에 입각한 '(도덕) 교육'이 전면에 부상한다. 칸트의 도덕 교육학(Moral-pädagogik)이 그의 철학적 윤리학 및 규범 윤리학의 단순한 적용론에 불과한지 아니면 그것으로 환원되지 않는 고유성을 지니는지의 문제는 결국 교육철학 및 칸트 실천철학(의 방법론)에 등장하지 않는『교육학 강의』에 고유한 도덕 교육론을 찾아내는 것이다. 칸트는 그의 실천철학에서 도덕성의 구조를 해명하고 실천철학의 방법론에서 이 구조의 회복 방법을 개진한다. 그러나『교육학 강의』의 도덕 교육론은 '선의 싹'으로부터 도덕성을 양성하는 발생론상의 과제를 갖는다. 이 점에 주목하여 칸트의『교육학 강의』에 나타난 도덕 교육론을 독해할 경우『교육학 강의』에 고유한 도덕 교육론 부분을 추출해 낼 수 있을 것이다.

III. 강제의 목적으로서의 '자유': 칸트의 교육철학

칸트의 교육철학과 관련하여 우선 언급되어야 할 것은 '교육 기획의 이념으로서의 도덕적 자유가 교육 기획의 주체로서 정치가가 아니라 (관직에 있지 않은) 계몽된 지식인을 요구한다'는 주장이다. 칸트에 따르면 "먼저 인간은 자신의 규정에 도달할 것을 추구해야만 한다." 그러나 "자신의 규정에 대한 개념을 가지고 있지 않다면" 이런 일은 불가능하다. 칸트가 보기에 "개인에 있어서는 이러한 규정에 도달하는 일이 전적으로 불가능하다."[12] 그래서 "개별적 인간들이 아니라 인류(Menschengat-tung)가 이들 아동들이 그들의 규정에 도달하게끔 해야 한다"[13]는 것이다. 여기서 인간 자신의 규정이란 "인간성의 완성"(Vervollkommung der Menschheit)[14]이며 이 완전성의 핵심에는 도덕성, 즉 도덕적 자유가 자리하고 있다. 결국 도덕적으로 자유로운 인간이라는 목표 — 칸트식으로 말하면 규정 — 가 교육 기획의 주체를 개인이 아닌 인류(人類)로 요구한다는 것이다. 칸트가 귀족과 같은 정치 지배자들이 교육을 기획하는 것을 바람직하지 않다고 본 이유는 이들이 "대개는 자신들만을 염려하고 자연이 완전성에 더 가까이 가기 위해 한 걸음 내딛는 것과 같은, 교육에서의 중요한 실험에는 참여하지 않는다"[15]고 본 때문이다. 이러한 인간성의 완성의 이념을 가질 수 있는 "사변적 학자"(spekulativer Kopf)와 "인도주의자"(Menschenfreund),[16] 관직에 있지 않은(Privatmann) "가장 계몽된 지식인들"(aufgeklärteste Kenner), 요컨대 "세계 최상에 관여하고 미래의 개선된 상태의 이념을 품을 수 있는 인격들"[17]이 교육 기획자여야 한다는 것이다. 권력의 교육에 대한 관계에 대해 칸트는 다음과 같이 정리하는데, 이는 결국 자유의 이념이 교육 기획의 주체를 결정함을 보여 준다.

> 만일 집권자들이 교육을 위해 재정을 투자한다면 교육을 위한 계획을 짜는 일도 그들에게 맡겨질 것임에 틀림없다. 그렇게 되면 인간 정신의 형성(Ausbiludng)과 인간 인식의 확장과 관련된 모든 일에서도 그렇게 된다. 권력과 금력은 인간 정신의 형성과 인간 인식의 확장을 창출할 수는 없고 기껏해야 이를 용이하게 할 뿐이다.[18]

칸트의 교육철학의 핵심을 이루는 두 번째 주장은 교육과 정치의 관계에 대한 것으로, '교육의 계획을 위한 기초로서의 세계시민주의'로 요약된다. 칸트는 도덕적 자유를 교육의 목적으로 두면서 여타의 자유, 특히 정치적 자유와 도덕적 자유의 관계에 대해서도 주목할 만한 테제를 내놓는데 그것은 "교육의 계획을 위한 기초(Anlage)는 세계시민적

(kosmopolitisch)으로 만들어져야 한다"[19]라는 테제이다. 칸트가 보기에 교육술과 정치술은 각기 인간성의 완성이라는 "사적 최상"(Privatbeste)과 "세계 최상"(Weltbeste)[20]을 목적으로 하지만, 즉 정치술의 목적은 세계시민이고 교육술의 목적은 사적 최상으로서의 개인의 완전성이지만 이 두 가지 이념은 서로 충돌하지 않는다. 세계 최상을 위해 개인이 자신의 행복을 희생하는 경우, 사적 행복의 포기가 사적 최상의 포기가 아니기 때문이다.[21] 더 나아가 칸트는 세계 최상은 사적 최상의 상태의 인간들, 즉 도덕적 인간으로부터 나오는 것이지 그 역은 아니라고, 즉 세계 최상으로부터 사적 최상이 나오는 것은 아니라고 암시한다. 이는 '세계의 더 나은 상태가 집권자들로부터 도래한다면 집권자의 자녀들의 교육부터 개선되어야 한다'[22]는 그의 발언에 의해 뒷받침된다.

칸트의 교육철학의 핵심을 이루는 세 번째는 '교육이 교육술이라는 학문에 의해 뒷받침되는 기예'라는 것이다. 칸트에 따르면 교육은 기예(Kunst)인데 그 이유는 "인간에게 자연 소질의 발전은 저절로(von slbst) 일어나는 것이 아니기 때문이다."[23] 교육은 자연이 아니라는 것이다. 주목되는 것은 기예로서의 교육술(Erziehungskunst)이 '계획'을 근저에 가지는 하나의 "연구"(Studium), "학문"(Wissenschaft)이어야 한다는 칸트의 발언이다.[24] 교육술이 학문이어야 하는 이유는, 칸트에 따르면, 기계적 교육술, 즉 교육에 좋고 나쁜 것을 단지 우연적 경험사례에서 확인할 뿐인 기계적 교육술은 오류를 범할 가능성이 높다는 데, 또 이러한 기계적 교육술은 "결코 상호 연관적인 노력(zusammenhängendes Bestreben)이 될 수 없을 것이며 한 세대는 다른 세대가 이룬 것을 파괴할지도 모른다"[25]는 데 있다. 그래서 칸트는 기계적이 아닌 교육술은 "인간적 자연을 그것의 규정에 도달하도록 발전시켜야 한다면 판단적(judiziös)이어야 한다"[26]고 주장한다. 결국 도덕적 자유를 핵심으로 하는 인간성의 완성이라는 인간의 규정이 학문으로서의 교육술을 요구한다.

칸트의 교육철학의 핵심으로서 마지막으로 언급되어야 할 것은 '사교육에 대한 공교육의 우위' 테제이다. 이상의 '학문으로서의 교육술'의 관점에서 볼 때 '부모나 정치가는 교육의 주체라기보다는 교육의 장애(Hindernisse)이다'[27]라는 칸트의 발언이 이해된다. 칸트는 '교육 기획의 주체'로서의 정치가를 배제했을 뿐만 아니라 '교육의 주체'로서의 정치가도 배제한다. "첫째, 부모들은 대개 그들의 자녀들이 이 세상에서 잘 존속하는 것에 대해서만 염려하고 둘째, 집권자들은 그들의 신민들을 단지 그들의 의도를 위한 도구로만 간주하기"[28] 때문에, 즉 "양자는 세계 최상(Weltbeste)과 완전성(Vollkommenheit)을 궁극목적으로 가지지 않기"[29] 때문에 교육의 주체로 적합하지 않다는 것이다. 교육의 주체로서의 부모에 대한 이러한 입장은 결국 다음과 같은 '사교육에 대한 공교육의 우위'라는 칸트의 주장으로 연결된다.

> 얼마만큼 사교육이 공교육에 대해, 혹은 공교육이 사교육에 대해 우선권을 가져야 할 것인가? 일반적으로, 그러나 단지 숙련성의 측면에서뿐만 아니라 한 시민의 성격(Charakter eines Bürgers)과도 관련하여 볼 때, 가정교육보다는 공적 교육이 더 장점을 가지는 것처럼 보인다. 가정교육은 종종 가족적 오류를 야기할 뿐만 아니라 이러한 오류를 물려주기조차 한다.[30]

IV. 자유를 위한 '강제': 칸트의 도덕 교육론

칸트『교육학 강의』의 본문을 해석하는 데 잘 알려진 난점 가운데 하나는 도덕적 육성(moralische Bildung) 혹은 도덕적 양성(moralische Kultur)으로 표현되는 도덕 교육이 이중적 형태를 띠고 나타난다는 점이다. 칸트는 교육을 크게 자연적 교육(physische Erziehung)과 실천적 교육(praktische Erziehung)으로 분류한 다음, 자연적 교육을 양육(Wartung), 훈육(Disziplin) 그리고 양성(Kultur)의 단계로 나누고 실천적 교육을 "숙련성(Geschicklichkeit)과 관련한 학술적·기계적, 즉 교수법적(didaktisch) 육성", "영리함(Klugheit)과 관련한 실용적 육성", "도덕성(Sittlichkeit)과 관련한 도덕적 육성"[31]으로 나눈다. 숙련성과 영리함 그리고 도덕성의 구별은 『도덕 형이상학의 정초』에 나타나는 개연적(problematisch) 명법, 실연적(assertorisch) 명법 그리고 필연적(apodiktisch) 명법으로 등장하는 삼분법과 정확히 일치한다.[32]

문제는 자연적 교육의 양성 부분에 '심의 능력의 일반적 양성(allge-meine Kultur der Gemütskrafte)은 자연적이거나 혹은 도덕적이다'[33]라는 분류하에서 등장하는 도덕적 양성(moralische Kultur)이, 실천적 교육이라는 대분류하에서의 도덕화(Moralisierung)라고 표현되기도 하는 도덕적 육성(moralische Bildung)과 어떻게 다른가 하는 것이다. 내가 보기에 자연적 교육에 등장하는 도덕적 양성 부분을 어떻게 처리하느냐에 따라 칸트 교육학 강의에 나타난 도덕 교육론의 고유성을 포착하는지의 여부가 달려 있다.[34]

나의 입장은 다음과 같다. 자연적 교육에 등장하는 도덕적 양성은 이미 계발된 도덕성의 구조 해명이 아니라 '계발 중에 있는 도덕성'의 양성이라는 점에 유의해야 한다. 전자의 경우 도덕 교육이 요구되는 것은 이미 형성된 도덕성이 그 어떤 이유에서건 흐려졌기 때문이라면 (그리하여 관건은 도덕성을 '그것과 유사하지만 다른 것' — Zivilisierung에 의해 형성된 사교성 — 과 구별하는 것인 반면), 후자에서 도덕 교육이 요구되는 것은 완성된 상태가 아니라 단지 소질로 주어진 도덕성의 싹을 양성해야 하기 때문이다. 이와 관련하여 주목되는 것은 다음과 같은 칸트의 발언들이다.

인간에 놓여진 싹들은 오로지 점점 더 많이 발전되는 방향으로만 나아
간다. 왜냐하면 악의 근거들은 인간의 자연 소질에서는 발견되지 않기
때문이다. 자연이 규칙하에 놓여지지 않는다는 사태만이 악의 원인(Ur-
sache)이다. 인간에는 오로지 선의 싹(Keime zum Guten)만이 놓여 있
다.[35]

도덕적 육성(moralische Bildung)은 인간 자신이 통찰해야만 하는 원칙
들에 근거하는 한, 가장 늦게 온다. 그러나 도덕적 육성이 단지 공통적
인간 오성(gemeiner Menschenverstand)에만 근거하는 한에서는 도덕적
육성은 처음부터 자연적 교육(physische Erziehung)에서도 동시에 준수
되어야만 한다. 그렇지 않다면 쉽게 오류가 뿌리내려서 나중의 모든 교
육술(Erziehungskunst)도 무위에 그친다.[36]

중요한 것은 이미 '형성된 것의 복원'이 아니라 '싹으로 있는 것의
양성'이라는 점이다. 이 점이 『도덕형이상학의 정초』, 『실천이성비판』,
『도덕 형이상학』에 나타난 도덕 교육론과 구별되는, 『교육학 강의』에
나타난 도덕 교육론의 고유성을 형성한다. 그래서 자연적 교육의 단계
에서 도덕적 양성의 대상자는, 칸트에 따르면, 도덕적 양성에 의해 경향
성에 따라 행위하지 않도록 교육받는다고 하더라도 '의무를 통찰하지
는 못하는' 단계의 어린이(Kind)이다. 즉 이 단계에서 "어떤 것이 어린
이로서의 자신의 의무라는 것을 어린이는 잘 통찰하지만 어떤 것이 인
간으로서의 자신의 의무라는 것을 통찰하는 것은 이보다 더 어려우며
어린이가 설령 이것을 통찰한다손 치더라도 이는 어린이가 나이를 먹
었을 때에야 비로소 가능하다"는 것이다. 그러므로 이 경우의 복종은
아직 도덕적, 자율적 복종을 의미하는 "완전한 복종"이 아니라는 것이
다.[37] 칸트는 자연적 교육의 도덕적 양성 단계에 있는 피교육자를 '교육

중에 있는 청소년'(angehender Jüngling)과는 구별되는 '어린이'(Kind)로 설정하면서 양자의 차이를 다음과 같이 본다.

> 교육 중에 있는 청소년의 복종은 어린이의 복종과 다르다. 복종은 의무의 규칙하에 자신을 두는 것에 존립한다. 의무로부터 어떤 것을 함이란 이성에 복종함을 의미한다(*Aus Pflicht etwas tun heisst : der Vernunft gehorchen*). 어린이에게 의무에 대해 어떤 것을 말하는 것은 소용없는 일이다. 그들은 의무를, 위반하면 회초리가 따르는 어떤 것 정도로 생각한다. 어린이는 단순한 본능에 의해 인도될 수도 있을 것이다. 그러나 그가 성장하면 즉시 의무의 개념이 그 자리에 등장하여(*dazutreten*)야만 한다.[38]

요컨대 『교육학 강의』에서 자연적 교육이라는 대분류하에 등장하는 '도덕적 양성'은 칸트의 실천철학에서 상술된 방법론에 시기적으로 선행하는 독자적인 단계이다. 이 단계가 『교육학 강의』에서 구별되어 다루어지는 것은 여기서 교육의 문제가 유아(Säugling)에서 학동(Lehrling)에 이르기까지 발생론적으로 다루어지기 때문이다. 이에 비해 『교육학 강의』에서의 실천적 교육이라는 대분류하에 등장하는 '도덕화(Moralisierung)'는 이미 칸트의 실천철학에서 상술된 방법론, 즉 『도덕 형이상학』의 윤리적 교수법과 윤리적 훈련, 그리고 『실천이성비판』의 순수한 실천이성의 방법론에 대응하며, 따라서 이것은 실천철학에 등장하는 도덕 교육론의 축약이다. 이 단계의 도덕 교육은 피교육자들에게 그들이 수행해야 하는 의무들을 가능한 한 사례들과 규칙들을 통하여 제시하면서 진행된다. 제 의무들의 질서화, 즉 '자기 자신에 대한 의무, 타인에 대한 손상 금지의 의무, 타인에 대한 선행의 의무 간의 우선순위의 판정과 관련한 교수 문답적 도덕 교육'이 여기서 제시된다.[39]

칸트에서 자연적 교육의 단계에서 도덕적 양성의 특징을 살펴보려면 훈육과 도덕적 양성의 차이에 주목해야 하는데 이 차이의 핵심에 '준칙'(Maxime)[40]이 자리 잡고 있다. 칸트에서 "훈육은 나쁜 버릇(Unart)을 막으며 도덕적 양성은 사유 방식을 육성한다." 그래서 도덕적 육성은 "어린이가 어떤 충동(Triebfeder)에 따라서가 아니라 준칙에 따라 행위하는 데 익숙해지는 데"서 시작된다. "훈육(Disziplin)을 통해서는 오직 습관(Angewohnheit)만이 남을 뿐인데 그러나 이 습관 역시 세월이 지나면 소멸된다"는 것이다. 그래서 칸트는 "어린이는 자신이 그 정당성(Billigkeit)을 통찰하는 준칙에 따라 행위하는 것을 배워야 한다"고 주장한다.[41] 칸트가 보기에 준칙에 따라 행위한다는 것은 '모든 행위를 발생시키는 원칙들을 목표로 함으로써' "생각하는 것을 배우기"[42] 시작하는 것이다. 인간은 행위가 아니라 생각에 의해 자신의 고유성을 형성하기 시작한다. 그래서 준칙에 따른 행위는 칸트에서 바로 성격(Charakter)의 형성과 관련된다. 칸트에 따르면 "도덕 교육(moralische Erziehung)에서의 제일의 노력은 성격(Charakter)을 뿌리내리는 것"인데 "성격은 준칙에 따라 행위하는 숙련성(Fertigkeit)에 존립한다(Der Charakter besteht in der Fertigkeit, nach Maximen zu handeln)."[43] 내가 보기에 어린이의 성격 형성의 계기인 '준칙에 따른 행위' 야말로 우리가 칸트 교육학 강의에서 얻을 수 있는 도덕 교육론의 핵심 중의 하나라고 본다. '습관을 형성하는 훈육'에서 '준칙에 따른 행위를 강제하는 도덕적 양성'으로의 이행은 말하자면 '덕 윤리로부터 의무 윤리로의 원초적 이행'인 셈이다.

준칙에 따른 행위는 사고하는 것을 배우는 것, 즉 인지적 계기와 관련된다. 이에 비하여 칸트가 자연적 교육의 도덕적 양성에서 언급하고 있는 '수치'(Scham)는 준칙에 따른 행위의 감성적 동기와 관련된다. 물론 이때의 도덕적 동기는 성인에게서 보이는 '법칙에 대한 존경'의 수준에 있지 않다. 여기서 동기적 측면에서의 도덕적 양성은 법칙에 대한 존경이라는, 주체에 의하여 능동적으로 발동된 감정이 아니라 의무에 위배되는 행위를 했을 때 자연발생적으로 생기는 감정의 차원에 있다. 그래서 칸트는 "자연은 인간에게 부끄러움(Schamhaftigkeit)을 주어서 그가 거짓말하는 즉시 탄로 나도록 한다"[44]고 말한다. 주목되는 것은 칸트가 이 단계에서 소극적 의미에서의 도덕적 동기화로 초기 도덕교육 단계에서부터 (유사) 공리주의적 동기를 배제하는, '수치심을 유발하는 경멸'(Verachtung)을 도입하고 있다는 점이다. 칸트는 다음과 같이 말한다.

> 예를 들어 어린이가 거짓말할 경우 우리는 그를 벌해서는 안 되고, 미래에 아무도 그를 믿지 않을 것이라고 말하면서 그를 경멸로 대해야만 한다. 어린이가 악한 것을 행할 경우 우리가 그 어린이를 벌한다면 그리고 선한 것을 행할 경우 그를 상 준다면 어린이는 좋은 어떤 것을 얻기 위해 선한 것을 행할 것이다. 나중에 이 어린이가 그렇게 굴러가지 않는 세상, 즉 보상받는 일이 없이 선한 것을 행할 수도 있고 벌을 받음 없이 악을 행할 수도 있는 세상에 나간다면 그로부터 나오는 인간이란 오로지 이 세상에서 어떻게 하면 잘 지낼 수 있을까만을 살피는 인간이며 자신에게 상황이 가장 유리하다고 판단한 후에라야 선해지거나 악해질 수 있는 그런 인간이다.[45]

말하자면 악행에 대한 벌과 선행에 대한 상은 행위의 결과를 염두에 두고 행위하는 인간을 양성할 수 있기 때문에, 즉 상황이 자신에게 좋은 결과를 가져다줄 것인지 아닌지에 따라 선한 사람도 되고 악한 사람도 되는 그런 사람을 양성할 수 있기 때문에 배제되어야 한다는 것이다. 칸트가 보기에 여기서 가장 타당한 벌은 도덕적 벌인데, 도덕적 벌이 내려지는 경우란 다음과 같은 경우, 즉 "도덕성의 보조 수단인, 존중받고 (geachtet) 싶고 사랑받고 싶은 (어린이의) 경향성(Neigung)을 충족시키는 것을 우리가 거절하는 경우, 예를 들어 우리가 어린이에게 창피를 주고(beschämen) 차갑게, 냉정하게 대하는 경우"[46]이다. 칸트에서 '도덕적 행위의 동기화로서의 비도덕적 행위에 대한 경멸'의 이면은 '도덕적 행위에 대해 보상하는 것의 배제'이다. 도덕적 행위에 대한 보상이 도덕 교육에 소용이 없는 이유는 "이로써 어린이가 이기적이 되며(eigennützig) 이로부터 거래적 성향이 나온다"[47]는 데 존립한다.

V. 맺는말

이상 이번 장의 결론을 다음과 같이 요약해 볼 수 있다.

첫째, 칸트 『교육학 강의』는 인간학적, 목적론적 관점이 아니라 실천철학적 관점에서 독해할 경우 그 고유성이 포착될 수 있다. '자유의 강제'라는 개념을 중심으로 『교육학 강의』를 실천철학적으로 독해하면 '교육의 목적으로서의 도덕적 자유'라는 교육철학적 차원과 '도덕적 자유의 교육'이라는 도덕 교육론의 차원이 분명히 드러난다.

둘째, 칸트 『교육학 강의』에 나타난 교육철학적 입장은 '자유의 강제'를 구성하는 한 계기, '교육의 목적으로서의 도덕적 자유'라는 이념으로부터 흘러나온다. 교육 기획의 주체가 정치가가 아니라 계몽된 지식인이어야 하는 칸트적 이유는 계몽된 지식인이 도덕적 자유라는 교육의 이념을 파악할 가능성이 정치가보다 크기 때문이다. 그리고 칸트에 따르면 도덕적 자유를 지닌 인간을 목표로 한다는 점에서 교육술은 정치술에 우선하며 도덕적으로 선한 인간의 교육은 정치적으로 옳은 인간의 양성과 모순되지 않는다. 마지막으로 사교육에 대한 공교육의 우위도 사교육이 이러한 도덕적 자유를 지향할 가능성이 크지 않다는 칸트적 통찰에 근거한다.

셋째, 칸트『교육학 강의』에 나타난 도덕 교육은 '도덕적 자유의 강제'이다. 이러한 도덕 교육론의 고유성을 추출하기 위해서는 자연적 교육에 등장하는 도덕적 양성에 주목해야 한다. 이 도덕적 양성은 계발된 도덕성의 유지가 아니라 형성 중에 있는 선의 싹과 관련한 양성이다. 이 도덕적 양성의 인지적 계기가 바로 '준칙에 입각한 행위'로서 이를 통해 어린이는 비로소 '습관을 형성하는 훈육'으로부터 벗어난다. 그리고 준칙이라는 인지적 계기에 대응하는 감정적 계기는 '수치심'이다.

과연 칸트적 교육철학이 전제하는 목적, 즉 '도덕적 자유를 그 정점으로 하는 인간성의 완성'은 도달 가능한가? 아니면 꿈에 불과한가? 칸트는 이러한 교육철학적 이념의 실현이 "모든 어려움 속에서도 결코 불가능하지 않으며" 따라서 "모든 자연 소질을 발전시키는 교육이라고 하는 이념은 실로 참되다"라고 주장한다.[48] 그리고 교육 기획의 차원인 인류가 아니라 도덕 교육의 차원인 개인(어린이)에게서도, 칸트에 따르면, 세간지(世間智)를 넘는 도덕성의 완전한 계발이 가능하다고 주장한다. 여기서 완전한 계발 상태는 '악덕을 모르는 순진한 상태'가 아니다. 도덕의 요구가 없었다면 인간의 충동도 맞설 상대를 찾지 못했을 것이다.[49] 이 상태는 '도덕의 요구가 불러일으킨 충동'을 극복하는 힘이 어린이에게 뿌리내린 상태, 즉 강제가 "자기 강제"(Selbstzwang)가 된 상태, 칸트의 표현을 빌면 "완전한 기예가 다시 자연이 된"(Vollkommene Kunst wird wieder zur Natur) 상태이다.[50]

제9장 주

* 이 글은 한국연구재단(구 학술진흥재단)의 지원에 의해 작성되었음(KRF 2006-321-A0045).

1 칸트의『교육학 강의』는 1803년에 출판되었지만 이것은 1774년 겨울학기, 1780년 여름학기, 1783년 겨울학기, 그리고 1786년 여름학기, 이렇게 총 4회에 걸쳐 행해진 칸트의 강의를 그의 제자 링크(Rink)가 편집한 것이다. 칸트의『도덕 형이상학의 정초』(Grundlegung zur Metaphysik der Sitten)는 1785년에 초판이 나왔고,『실천이성비판』(Kritik der praktischen Vernunft)은 1788년에, 그리고 『도덕 형이상학』(Metaphysik der Sitten)은 1797년에 출판된다. 그리고『교육학 강의』와 내용상 유사점이 발견되는『판단력비판』(Kritik der Urteilskraft)은 1790년에,『실용적 관점에서의 인간학』(Anthropologie in pragmatischer Hinsicht)은 1798년에 출판되었다. 『교육학 강의』에 실천철학의 핵심 개념인 '자율'이 등장하지 않는 것은 사실이다. 그러나 인격성, 인간성의 존엄(Würde der Menschheit) 등의 개념이 사용되고 있는 것으로 보아 실천철학의 성과를 담고 있다고 보인다.

2 일례로『교육학 강의』의 자연적 교육 부분(양육)을 보면 "인위적 도구의 사용이 유기적, 이성적 존재자에 있는 자연의 목적(Zwecke der Natur in einem organisierten, vernünftigen Wesen)에 위배된다(I. Kant, Über Pädagogik, Akademie Ausgabe IX, 463)"라는 표현이 나오는데 '자연의 목적'은『판단력비판』의 목적론적 판단력 부분을 떠올리게 한다.

3 김병옥은 그의『칸트 교육사상 연구』, 서울, 1986에서 주로 칸트『교육학 강의』가 갖는 인간학과의 관련성에 주로 주목한다. O. Bollnow의 Die anthropologische Betractungsweise in der Pädagogik, Bochum, 1968과 G. F. Munzel의 "Anthropology and the pedagogical Function of the Critical Philosophy", in: Kant und Die Berliner Aufklärung. Akten des IX Internationalen Kant-Kongresses, Bd. IV, 2001

도 인간학적 독법이다. 그리고 김영래는 『칸트의 교육이론』, 서울, 2003에서 칸트 『교육학 강의』의 『판단력비판』(특히 미적 판단력)과의 연관성에 주목한다. K. Düsing의 "Der Übergang von der Natur zur Freiheit und die ästhetische Bildung bei Kant", in: *Humanität und Bildung*, Hildesheim, 1988도 유사한 방향성을 보여 준다.

4 *Über Pädagogik*, 453.

5 *Über Pädagogik*, 455.

6 대체로 '교육의 목적으로서의 도덕적 자유'는 『교육학 강의』의 서론(Einleitung)의 주제이고, '도덕적 자유의 교육'은 Abhandlung이라고 명해진 본론의 주제이다.

7 '건전한 오성에 내재한 선의지의 개념은 가르쳐질 필요는 없고 단지 해명될(aufgeklärt werden) 필요만 있다'(*Grundlegung zur Metaphysik der Sitten*, Akademie Ausgabe IV, 397)는 칸트의 발언 참조.

8 이와 관련된 『교육학 강의』에서의 칸트 발언은 다음과 같다. "의무와 관련되는 한, 어린이들에게 그 근거가 알려져야만 한다. 그러나 우리가 주의해야만 할 것은 어린이들에게 이성 인식(Vernunfterkenntnisse)을 집어넣는 것(hineintragen)이 아니라 이성 인식을 어린이로부터 이끌어 내야(herausholen) 한다는 것이다." *Über Pädagogik*, 477.

9 풍케(Funke)에 따르면 철학이 '근거 일반을 추구한다면' "철학 자신이 Pädagogik이라는 특수 형태(Sonderform)를 띠기 전에 이미, 늘 Andragogik이다." G. Funke, "Pädagogik im Sinne Kants heute", in: *Kant und die Pädagogik*, Königshausen, 1985, 100. 그리고 플라이네스(Pleines)는 '실천철학의 본질적 부분 내에 있는 학문으로서의 교육학(Pädagogik als Wissenschaft in wesentlichen Teilen von der praktischen Philosophie)'을 주장한 헤르바르트(Herbart)의 파악이 복권되어야 한다고 본다. J.-E. Pleines, "Pädagogik und praktische Phliosophie", in: *Kant und die Pädagogik*, Königshausen, 1985, 12 참조.

10 코흐(Koch)가 보기에 이러한 동기화가 칸트 도덕 교육론의 핵심이며 동기화의 칸트적 열쇠는 도덕성을 순수한 형태에서 드러내는 것(Darstellung)이다. 그는 다음과 같이 이것의 중요성을 말한다. "우리는 어떻게 어떤 사람을, 그 어떤 사람 자신이 자신을 동기화하도록 동기화할 수 있을까? 우리는 어떻게 어떤 사람을, 우리가 그 사람을 결정하지 않고, 그 사람 자신이 자신을 동기화하도록, 그렇게 동기화(motivieren)할 수 있을까? 어떻게 제삼자가 어떤 사람을, 그 어떤 사람이 어떤 것을 그 어떤 사람 자신의 추동으로부터 자율적으로, 타율적이지 않은 방식으로 행해야만 하도록, 그렇게 만들 수 있을까? 이런 종류의 역설적 정식에 도덕 교육학적 주요 문제가 표현되어 있다. 바로 이러한 점에서 이런 문제를 해결하기 위해서는 오로지 하나의 유일한 방법론적 처방(Verfahren)이 있을 수 있다는 칸트적 주장이 설득력을 얻을 수 있다. 어디에 이런 처방이 있는가는 이미 암시되었다. 수수께끼를 풀기 위한

주문(Zauberwort)은 Darstellung이다." K. Koch, *Kants ethische Didaktik*, Würz-
burg, 2003, 380.

11 칸트에 의하면 이 연습은 "의무 준수에서의 담대하고 기쁜 심의"(*Metaphysische
Anfangsgründe der Tugendlehre*, Akademie Ausgabe VI, 484)를 양성한다.

12 이상 *Über Pädagogik*, 445.

13 *Über Pädagogik*, 445.

14 *Über Pädagogik*, 444.

15 *Über Pädagogik*, 444. 칸트가 보기에 교육에서 실험(Experiment)이 필요한 것은
"교육이 한편으로는 인간들에게 몇몇의 것들을 가르치고 다른 한편으로는 몇몇의 것
들을 오로지 이들 인간에 있어서만 발전시키기도 하기 때문에 우리는 얼마만큼 인간
에게서 자연 소질이 확장될지 알 수 없다"(443-444)는 이유 때문이다. 말하자면 교
육에서 세대 간으로 전승되는 것이 아주 극소량이며 또 이 극소량의 일부만이 궁극
적으로 자연 소질을 확장함에 기여하기 때문에, 즉 "그 어떤 인간 세대도 하나의 완
전한 교육 계획을 보여 줄 수 없기 때문에"(451) 교육에서 실험이 필요하다. 이는 또
다시 "실험들에서는 우리가 기대하는 것의 전적으로 반대되는 결과가 나타나"(451)
기 때문이다. 칸트가 당시의 유일한 실험학교인 데사우 학교를 칭찬한 이유도 "이 학
교는 확실히 선생들이 자신의 방법과 계획에 따라 일할 수 있는 자유가 있는 유일한
학교였으며 선생들이 학교 내의 다른 선생들과는 물론이요 독일의 모든 지식인들
(Gelehrte)과 결합해 있었다"(451)는 데 있다.

16 이상 *Über Pädagogik*, 444.

17 이상 *Über Pädagogik*, 449.

18 *Über Pädagogik*, 449.

19 *Über Pädagogik*, 448.

20 같은 곳.

21 같은 곳 참조.

22 *Über Pädagogik*, 448 참조.

23 *Über Pädagogik*, 447.

24 같은 곳. 김영래는 '오늘날에도 칸트적 의미의 교육학이 가능한가' 라는 질문을 제기
하고 "칸트의 교육학 구상이 교육원리들의 체계로서의 체계적 교육학에 대한 요구로
나타난다"는 점, 그리고 칸트가 현상계의 구성원으로서의 인간과 다른 인간을 제시
한 점을 칸트 이론의 현재적 타당성을 증거하는 것으로 제시한다. (김영래, 『칸트의
교육이론』, 2003, 서울, 189) 내가 보기에 칸트의 예지적 인간관과 칸트의 체계적 교
육론은 별개의 것이 아니다. 교육론의 이러한 체계성은 결국 '예지계의 구성원으로
서의 인간' 을 정점으로 놓는 데서 발생한다.

25 *Über Pädagogik*, 447.

26 같은 곳.

27 같은 곳.

28 *Über Pädagogik*, 448. 이와 관련하여 다음의 칸트 주장도 참조. "집권자(der Gro-
ße)는 자꾸만 그들의 피치자들을 오로지 자연왕국의 일부분으로만 간주하며 그들이
주의하는 것이라고는 피치자들이 번식되는 일뿐이다. 그가 요구하는 최대치는 숙련
성(Geschicklichkeit)인데, 그러나 이것도 오로지 신민들을 그만큼 더 그의 의도를
위한 도구로 잘 사용하기 위해서이다."(Über Pädagogik, 449)

29 *Über Pädagogik*, 448.

30 *Über Pädagogik*, 453.

31 *Über Pädagogik*, 455.

32 이에 대해서는 I. Kant, *Grundlegund zur Metaphysik der Sitten*, 414-415 참조. 칸
트의 인간학, 교육학, 실천철학에 등장하는 삼분법에 대해서는 N. 힌스케 지음, 이
엽 · 김수배 옮김, 『현대에 도전하는 칸트』(*Kant als Herausforderung an die Gegen-
wart*), 서울, 2004, 102-117 참조.

33 *Über Pädagogik*, 475 참조.

34 김병옥은 자연적 교육이라는 대분류하에서의 '도덕적 양성'을 실천적 교육이라는
대분류하에서의 '도덕화'와 구별하지 않는다. 김병옥, 『칸트의 교육사상 연구』, 서
울, 1986, 91 이하 참조. 다른 한편 김영래는 "도덕화는 '외적인 요인들과 상호 작용
을 통한 인간존재의 경험적 형성'의 과정을 의미하는 '양성'(Kultur)과는 구별된다"
고 하면서 "'도덕적 양성'이라는 말을 '본래적 의미의 도덕화를 위한 준비'라는 의
미로 이해할 수 있다"고 말하지만(김영래, 『칸트의 교육이론』, 2003, 서울, 102), 그
또한 자연적 교육이라는 대분류하에서의 '도덕적 양성'을 실천적 교육이라는 대분
류하에서의 '도덕화'와 구별하지 않는다.(117)

35 *Über Pädagogik*, 448.

36 *Über Pädagogik*, 455.

37 이상 *Über Pädagogik*, 482.

38 *Über Pädagogik*, 483.

39 자연적 교육에 등장하는 도덕적 양성과 실천적 교육에 등장하는 도덕화가 모두 '성
격'에 주목하는 것은 사실이다. 그러나 도덕적 양성에서는 성격이 준칙의 차원에서
형성됨에 주목하고 도덕화에서는 성격의 기질(Temperament)과의 차이가 도덕성
대 영리함(Weltklugheit)의 차원에서 제시된다. 다시 말해 도덕화에 조응하는 성격
은 이미 사교성을 구성하는 기질과의 분명한 구별을 전제로 하는 성격인 반면, (자연
적 교육의) 도덕적 양성에 조응하는 성격은 건전한 자연적 오성으로부터 끌어내어지
는 단계, 즉 형성단계의 성격이다. 더 나아가 도덕화에서는 본격적인 의무 교육이 등
장하는데, 이 (자신에 대한, 타인에 대한) 의무 교육은 인간 존엄에 대한 통찰에 기
반한다. 그러므로 '심의력의 일반적, 도덕적 양성(Kultur)'은 계발 중에 있는 성격
에 주목하고 (이를 위해서는 준칙에 따른 행위가 중요하다), 도덕화(Moralisierung)

는 '형성된 성격'의 기질과의 차별성 유지, 존엄에 대한 통찰을 격정(Leidenschaft)
과 분리하여 결의와 더불어 고수하는 것에 집중한다. 같은 진실성의 의무라 할지라
도 도덕적 양성에서는 거짓말하는 성벽과 상상력의 관계, 이 단계의 교육수단으로서
의 수치심의 사용이 강조되지만, 도덕화에서는 '자신의 존엄성'(489)에 대한 통찰이
강조된다.

40 준칙은 의지에 대한 보편적 규정으로서 주관적 실천적 원칙이다.(*Grundlegung zur*
    Metaphysik der Sitten, 400; *Kritik der praktischen Vernunft*, Akademie Ausgabe
    V, 19) 칸트 윤리학의 준칙 윤리적 특성에 대해서는 O. Höffe, *Ethik und Politik*,
    Frankfurt am Main, 1979, 97 참조.

41 이상 *Über Pädagogik*, 480.

42 *Über Pädagogik*, 450.

43 *Über Pädagogik*, 481.

44 *Über Pädagogik*, 478.

45 *Über Pädagogik*, 480–481. 거짓말 금지의 제 윤리적 차원은 J. G. Kim, "Kants Lü-
    genverbot in sozialethischer Perspektive", in: *Kant-Studien*, 2004 참조.

46 *Über Pädagogik*, 482. (괄호 안은 필자가 첨가함)

47 같은 곳.

48 이상 *Über Pädagogik*, 445.

49 이것이 "도덕의 상태가 자연에 강제를 가한다는 사태로부터 악덕들이 생겨난다"
    (Laster entspringen meistens daraus, daß der gesittete Zustand der Natur Gewalt
    tut)(492)라고 칸트가 말할 때 의미하는 것이다.

50 이상 같은 곳.

제4부
칸트적 평화(pax kantiana)와
헤겔 그리고 마르크스

'영구 평화' 대 '힘들의 유희': 칸트와 헤겔의 국제 관계론

I. 들어가는 말

칸트의 『영구 평화론』(1795)을 논적으로 삼고 있는 것이 분명해 보이는 『법철학 강요』(1821)의 '외적 국가법'[1](§330-§340)에서 헤겔은 자신의 고유한 국제 관계론을 피력하면서 칸트를 비판하고 있는데 그 요지를 내 나름대로 재구성하면 다음과 같다. 첫째, 국가는 자신 위에 심급(審級, Instanz)을 두지 않는 이성적 현실태로서의 절대적 주권이다.(§331) 둘째, 국가들 간의 분쟁은 결국 전쟁을 통해 해소될 수밖에 없다.(§332, §334, §335, §338, §339) 셋째, 전쟁에서 드러나는 각국의 대타관계 원칙은 칸트가 말하는 '보편적 인류애'가 아니라 각국의 '안녕'이다.(§336, §337) 넷째, '각국의 절대적 주권과 양립 가능한 국제적 구속력'이란 모순이므로 국제적 영구 평화는 불가능하고, 일시적 평화와 일시적 전쟁의 교체로 점철되는 항구적 자연 상태만 있을 뿐이다.(§330, §333) 다섯째, 자연 상태의 이런 국가들의 투쟁, 즉 힘들의 유희를 통해 역사는 진보한다.(§340) 칸트와 헤겔 논쟁의 핵심은 세 번째와 네 번째 점이다.

아래에서 나는 이러한 헤겔의 주장과 칸트에 대한 비판을 평가(VII)

해 보기 위해 우선 양자 간의 차이(II-VI)를 분명하게 드러낼 것이다. 이 과정에서 '영구 평화' 대 '힘들의 유희' 라는 칸트와 헤겔의 대결 구도가 분명히 드러날 것이다. 그리고 이에 대한 나의 평가는 '국제 관계론과 관련한 칸트적 당위의 공허함' 이라는 헤겔의 비판에 대한 반비판이 될 것이다.

II. '이성적 국가', 사실인가 당위인가?

1. 헤겔: 이성적 국가

헤겔에 따르면 "국가로서의 국민은 실체적 이성성과 직접적 현실성 내에 있는 정신"이며 "지상에서의 절대적 힘", 타국에 대해서는 "주권적 자립성"[2](이상 498)이다. 자립이란 타자, 그것도 자립적 타자를 전제한다. 그러므로 국가는 국가들의 관계에 있을 수밖에 없다. 이를 헤겔 식으로 표현하면 "개별자(der Einzelne)가 다른 인격과 관계없이는 하나의 현실적 인격이 아닌 것과 마찬가지로 국가도 타국들과 관계없이는 개인(Individuum)이 아니다."(498) 그런데 이렇게 타국에 대해 자립적인 존재이려면 내적으로 스스로 내용과 체제를 갖추어야 할 뿐만 아니라 외적으로 타국에 의해 승인될 만해야 한다. 헤겔이 명시하는 '외적으로 승인됨의 자격' 은 '다른 국가들의 자립성을 존경한다(respektieren)는 것의 보장' (498)이다. 이로써 승인하려는 국가는 승인받으려는 집단의 내부 사정에, 즉 이 집단이 타자 존경 능력을 갖는지 아닌지에 무관심할 수 없게 된다. 그래서 타국이 어떤 집단에서 타자 존경의 계기를 발견할 수 없다면 (헤겔이 드는 예로 과거의 유대 민족 등과 같이 종교적 선민사상에 의해 운영되는 민족이라면) 국가가 아니라는 것이다. 요컨대 국제 관계에서 헤겔의 '국가의 현실적 이성성' 은 이러한 '타자 존경 능력' 에 있다.

2. 칸트: 이성적이어야 하는 국가

'승인의 조건으로서의 존경 능력'을 주장하는 헤겔과 유사하게 칸트도 국가 간의 평화의 조건으로서의 공화제 국가를 주장한다. 칸트가 말하는 공화제란 '자유 평등의 원칙에 따른 국민 공동의 입법'[3](349, 350)이라는 이념에 근거한 국가이다. 이 공화주의적 국제(國制)는 영구 평화의 전망을 제시하는데, 그것은 "전쟁이 벌어져야 할 것인가 아닌가를 결정하도록 요구받는다면 국가 시민들은 전쟁의 모든 궁핍상에 대해 반드시 스스로 생각하며" 따라서 "이렇게 나쁜 장난을 시작하는 것을 매우 우려하게 될 것임에 틀림없기 때문이다."(이상 351) 영구 평화를 위한 제일의 확정조항으로 "각 국가의 시민적 국제(die bürgerliche Verfassung)는 공화주의적(republikanisch)이어야 한다"(349)가 등장하는 것은 이런 이유에서다. 그러나 우리는 '영구 평화의 전망을 제시할 공화제'가 의무, 당위로 등장하는 것에 유의해야 한다. 내가 보기에 국가와 관련한 칸트와 헤겔의 차이는 칸트는 '사실로서의 국가의 이성성'이 아니라 '국가의 당위로서의 이성성'을 강조한다는 것이다. 칸트는 설령 전제적 권력에 의해 세워진 국가, 즉 공동 입법의 이념에 근거하여 세워지지 않은 국가라 할지라도, 심지어 "부정의와 결합된 공법 상태"를 가진 국가라 할지라도, 그래서 주위의 공화제 국가에 잠재적 위협이 된다 하더라도, 공화제로 이행할 여건이 성숙되기까지는 존속되어야 한다고 보는데, 그 이유는 "어떤 법적인(rechtlich) 체제는, 비록 아주 미약한 정도로 법에 부합하는(rechtmäßig) 체제라 할지라도 법적인 체제가 없는 것보다는 낫기 때문이다."(373) 요컨대 헤겔에서는 '비이성적 국가'란 모순일 것인 데 비해 칸트에서는 '비이성적 국가', 그리하여 '이성적이어야 하는 국가'도 가능하다.

III. '인륜적 전쟁'인가 '초토화 전쟁'인가?

1. 헤겔: 전쟁의 사소함

(1) 헤겔에서 국가가 이미 타자 존경의 계기를 갖는 이성적 국가라면 왜 국가 간에 전쟁이 일어나는가? 헤겔은 전쟁도 이성적 국가의 이성적 행위라고 보는 것일까? 헤겔의 말을 정리해 보면 이렇다. 첫째, 이성적 현실태로서의 각국이 서로 관계 맺는 방식은 양측의 "자립적 자의" (499)에 의해 맺어지는 '계약'이다. 둘째, 그런데 국가 간의 관계는 다양한 영역에서 수많은 국가 구성원들에 의해 일어나는데, 경우에 따라 이 계약이 손상되는 일이 '다반사로' 생길 수 있다.(500) 셋째, 갈등의 원인으로 추가되어야 할 것은 상상적 위험, 즉 "다른 국가에 의해 위협받는 위험, 그것도 의도의 많거나 혹은 적은 개연성, 추측이 부침하는 가운데 생겨나는 위험, 이런 위험에 대한 표상"(500, 501)이다. 넷째, 이러한 계약의 손상을 국가의 명예의 손상으로 보느냐 아니냐는 전적으로 해당 국가에 달려 있다. 왜냐하면 "한 국가는 자신의 무한성과 존엄을 각각의 자신의 개별성 내로 둘 수 있기 때문이다."(500) 다섯째, 장구한 내적 평온에 의해 형성된 국가의 위력적 개인성은 '외적 자극이 많으면 많을수록 그만큼 더 자신의 활동성의 소재를 외부에서 찾게 된다.' (500) 여섯째, 결국 "각국의 의지가 상호 일치하지 않는 한, 국가 간의 분쟁은 오로지 전쟁에 의해서만 결판날 수 있다."(500) 요컨대 전쟁은 아무리 이성적 국가들 간이라 하더라도, 혹은 바로 존엄을 지키고자 하는 이성적 개별 국가의 의지 때문에 생길 수밖에 없으며, 이 경우에도 전쟁이란 말하자면 '외적 자극에 대해 개체적 인격으로서의 각국이 자신의 내부 역량을 발휘하는 장'이라는 것이다.[4]

(2) 국가의 자립성, 존엄성의 자기 확인에 대한 헤겔의 강조는 '국내 문제 대비 국제 문제의 사소함' 주장에 동반된다. 한 국가 내에서 국가

구성원들은 불가피한 상호 의존 관계에 있을 수밖에 없고, 그래서 문제
되는 사안들도 많을 수밖에 없는 반면, 국가들의 관계는 각각의 자립적
이고 자족적인 개체들 간의 관계이기 때문에 문제되는 사안, 즉 국가들
간의 "계약의 소재"는 "무한히 사소한 다양성"(이상 499)이라는 것이
다. 이 말을 위의 (1)과 함께 생각해 보면 자립적 국가에서 국제 문제,
경우에 따라서 전쟁으로 이어지는 국제 문제는 국내 문제에 비하면 사
소한 중요성을 갖는다는 것이다.

(3) 전쟁을 그렇게 심각한 것으로 보지 않는 듯한 헤겔의 이러한 태
도는 '전쟁 중에도 인륜이 존재한다'는 그의 통찰과 잘 부합한다. 헤겔
에 따르면 전쟁 중에도 국가 간의 상호 승인을 보여 주는 유대(Band)가
있는데 그것은 "예를 들어 특사(Gesandte)는 존경받아야 하고 일반적
으로는 전쟁은 국내 제도들과 평화로운 가족들, 그리고 사적 삶, 즉 사
적 개인들에 대해서 행해져서는 안 된다"(502)는 인륜(Sitte)[5]을 보여
주는 유대라는 것이다. 헤겔은 이러한 인륜적 사태의 실재를 당시의 전
쟁의 인간적 측면에서도 확인하는데 당시의 전쟁이 전장에서의 "인격
에 대한 인격의 증오"의 방식으로 전개되지 않고 단지 "각인이 타인을
대할 때 지켜야 할 의무의 불이행"이라는 탈개인적 방식으로 전개된다
는 것이다.(이상 502) 헤겔에서 국가 간에 전쟁이 일어난다 하더라도
"일과성에 그쳐야만 하는 것"(Vorübergehensollen)(502)인 근거가 바
로 이렇게 전쟁 중에도 존속되는 인륜에 있다.

이상의 헤겔 주장을 요약하면 '이성적 현실태로서의 국가들 간의 전
쟁은 각국의 내부 역량의 발휘의 장'이며 '국내 문제 대비 국제 문제의
상대적 사소함'과 '전쟁 중에도 쌍방을 묶는 인륜' 때문에 '전쟁은 일
과성에 그친다' 정도가 된다.

2. 칸트: 고삐 풀린 사악성으로서의 전쟁

(1) 전쟁이 국가의 이성성의 발현일 수 있다는 헤겔에 비해 '현존 국가의 이성성보다는 비이성적일 수도 있는 현존 국가의 이성적 당위'에 주목하는 칸트는 전쟁을 "국가의 합리적 전략이 힘의 신장에 있다" (343)는 생각의 산물인 "나쁜 장난(Schlimmes Spiel)"(351)으로 본다. 그런데 칸트의 전쟁에 대한 비교적 중립적인 정의, 즉 "자연 상태(확정적 판결을 내릴 수 있는 그 어떤 법정도 존재하지 않는 상태)에서 폭력을 통해 자신의 권리를 주장하는 단지 불행한 비상수단"(346)이라는 정의는 헤겔과 유사하게 칸트도 '권리로서의 전쟁'을 옹호하는 것으로 보이게 할 수 있다. 그러나 여기서 중요한 것은 '어떤 법정도 존재하지 않는 상태'라는 제한이다.[6] 전쟁이 국제법적 권리일 수 있다는 생각에 대한 칸트의 명확한 반대는 "전쟁을 할 수 있는 권리로서의 국제법이라는 개념과 관련해서는 원래 아무것도 생각될 수 없다. (왜냐하면 이 경우 권리라는 것은 각 개별자의 자유를 제한하는, 보편적으로 타당한 외적 법칙들에 의해서가 아니라 일방적인 준칙에 따라 폭력에 의해서 무엇이 옳은가를 규정하는 그런 권리일 수밖에 없기 때문이다.)"(356)라는 발언에서 확인된다. 더 나아가 칸트에서는 전쟁이 국제법적 권리가 아닐 뿐만 아니라 법이 없는 상태 자체가 이미 서로에게 위해를 가하는 상태이다. "자연 상태는 비록 항상 적대 행위들이 돌출하는 그런 상황은 아니지만 그럼에도 이러한 적대 행위의 위협이 꾸준히 지속되는 그러한 상태"로 자연 상태에 있는 국가는 "상태의 무법성에 의해 위해를 당한다"(이상 348)는 것이다.

(2) 전쟁을 심각하게 보지 않는 듯한 (혹은 국제 문제가 국내 문제에 비해 사소하다고 보는) 헤겔의 견해에 칸트가 동의할 수 있을 것인지에 대한 답은 다음과 같은 칸트의 발언에서 암시된다.[7] "인간 본성에 뿌리박고 있는 사악성(Bösartigkeit)을 한 국가 내에 공생하는 사람들에 관

해서는 의심할 수 있다손 치더라도 … 이 인간의 사악성은 국가들 간의 외교 관계에서는 전적으로, 노골적으로 그리고 부정할 수 없는 방식으로 현저하게 드러난다. 각국의 내부에서는 이 사악성이 시민적 법칙 (bürgerliche Gesetze)의 강제를 통해 은폐되는데, 이는 시민들 상호 간에 폭력적 행위를 하는 경향성에 이보다 더 큰 권력, 즉 통치의 권력이 강력하게 반작용하기 때문이다."(375) 이로써 유추할 수 있는 것은 헤겔과 달리 칸트는 한 국가 내에서의 갈등보다는 국가 간의 갈등이 더 심각하게 전개될 수밖에 없다고 본다는 것이다.

(3) 이상 '악으로서의 전쟁' 및 '인간의 은폐된 사악성'에 대한 칸트의 입장을 고려하면, 왜 칸트에서 '헤겔이 말한 전쟁 중에도 존재하는 유대'가 오직 '의무'로만 등장하는지 알 수 있다. "다른 나라와 전쟁 중에 있는 그 어떤 국가에게도 장차의 평화에 있어서의 상호 신뢰를 불가능하게 만들 수밖에 없는 그러한 적대 행위가 허용되어서는 안 된다. 이러한 적대 행위에는 암살자와 독살자를 고용하는 것, 항복을 파기하는 것, 상대편 국가 내에서의 배신을 사주하는 것이 해당된다."(346) (영구 평화를 위한 예비조항 6) 칸트의 이러한 발언의 배경은 '인륜적 전쟁'이 아니라 '초토화 전쟁'(Ausrottungskrieg)의 현실적 가능성이다. 만일 위에서 언급된 것과 같은 적대 행위가 행해지면 '자신의 권리를 주장하는 단지 불행한 수단으로서의 전쟁'은 "오로지 교회 무덤 위에서만" 영구 평화를 가능케 할 수밖에, 즉 "쌍방의 절멸"을 초래할 "초토화 전쟁"으로 귀결될 수밖에 없기 때문이다.(이상 347) 헤겔에서 '현실로서의 인간적 전쟁'이 등장했다면 칸트에서 이러한 전쟁은 현실이 아니라 '당위'이다.

이상 칸트의 주장을 요약하면 '전쟁은 (국제법적) 권리가 아니라 권리 부정이라는 불의, 그것도 인간의 사악성이 날것 그대로 드러나 쌍방의 절멸이라는 심각한 상황을 초래할 수 있는 불의인 까닭에 이 고삐 풀린 사악성을 제어할 전쟁 규범이 있어야 한다' 정도가 될 것이다.

IV. 행복인가 옳음인가?

1. 헤겔: 국가 행위의 최고 법칙으로서의 안녕

(1) 헤겔에 따르면 '한 국가가 다른 국가와 관계함에 있어 행동의 최고 법칙은' 그 국가 자신의 "안녕(Wohl) 일반"이다.(이상 501) 왜 도덕(법)이 아니고 안녕, 행복일까? 헤겔의 말을 들어 보면 이렇다. 첫째, 한 집단이 국가를 이룬다는 것은 우선 내적으로 '형식(체제)과 내용'(498)을 갖춘다는 것이다. 둘째, '특수한 내용'이 '형식적, 추상적 법'을 채울(erfüllen) 때 "구체적 전체"로서의 국가가 가능하다.(이상 501) 셋째, 이 특수한 내용이란 다름 아닌 그 국가의 '안녕 일반'(501), 혹은 행복이다. 넷째, 그러므로 각기 서로 다른 정체성을 가진 국가들 간의 관계에서, 즉 특수한 의지들 간의 관계에서, 각국이 자기를 주장할 때 관건으로 삼는 것은 추상적 법이 아니라 특수한 내용, 즉 자국의 행복이다. 칸트 식으로 말해 복·덕(법) 일치가 일어나는 곳이 바로 국가, 대외 관계 중의 국가라는 것이다.

(2) 복·덕(법) 일치의 장소가 국가라고 봄으로써 헤겔은 이 일치의 장소를 국가 너머(세계시민사회("활기 넘치는 경쟁 상태에 있는 힘들의 균형"(367))에 설정한 칸트를 비판한다. 그래서 칸트는 법에 행복이 일치하도록 만드는 통치를 "특수한 지혜"(즉 개별 국가의 지혜, 칸트 식으로 말해 국가의 지혜)의 몫으로 두지 않고 "일반적 섭리"(allgemeine Vorsehung)의 몫으로 방기했다는 것이다.(이상 501)[8] 대외 관계의 원칙과 관련한 헤겔의 칸트 비판은 다음과 같은 발언에서 종결된다. "전쟁과 조약의 정의를 위한 원칙은 일반적 (인간애적) 사상이 아니라 자신의 규정된 특수성 내에서 현실적으로 병들거나 위협당하고 있는 안

녕이다."(501)[9]

(3) 결국 칸트와의 논쟁의 전선은 '국제 관계의 원칙' 문제에서 '도덕과 정치의 관계' 문제로 다음과 같이 확대된다. "한때 정치가 도덕에 따라야 한다는 요구가 회자되었다. 여기서는 오로지 다음과 같은 것을 언급하는 것만으로 그친다. 한 국가의 안녕은 개인의 안녕과는 다른 정당화를 갖는다. 인륜적 실체, 국가, 이 실체의 현존재는 말하자면 자신의 권리를 추상적이 아니라 구체적인 실존에서 직접적으로 갖는다. 그리고 도덕적 명령으로 준수된 많은 보편적 사상들의 하나가 아니라, 오로지 이러한 구체적 실존만이 인륜적 실체의 행위와 처신의 원칙일 수 있다."(501, 502) 그래서 '정치가 도덕에 따르지 않고 대립하는 것은 잘못'이라고 하는 칸트의 주장은 "도덕성 및 국가의 본성에 대한 피상적 표상 및 국가가 도덕적 관점에 대해 갖는 관계에 대한 피상적 표상에 기반해 있다"(502)는 것이다.

이상, 요약하자면 헤겔이 보기에 한 국가의 대타적 행위의 최고 원칙은 보편적 인류애나 인권 같은 사상이 아니라 국가의 안녕이며 정치가 도덕에 따라야 한다는 칸트의 주장은 국가의 본성에 대한 통찰 부족의 산물이다.

2. 칸트: 도덕적 정치

(1) 칸트 법철학, 역사철학의 반행복주의(反幸福主義)는 '세계는 멸망해도 정의는 일어나야 한다'는 금언에 대한 칸트의 발언에서 분명하게 천명된다.[10] "정치적 준칙들은 그 준칙의 준수로부터 기대되는 각국의 안녕(Wohlfahrt)과 행복(Glückseligkeit)에서 출발해서는 안 되며, 따라서 각국이 대상으로 삼은 목적에서 출발해서는 안 된다. 즉 국가 지혜의 최상의 (그러나 경험적인) 원칙(으로서의 원함(Wollen))에서 출발해서는 안 되고 법의무의 순수한 개념(그것의 원칙이 아프리오리하게

순수한 이성을 통해 주어지는 당위)에서 출발해야만 한다. 정치적 준칙이 원하는 물리적 결과가 무엇이건 간에 말이다."(379) 그래서 칸트가 보기에 통치자(나 관리)가 자국의 힘의 신장을 위해, 전쟁하려는 의도를 숨긴 채 평화 조약을 맺는 것은 "통치자의 존엄(Würde)의 훼손"(344), 말하자면 도덕성의 붕괴이다. (영구 평화를 위한 임시조항 1)

(2) 왜 헤겔이 주장한 안녕이 아니라 옳음, 즉 법에 정치가 따라야 하는가? 칸트적 이유의 첫째는 "옳고 그름을 가리는 절차로서의 전쟁을 절대적으로 탄핵하는", "도덕적으로 입법하는 최고의 힘으로서의 이성"이 행복 추구의 각축으로서의 전쟁 중에도 "평화 상태를 직접적 의무로 만들기 때문이다."(이상 355) 말하자면 '평화를 추구해야 한다'는 의무가 '이성의 사실'이라는 것이다. 칸트는 이러한 이성의 명령이 그 어떤 국가(통치자)에게도 있다는 것을 뒷받침하는 사태로서 국제법적 강제를 인정하지 않는 국가들, 즉 행복주의에 충실한 국가들도 "전쟁 시에는 반드시 법의 이름으로 전쟁을 개시하고 진행하는 것"(354)을 든다. 그들의 "법에 대해 (최소한 말로라도) 바치는 경의"가 "비록 지금은 졸고 있지만 하나의 더 위대한 도덕적 소질"의 실재를 입증한다는 것이다.(이상 355) 둘째는 정치적 행위의 원칙을 행복으로 보는 행복주의에 고유한 난점이 있다는 것이다. 정치적 이성(국가지혜, 국가영리)이 행복을 실현하려면 "자연의 메커니즘을 사유된 목적에 이용하기 위해 자연에 대한 많은 지식이 요구된다."(377) 그러나 인간은 이성은 "미리 결정하는 원인들, 즉 인간의 행위함과 행위하지 않음으로부터 나온 행복한 결과나 나쁜 결과를 (비록 소망에 따라 결과를 희망하게는 허용할지라도) 자연의 메커니즘에 입각하여 확실하게 미리 알도록 허용하는 그러한 원인들의 연쇄를 조망하기에는 충분히 영민하지 못하다"(370)는 것이다.[11]

(3) '의무 개념의 실재' 및 '행복을 위한 인과적 지식의 부재'의 칸트

적 귀결은 정치가 도덕(법)에 따라야 한다는 것이다. "인간을 통치하기 위해 자연의 메커니즘을 이용하는 기예"(371)인 정치는 이론적 법론(으로서의 도덕)을 "실행적 법론(ausübende Rechtslehre)"(370)이라는 것이다. 실행적 법론으로서의 정치에 부합하는 정치가가 바로 "도덕을 정치가의 이익과 일치시키는 어떤 정치적 도덕가(politischer Moralist)"에 대비되는 "도덕적 정치가(moralischer Politiker), 즉 도덕과 공존(Zusammenbestehen)할 수 있는 국가 영리의 원칙들을 취하는 그런 도덕적 정치가"(이상 371)이다. 남은 문제는 설령 정치가 도덕(법)에 따라야 한다는 것을 인정하더라도 과연 그렇게 될 수 있는가 하는 것이다. 이에 대한 칸트의 답은 다음과 같다. "도덕은 우리가 그에 따라 행위해야만 하는 무조건적으로 명령하는 법칙들의 총체로서 이미 그 자체로 객관적 의미에서 하나의 실천이다. 그리고 어떤 이가 이러한 의무 개념의 권위를 인정해 놓고도 이 의무를 이행할 수 없을지도 모른다고 말하려고 한다면 명백한 난센스다. 왜냐하면 그렇게 말한다면 의무 개념이 도덕으로부터 저절로 사라져 버릴 것이기 때문이다."(370) 칸트가 보기에 만일 법과 정치의 갈등이 있다면 주관적 갈등인데 그것은 이성의 준칙에 따르지 않으려는 "이기적 성벽"(379) 때문이다. 물론 도덕적 정치가는 이 갈등을 극복한 사람이거나 극복하고 있는 사람일 것이다. 정치가 도덕에 따를 수 있다는 칸트의 주장은 한마디로 '너는 해야만 한다. 그러므로 할 수 있다'이다.

V. '가족으로서의 유럽'인가 '국제 연맹'인가?

1. 헤겔: 가족으로서의 유럽

(1) 헤겔은 국가들의 관계가 법적일 수는 있지만 이 관계를 규정하는 법은 오직 '당위'로만 머무를 수밖에 없다고 본다. 왜냐하면 "그 자체로

권리인 바의 것을 국가에 대해 결정하고 이 결정을 실현하는 그 어떤 힘이 없기 때문이다."(497) 다시 말해 "국가들 간에는 그 어떤 집정관(Prätor)도 없으며 기껏해야 심판(Schiedsrichter)과 중재자(Vermittler)만 있을 뿐인데 그것도 오직 우연적인 방식으로, 즉 특수한 의지들에 따라 그러하다"(500)는 것이다. 다시 이 힘이 불가능한 것은 주권적 자립성을 가진 각국은 "상호 조약을 맺기는 하지만 동시에 이러한 조약 맺음을 초월해 있기"(498) 때문이다. 요컨대 헤겔에서 각국의 절대적 주권과 국제 권력은 양립 불가능하다.

(2) '각 주권과 양립 불가능한 국제 권력'에 입각하여 헤겔은 칸트의 영구 평화 기획을 정면으로 비판한다. "저 보편적 규정(칸트의 영구 평화를 위한 확정조항으로서의 국가들의 연방 – 필자)은 따라서 당위(Sollen)에 머무는데"(500), 그 이유는 "국가들의 연맹(Staatenbund)을 통한 영구 평화라는 칸트적 표상은 … 국가들 간의 일치를 전제로 하는 바, 이 일치는 도덕적, 종교적 혹은 그 외의 어떤 근거와 고려, 즉 특수한 주권적 의지에 늘 근거할 수밖에 없어서 이를 통해 우연성과 결부되어 머무를 수밖에 없기"(500) 때문이다. 결국 헤겔에서는 '전쟁 상태로 되돌아갈 수 없음'을 의미하는 칸트의 '영구'(ewig) 평화는 불가능하고 "조약에 부합하는 관계의 상태와 이 관계가 지양된 그러한 상태가 번갈아 일어나는 그런 상태"(500)만, 즉 일시적 평화와 일시적 전쟁의 영원한 교체만 가능하다. "국가들 간의 관계는 국가들의 주권성을 원칙으로 가지기 때문에 국가들은 그런 한 상호 자연 상태에 있다."(499)

(3) 흥미롭게도 헤겔은 국제 관계론의 말미에 '가족으로서의 유럽'이라는 구상을 보여 준다. "유럽 민족국가들(Nationen)은 그들의 입법, 인륜, 교양(Bildung)의 보편적 원칙에서 보자면 하나의 가족을 이루며, 따라서 그 외 상호 화를 가하는 것이 지배적인 경우에서는 국제법적 조처는 이에 따라(입법, 인륜, 교양의 보편성에 따라 – 필자) 스스로 변한

다"(502, 503)는 것이다. 물론 이 발언은 우선적으로는 칸트의 국제 연맹을 겨냥하는 것으로 보인다. 유일한 이념으로서의 국제 연맹이 아니라 구체적 유럽 민족들의 사실적 국제, 인륜, 교육 등의 '가족 유사성'이 이미 상호 공존을 가능케 하고 있으며 이들 국가 간의 불화가 있을 경우, 굳이 국가들의 연맹이라는 이념이 없이도 이 가족 유사적 요소가 불화를 조절하는 국제법적 조처들을 마련해 낸다는 것이다. 그러나 읽기에 따라서는 칸트적 국가 연맹에 대한 헤겔의 (소극적) 대안이랄 수도 있다. 왜냐하면 주권적 자립성을 가진 국가들이라 하더라도 입법, 인륜, 교양이라는 보편적 토대의 공통성에 기반하여 '가족'을 이룰 수 있다고 보는 것으로 해석할 수 있기 때문이다.

2. 칸트: 국제 연맹

(1) '국제 관계에서 권리인 것을 결정하고 이 결정을 실현하는 힘이 없기 때문에 국제법은 당위에 그칠 수밖에 없다'는 헤겔의 주장에 대해 칸트는 무어라 할 것인가? 그의 응답은 그의 '국제 연맹'에서 찾아야 한다. 칸트는 그의 영구 평화를 위한 제2의 확정조항으로 "국제법(Völkerrecht)은 자유로운 국가들의 연맹(Föderalism)에 기초해야 한다" (354)를 제시한다. 무법 상태의 개인들이 자신의 권리를 보장받기 위해 공화제로 이행해야 하는 것과 마찬가지로 국가들도 국가 간의 무법 상태를 벗어나 유사한 체제로 이행해야 한다는 것이다. 그러나 개인의 경우와 국가의 경우는 다른데 그것은 개인들이 권리를 보장받기 위해 공화제로 이행하는 것은 문자 그대로 무법 상태에서 법적 상태로의 이행이지만 국가들은 내적으로 이미 법적 상태를 이루고 있기 때문이다. 그리고 이미 '법적 상태를 이루는 한 국가를 다른 국가(그것이 이웃 국가이건 아니면 상위의 국가, 즉 '국가들의 국가' [12]이건)의 법체계로 들어가게 하는 것은 국제법에 따라서는 타당할 수 없다.'(355) 왜냐하면 이

것은 '한 국가의 국민의 권리를 부정하는 것이기 때문이다.' (345) 그래서 칸트는, 비록 유보적인 표현이긴 하지만, "국제 국가(Völkerstaat)에는 하나의 모순이 있을 것이다"(354)라고 말하고, "국가 간에는 상하 관계가 있을 수 없기 때문에 국가들 간에는 처벌 전쟁이 생각될 수 없다"(346)라고 말한다. 칸트의 '국제 연맹'은 '법적 상태 진입의 의무'와 '모순으로서의 국제 국가'라는 두 전제로부터의 결론이다. 그렇다면 국제 연맹은 어떤 종류의 계약에 기초하는가? 칸트에 따르면 국제 연맹은 "국가의 이런저런 권력의 그 어떤 획득도 목적으로 하지 않으며 단지 한 국가 자체의 자유의 유지(Erhaltung)와 보장(Sicherung)을 목적으로 하며 동시에 다른 연맹 국가들의 자유의 유지와 보장을 목적으로 한다."(356) 이 목적의 제한성 때문에 "이때 이 국가들(연맹에 가담한 국가들 – 필자)은 (자연 상태의 인간들처럼) 공법(öffentliche Gesetze)과 이 공법의 강제에 복종할 필요가 없다"(356)는 것이다. 한마디로 (탈퇴와 가입이) 자유로운 국가들의 (불가침) 연맹이, 세계 국가적 공권력이 없이, 국가들의 자유를 유지하고 보장한다는 것이다.[13]

(2) 현실은 항구적 자연 상태일 뿐 영구 평화는 불가능하다는 헤겔과는 반대로 칸트는 다음과 같이 영구 평화를 전망한다. "영구 평화로 인도하는 연맹의 이러한 이념의 실현 가능성(객관적 실재성)은 스스로 드러난다. 왜냐하면 만약 운 좋게도 하나의 강력하고도 계몽된 민족이 (그 본성상 영구 평화로 향할 수밖에 없는) 하나의 공화국을 이룰 수 있다면 이 공화국은 다른 국가들에게, 자신을 다른 국가들과 연결하기 위한, 그리하여 국가들의 자유 상태를 국제법의 이념에 따라 확보하고 자신을 이러한 종류의 다양한 결합을 통해 점점 더 확장시킬 수 있기 위한, 연맹적 통일의 중심점을 제공할 것이기 때문이다."(357)[14]

(3) 칸트가 언급한 세계 국가는 헤겔의 '가족으로서의 유럽'의 대척점에 서 있다. 왜냐하면 국가들 간의 체제 차이, 교양 차이, 인륜의 차이

를 전적으로 추상한 지구적 차원의 공화주의적 국가가 세계 국가일 것이기 때문이다. 그런데 칸트는 세계 국가의 이념을 포기했는가? 칸트의 말을 바로 들어 보자. "상호 관계에 있는 국가들에 대해 있을 수 있는, 순수한 전쟁을 포함하는 무법적 상태로부터 탈출하는, 이성에 따른 방법은 이들 국가들이 마치 개별적 인간들처럼 자신들의 야만적 (무법적) 자유를 포기하고 스스로를 공적인 강제 법칙에 내맡기고 그리하여 하나의 (물론 지속적으로 성장하는) 국제 국가(Völkerstaat), 최종적으로 지상의 모든 국가들을 포괄할 그런 국제 국가를 건설하는 방법 외에는 없다."(357) 그렇다면 왜 '국제 국가'가 안 된다는 것인가? 칸트에 따르면 "그러나 이들 국가는 국제법에 대한 그들의 이념에 따라서는 이런 일을 원하지 않기 때문에, 따라서 이론에서 옳은 것이 현실에서는 폐기되기 때문이다."(357) 이론 아래(in hypothesi)의 현실에서는 '타국에 맞서 자신의 권리를 주장하는' (354) 각국 때문에, 다시 말해 국가 간에는 다스리는 국가와 다스림을 받는 국가가 있어서는, 즉 "상하 관계가 있어서는 안 된다"(346)고 주장하는 각국 때문에 국제 국가의 기획이 폐기된다는 것이다. 그래서 국제 연맹이 등장한다. "세계 공화국이라는 적극적 이념의 자리에 (만일 모든 것을 잃어버리지 말아야 한다면) 전쟁을 방지하는 존립하면서 점점 확장되는 연맹이라는 소극적 대리(代理, Surrogat)가 법을 혐오하는 적대적 경향을 제어할 수 있을 것이다." (357) 국제 연맹은 국제 국가의 전적인 부정이 아니라 이것의 이념을 현실에서 대표하는 대리라는 것이다.[15] 이 점에서 칸트는 세계 국가의 공적 강제 법칙에 입각한 공권력을 최소한 이론적으로(in thesis)[16]는 포기하지 않았다. 이는 칸트가 각국의 권리와 국제 국가의 권리 간의 모순이 결국에는 지양될 수 있는 것으로 (혹은 지양되어야 하는 것으로) 보았다는 것을 함축한다.

Ⅵ. 현실적 '세계정신' 인가 희망의 '자연' 인가?

1. 헤겔의 세계정신

국제 관계에서 부정되었던 '집행관'은 헤겔에서 '더 높은 차원에서' (503) 등장하는데 그것이 "보편적이고 즉 대자적으로 존재하는 정신, 즉 세계정신"(503)이다. 이로써 법철학(국제 관계론)은 역사철학으로 이행한다. 이 세계정신은 동요(schwankend)하는 국가 관계 내에서 등 장하는데 헤겔은 이 동요하는 관계를 다음과 같이 상술한다. "국가들은 국가들의 상호 관계 내에서 특수한 국가들이기 때문에 이러한 국가들 의 상호 관계 내로, 외적 우연성 외에도, 격정(Leidenschaft), 관심, 목 적과 같은 내적 특수성, 재능과 덕이라는 내적 특수성, 힘이라는 특수 성, 불법과 악덕이라는, 최고로 생생한 내적 특수성의 유희(Spiel)가, 현상의 가장 위대한 차원에서, 진입한다. 이 유희는 인륜적 전체 자체, 국가의 자립성이 그 속에서 우연성에 내맡겨진 그런 유희이다."(503) 요컨대 국가들의 관계는 '각국의 고유한 힘들의 유희'와 다름없다는 것 이다. 이 힘들의 유희와 이를 관통하는 정신을 헤겔은 다음과 같이 말하 고 있다. "민족정신들(Volksgeister)들의 운명과 행위는 민족정신들의 상호 관계 내에서 이러한 정신들의 유한성의 현상하는 변증법(die er- scheinende Dialektik der Endlichkeit dieser Geister)인바, 이 변증법으 로부터 보편적인 정신, 세계정신(Geist der Welt)이 무제약적인 것으로 자기 자신을 드러내는데, 동시에 이 세계정신은 세계 법정(Weltge- richt)으로서의 세계사 내에서 자신의 법 — 그의 법은 모든 것의 최고 인 법인데 — 을 민족정신들에게 행사하는 바로 그런 정신으로 존재한 다."(503) 익히 알려진 대로 이러한 헤겔의 세계정신은 '동양적 민족정 신'(§355), 그리스적·로마적 민족정신(§356, 357)을 거쳐 게르만적 민족정신(§358)에 이르는 과정에서 자신을 드러낸다.[17] 결국 그 어떤 최종 단계도 '민족국가'의 차원을 넘지 않는 것이다.

2. 칸트의 합목적적 자연

헤겔이 말하는 '힘들의 유희, 변증법'의 상대를 칸트의『영구 평화론』
에서 찾는다면 '언어적, 종교적 차이와 상업 기질을 통해 국제 관계에
서 평화를 원하는 자연의 합목적성'이다. (영구 평화를 위한 추가조항
1) 칸트는 이론적 통찰이 불가능한 '섭리'(Vorsehung)라는 용어 대신
실천적으로 유의미한 '합목적적 자연'이라는 말을 사용한다. 그래서 칸
트는 자연이 (한 국가가 다른 국가를 강제적으로 병합하려고 할 때의
장애로서의) 민족들 간의 언어적 · 종교적 차이 및 (자유로이 타국을 방
문하는 것을 촉진하는) '상업적 기질이라는 인간적 경향성의 메커니즘'
을 통하여 영구 평화를 보장한다고 주장한다. 그러나 우리가 주목해야
하는 것은 이 보장이 "영구 평화라는 미래를 (이론적으로) 예언할 만큼
충분한 확실성을 가지지는 않지만 그럼에도 실천적 견지에서는 충분한
확실성, 이러한 (단순히 환상적이지만은 않은) 목적을 겨냥하는 것을
의무로 만드는 그러한 확실성"(368)이라는 주장이다. 그러므로 칸트의
'영구 평화를 원하는 자연'은 이론적 인식의 대상이 아니라[18] 즉 실제
세계의 행정(行程)이 아니라, 도덕적 정치가가 평화를 모색할 때 (추가
적으로) 생각할 수 있는 것이다. 그러므로 칸트의 합목적적 자연은 도
덕적 정치가가 영구 평화를 실현하기 위해 노력할 때 사용할 수 있는 실
천적 방법론이랄 수 있다.[19] 요컨대 헤겔의 섭리가 민족정신들을 관통
하는 현실적 법칙이라면 칸트의 자연(섭리)은 도덕을 실행함에 있어서
의 '희망'의 대상이다.

VII. 맺는말

이상, 국제 관계론에서 헤겔과 칸트의 차이를 정리해 보면 다음과 같다.

첫째, 헤겔은 '이성적 현실태로서의 국가'를 강조하는 반면 칸트는 '국가의 당위로서의 이성성'을 강조한다.

둘째, 전쟁은 헤겔에서 이성적 국가의 '이성적 행위'일 수 있지만 칸트에서는 권리 부정, 즉 '불의'이다.

셋째, 한 국가의 대타 행위의 원칙은 헤겔에서 '안녕'(좋음)이지만 칸트에서는 '법의 이념'(옳음)이다.

넷째, 세계 국가는 헤겔에서 '논리적으로' 불가능한 어떤 것이지만, 칸트에서는 '현실적으로' 불가능한 어떤 것, 그리하여 그것의 현실적 대리로 국제 연맹이 모색될 수 있는 어떤 것이다.

다섯째, 헤겔의 섭리(세계정신)는 힘들(민족국가들)의 유희를 통해 드러나는 '현실적인 어떤 것'이지만, 칸트의 자연(섭리)은 의무(영구 평화) 수행 시 '희망할 수 있는 어떤 것'이다.

끝으로 이상의 양자 사이의 차이와 관련한 나의 평가를 간략히 피력하면 다음과 같다.

첫째, 헤겔은 '입법, 교양, 인륜을 공유한 인륜적 공동체로서의 민족국가'를 중심 가치(이성적 현실태)로 두고 국제 관계는 어디까지나 이 가치를 보전하기 위한 장소 정도로 보는 것 같다. 그러나 헤겔은 그 반대의 가능성, 즉 민족 단위를 넘어서는 가치가 한 국가의 이성성을 규정할 가능성을 과소평가하는 것 같다. 나의 물음은 '복·덕(법) 일치의 상태(로서의 지상의 하나님 나라)'를 민족국가에 국한시키는 것이 과연 정당하냐는 것이다.

둘째, 헤겔은 전쟁과 관련하여 지나치게 낙관적인 것 같다. 은폐된 인간의 사악성이 국제 관계에서 적나라하게 드러날 가능성을 헤겔은 간과하는 듯이 보인다. 이런 우려는 헤겔 사후 전쟁의 전개 양상이 '인간적 전쟁'이라기보다는 '잿더미 위의 평화', 즉 절멸 전쟁의 경향성 (군인과 민간인의 구별 및 전방과 후방의 구별을 무의미하게 만드는, 기술공학적 발전에 의해 뒷받침된, 핵무기를 비롯한 대량 살상무기)을 띠는 것을 고려하면 더 증폭된다.

셋째, 그러므로 전쟁에 대처하는 국제적 차원의 규범이 필요하고 따라서 국제 관계에서 드러나는 인간의 사악함에 대처하여 국가 단위를 넘을 수 있는 인간의 심급(칸트의 경우 '공적 이성')을 철학적으로 모색하는 것은 불가피하다.[20]

넷째, 국제 규범의 구속력 문제와 관련한 헤겔의 칸트 비판, 즉 소위 '칸트적 당위의 공허함'이라는 비판, 말하자면 '너는 할 수 있다, 왜냐하면 너는 해야만 하기 때문이다'라는 명제가 규범주의적 오류추리를 범한다는 헤겔의 비판은, '규범의 사태 창조 능력'을 과소평가하는 것 같다. 예를 들어 국제기구(유엔, 국제사법재판소 등)가 갖는 제한적 구속력이 이 기구들의 폐지의 논거가 되기보다는 오히려 합의 가능한 구속력을 모색하는 출발점이 되는 것(혹은 되어야 하는 것)처럼.

다섯째, 칸트의 역사철학이 인간의 책임을 섭리에 방기하는 것이라는 헤겔의 비판은 역사철학과 도덕철학의 칸트적 관계, 즉 '사실과 당위의 매개로서의 역사 해석'을 도외시한 것이다. 오히려 헤겔 역사철학의 '힘들의 유희의 변증법'에 '자연주의적 오류추리'의 혐의를 두는 것도 가능하다. 예를 들어 설령 미국이 힘들의 유희의 현재적 최종 표현이라 하더라도 '왜 팍스 아메리카나(Pax Americana)여야 하는가'의 물음은 남는데 헤겔의 역사철학이 이런 물음의 여지를 제공하고 있지 않은가 하는 것이다.

제10장 주

1 외적 국가법(das äussere Staatsrecht)이란 '다른 국가와 관계함에 있어 한 국가의 권리, 혹은 법'의 의미이다. 국제법(Völkerrecht)이 아니라 외적 국가법이 제목으로 등장한다는 것은 헤겔이 국제법의 위상을 개별국가들의 권리의 종속변수로 본다는 것을 함축한다.

2 G. W. F. Hegel, *Grundlinien der Philosophie des Rechts*, in: *Werke in Zwanzig Bänden*, Bd. 7, Frankfurt am Main, 1970, 498. 이하 괄호 안의 숫자는 이 책의 쪽수.

3 I. Kant, *Zum ewigen Frieden*, Akademie Ausgabe VIII, 349, 350. 이하 괄호 안의 숫자는 이 책의 쪽수.

4 헤겔은 『법철학 강요』의 '내적인 국가법', '타자에 대한 주권성'에서 국가의 "개인성에는 본질적으로 부정이 포함되어 있다"고 말하고 "전쟁을 통해 국민들(Völker)은 강해질 뿐만 아니라 민족국가(Nation)들은 … 대외적 전쟁을 통해 내적 평온(Ruhe)을 얻는다"(494)고 주장한다.

5 헤겔에 따르면 민족국가(Nation)의 인륜이란 "모든 관계하에서도 자신을 유지하는 처신(Betragen)의 보편성"(502)이다.

6 "국가들 간에는 처벌 전쟁이 생각될 수 없다. 왜냐하면 국가들 간에는 상하 관계가 있을 수 없기 때문이다"(346)라는 칸트의 주장도 단지 국제적 공권력의 불가능성만을 함축할 뿐 전쟁권의 옹호를 함축하지 않는다.

7 칸트는 그의 1784년 『세계시민적 관점에서 본 보편사의 이념』이라는 저작에서 "완전한 시민적 정치 체제를 확립하는 문제는 합법적 국제 관계의 문제에 의존하며 이 후자의 해결 없이는 해결될 수 없다"고 말한다. (I. Kant, *Idee zu einer allgemeinen Geschichte in weltbürgerlicher Absicht*, Akademie Ausgabe VIII, 24) 그러나 1795년의 『영구 평화론』에서는 이런 생각이 명시적으로 표명되지는 않는다.

8 명백히 이것은 '자연은 전쟁, 언어적 · 종교적 차이, 상업적 기질을 통해 평화를 원한다'라는 칸트 영구 평화의 추가조항에 대한 비판이다. 이에 대한 칸트적 대응으로는 이 장 VI.2 참조.

9 그런데 칸트의 영구 평화 기획은 정확히 말하면 인간애적 사상(philanthropologisher Gedanke), 즉 윤리학(Ethik)에 기반하는 것이 아니라 '인권 존중적 사상', 즉 법론(Rechtslehre)에 근거한다. 도덕(Moral)의 두 의무로서의 인간 사랑(Menschenliebe)과 인권 존중(Achtung fürs Recht der Mensche) 및 각각 이에 대응하는 영역으로서의 윤리학(Ethik)과 법론(Rechtslehre)에 대한 칸트의 언급으로는 『영구 평화론』, 385 참조. 그리고 칸트에서 윤리적 공동체와 법적 공동체의 차이에 주목하여 '정치적 영구 평화'의 목적론적 성격을 부각시킨 글로 J. G. Kim, "Moral zum ewigen Frieden. Eine teleologische Lektüre von praktischer Philosophie Kants, in: *Recht und Frieden in der Philosophie Kants*, Bd. 3, Berlin, 2008, 209-214 (특히 209-211) 참조.

10 세계시민사회에서의 영구 평화를 정점으로 하는 칸트 역사철학의 (마르크스주의 대비) 반행복주의에 대해서는 이 책의 11장 「칸트에서 유토피아와 진보」, II 참조.

11 그래서 칸트는 "덕의 수호신(Grenzgott der Moral)은 (힘의 수호신인) 주피터에 굴복하지 않는다. 주피터도 운명(Schicksal)에 예속되기 때문이다"(370)라고 말한다.

12 칸트는 이 '국가들의 국가'를 세계 공화국(Weltrepublik)(357), 국제 국가(Völkerstaat)(357), 시민적 사회연방(bürgerlicher Gesellschaftbund)(356)으로 표현한다.

13 이와 관련하여 "… 국제법은 공법(öffentliches Recht)으로서 그 자체 개념 속에 각 국가에게 그의 권리를 부여하는 일반의지의 공표(Publikation)를 포함하고 이러한 법적 상태가 어떤 계약(한 단일 국가를 성립시키는 계약과 같은)에서부터 귀결되어야 하기 때문이다. 그 계약은 반드시 강제법에 근거할 필요는 없고, 오히려 이전에 언급된 국제 연맹에서처럼 자유롭고 지속적인 연합의 계약일 수 있다"(383)라는 칸트의 발언 참조.

14 이 공화국은 프랑스를 가리키는 것 같다. 자신의 최종적 역사철학적 입장을 개진하고 있는 것으로 보이는 『학부들의 전쟁』, 2부 「다시 제기된 물음. 인류는 더 나은 상태로 꾸준히 진보하고 있는가?」에서 칸트는 진보 능력으로서의 도덕적 소질을 지시하는 경험적 사건으로 프랑스 혁명을 지켜보는 관객들에게서 환기된 "열정에 가까운 공감"(85)이라는 인간학적 사건을 거론한다. 그러면서 그는 "저 사건이 너무도 위대하고 너무도 인간성의 관심과 착종되어 있으며 그것이 세상에 미친 영향과 관련해서 보자면 세상의 모든 부분으로 매우 광범위하게 확산되어서, 더 좋은 상황을 유발함에 있어 여러 민족들에게 기억되지 않을 수 없고 이런 종류의 새로운 시도의 반복을 일깨울 것이기 때문에" "퇴행적이지 않은 진보"(이상 88)가 가능하다고 말한다. (*Der Streit der Fakultäten*, Akademie Ausgabe VII. 괄호 안의 숫자는 해당 쪽수) 이와 관련하여 이 책의 11장 「칸트에서 유토피아와 진보」, III 참조.

15 '국제 연맹과 국제 국가 사이에 있는 칸트'와 관련한 오늘날의 칸트주의자들(하버마스, 회페, 롤스)의 입장을 정리한 글로 김석수, 「세계시민주의에 대한 현대적 쟁점과 칸트」, 『칸트연구』, 27집, 2011 참조.

16 그렇다면 이때의 '이론'은 무엇을 가리키는 것일까? 인간애를 명하는 윤리학(Ethik)일까 아니면 인권 손상 금지를 명하는 법론(Rechtslehre)일까? 다시 말해 이 이론은 지상에서의 하나님 나라(덕의 공화국으로서의 종교적 공동체)를 지향하는가 아니면 법의 나라로서의 세계시민사회를 지향하는가?

17 헤겔적 관점에서는 이 변증법의 현대적 귀결, 세계정신의 현대적 표현이 '팍스 아메리카나(Pax Americana)'라고 말할지도 모른다.

18 그렇지만 악을 통해 선이 진보한다는 변신론은 "너무 높아서 우리가 파악할 수 없는 최상의 힘의 (지혜)라는 개념을 이론적 견지에서는 상정할 수 없을 것이다"라고 한 칸트의 언급(380) 참조.

19 이에 대해서는 이 책의 8장 「이성에 의한, 자연을 통한 평화」, III.2 참조.

20 이와 관련하여 "다시 칸트로(Zurück zu Kant)!"는 아니라 할지라도 "칸트 이전으로 후퇴 불가(Kein zurück hinter Kant)!"를 주장하는 H. Klenner, "Pax Kantiana versus Pax Americana", in : Sitzungsberichte der Leibniz-Sozietät, 2004, 46 참조.

칸트에서 유토피아와 진보: 칸트와 마르크스

I. 프랑스 혁명의 철학자 칸트

청년 마르크스는 칸트 철학을 "프랑스 혁명의 독일 이론"[1]이라고 평가한다. 말하자면 '프랑스 혁명의 철학자 칸트'라는 이러한 평가는, 그 의도에 상관없이, 『학부들의 전쟁』의 칸트를 볼 때 틀리지 않은 것 같다. 이 저작의 2부 「다시 제기된 물음. 인류는 더 나은 상태로 꾸준히 진보하고 있는가?」는, 아래에서 밝혀지겠지만, '프랑스 혁명에 의해 지시되는 유토피아 및 이를 향한 진보를 철학적으로 정당화하는 글'이라 해도 과언이 아니기 때문이다. 그렇다면 칸트가 프랑스 혁명을 목도하면서 옹호하려 했던 '유토피아'란 무엇인가? 그리고 역사가 이러한 칸트적 유토피아를 향해 '진보'하고 있다는 것을 우리는 어떻게 알 수 있는가? 만일 이러한 진보가 우리의 노력과 상관없이 이루어지는 것이 아니라면 진보를 위해 '행해져야 할 것'은 무엇인가? 결국 칸트의 유토피아는 마르크스에 의해 '극복'되었는가?

　나는 아래에서 이와 같은 물음들을 중심으로 칸트 말년의 역사철학 저술인 『학부들의 전쟁』, 2부 「다시 제기된 물음. 인류는 더 나은 상태로 꾸준히 진보하고 있는가?」[2]에 나타난 칸트적 유토피아의 특성을 고찰하고 그 현재적 의의를 부각시키고 싶다.

II. 몽상가의 꿈: 세계시민사회를 향한 진보

칸트는 「다시 제기된 물음. 인류는 더 나은 상태로 꾸준히 진보하고 있는가?」에서 자신을 "선량한 몽상가" 혹은 "세상 물정 모르는 서생(書生)"으로 자처한다.[3] 그가 몽상가 및 꿈으로 의미하는 것은 각각 유토피아주의자 및 유토피아에 다름 아니다. 칸트 스스로 "플라톤의 아틀란티카, 모어의 유토피아" 등과 같은, "이성의 요구에 부합하는 정치체제"를 희망하는 것은 "달콤한 꿈"이라고 고백하고 있기 때문이다.[4] 이러한 정치체제를 희망하는 것이 '꿈'인 것은 물론 현재 실현 불가능하기 때문이지만 (따라서 이러한 체제를 위해 현존하는 국제를 철폐하도록 부추기는 것은 벌 받을 일이지만[5]), 그럼에도 칸트에 따르면 이 정치체제는 우리의 공상의 산물이 아니라 오히려 세계 창조 시 신적 사유 속에 있는 청사진, 즉 신의 세계 창조의 목적이라 할 만한 것이다.[6] 그래서 칸트는 이러한 이념적 공동체, 즉 "인간의 자연권과 합치하는 정치체제의 이념, 다시 말해 법칙에 복종하는 사람들이 동시에, 통일적으로, 입법적이기도 해야 하는 그런 정치체제의 이념"에 "적합하게(gemäß) 순수 이성 개념에 의해(durch) 생각되었다는 점에서 플라톤적 이상(예지적 공화국, respublica noumenon)을 의미하는 공동체"가 "모든 시민적 국제 일반의 영원한 규범"이라고 말할 수 있었던 것이다.[7]

엄밀히 말하자면 규범으로서의 예지적 공화국(respublica noumenon)이 바로 유토피아인 것은 아니다. 유토피아가 역사의 목적으로서의 이상(理想)이려면 예지적 공화국의 현시(顯示)로서의 현상적 공화국(respublica phaenomenon), 즉 "이 규범에 맞게 조직된 시민사회,"[8] 그리고 이러한 시민사회들로 이루어진 "세계시민사회"[9]여야 하는 것이다.

그리고 이것이 역사의 목적인 것은 '모든 선의 파괴자로서의 전쟁을 멀리할 수 있음'이라는 내용을 가지기 때문이다.[10] 결국 유토피아주의자 칸트가 꾸는 꿈의 '달콤함'은 전쟁 부재, 즉 '평화'에 기인한다.

그러나 만일 이 달콤함이 '인간의 자연권과 합치하는 정치체제하에서'라는 조건을 충족하지 않는 것이라면, 그래서 예를 들어 국민의 권리가 전혀 인정되지 않는 상태에서의 통치자의 자선에 의한 국민의 행복이라면 칸트적 유토피아와 관계없다.[11] 이것이 함축하는 것은 칸트의 유토피아가 쾌적함의 향유, 복지에만 주목하는 기술공학적 유토피아와는 관계없다는 것이다.

칸트의 유토피아가 역사의 목적이라면 '진보'는 이 목적으로의 접근을 의미할 것이다.[12] 그런데 칸트에서 이 진보는 '인간의 새로운 종족의 출현'도 아니고, "인류에 있어서의 도덕적 토대"의 증가도 아니며, 단지 "합법성의 산물의 증가", 말하자면 (전 지구적 규모의) 법화(法化, Ver-rechtlichung)이다.[13] 칸트는 진보가 "심정 내의 도덕성의 점차로 증가하는 양(量)"[14]에 있지 않다는 것을 반복하여 강조한다. 그래서 그가 주목하는 역사는 "인간들의 유(類)개념(singulorum)에 따른 도덕사가 아니라 사회적으로 지구상에서 통일된, 민족으로 나뉜 인간들 전체(uni-versorum)에 따른 도덕사"[15]이며 그가 주목하는 인간은 "전체에 있어서의 인류, 즉 개인에 따라 고찰되지 않고(그렇게 되면 하나의 끝나지 않는 계산이 야기되므로) 지구상에서 민족들과 국가들로 나뉜 채로 만나지는 인류"[16]이다.

III. 열정: 진보 능력의 현시

칸트 역사철학의 고유 주제는 인류의 역사가 세계시민사회를 향한 진보의 과정에 있다는 것을 정당화하는 일이다. 이 일은 달리 표현하자면

'이러한 유토피아를 향해 인류가 진보한다는 것을 우리가 어떻게 알 수 있는가'라는 물음에 답하는 일이다. 그런데 칸트에 따르면 이 물음에 답하는 것은 자연법칙에 호소해서는 불가능하다. 왜냐하면 인간에 대해서는 특정 시점의 그의 행위를 원인으로 삼아 그 이후의 행위를 결과로 예견할 수 (있는 자연법칙이) 없기 때문이다. 인간은 자유로이 행위하는 존재자들, 즉 "그들이 해야만 하는 것을 미리 지시할 수는 있어도 그들이 할 바의 것을 미리 말할 수는 없는" 존재자들인 것이다. 그래서 칸트는 "진보라는 과제는 경험을 통하여 직접적으로 풀어질 수 없다"라고 말한다.[17]

그러나 칸트는 '경험을 통하여 직접적으로'가 아니라 이를테면 '경험을 통하여 간접적으로' 진보를 정당화하려고 시도한다. '경험을 통한 간접적 정당화'란 '인간의 진보 능력을 지시하는 경험적 사태'를 확보하는 것이다. '어떤 가시적, 경험적 사건'이 비가시적 도덕성의 현시, 즉 도덕성의 "역사적 상징"[18]이라면, 그리고 이 도덕성이 진보의 원인이라면, '경험을 통해 간접적으로' 진보가 정당화될 수 있다는 것이다.

'인간의 진보 능력인 인간의 도덕적 소질을 지시하는 경험적 사건'은 칸트가 목도한 프랑스 혁명과 관련된다. 흥미로운 것은 이 사건이 프랑스 혁명의 주체들의 '정치체제 전복 행위'가 아니라 이 혁명을 보는 관객들에게서 발견되는 "열정에 가까운 공감"[19]이라고 하는 칸트의 발언이다. "정서가 동반된 선에의 이러한 공감, 즉 열정(Enthusiasm)"[20]은 "순수하게 도덕적이면서 이상적인 것만을 지향할 뿐, 사적 이익에 접붙을 수 없다"[21]는 것이다. 그래서 '프랑스 혁명을 목도하는 관객들에게서 발견되는 열정'이라는 '인간학적' 사건이야말로 "인류의 도덕적 경향성을 입증하는 우리 시대의 한 사건"[22]이라고 칸트는 말한다. 요컨대 어떤 행위의 배후에 "원칙 내에 있는 어떤 도덕적인 것"[23](말하자면 프랑스 혁명의 슬로건이었던 자유, 평등)이 있다는 것을 지시하는 경험적 사태는 그 행위 자체라기보다는 그 행위를 목도하는 관객들의 열정이라는 것이다.

칸트는 이러한 열정의 경험이 망각될 수 없다고 말한다. "저 사건은 너무도 위대하고 너무도 인간성의 관심과 착종되어 있으며 그것이 세상에 미치는 영향과 관련해서 보자면 세상의 모든 부분으로 너무 광범위하게 확산되어서, 더 좋은 상황을 유발함에 있어 여러 민족들에게서 기억되지 않을 수 없고 이런 종류의 새로운 시도의 반복을 일깨울 것이기 때문에,"[24] 설령 특정 시기 특정 장소에서 진보를 향한 노력이 좌절된다 하더라도 "지금으로부터 더 이상 완전히 퇴행적이지는 않은 진보"[25]가 가능하다는 것이다. 내가 보기에 '진보 능력의 현시로서의 열정' 및 '이 열정의 망각 불가능성에 입각한 진보의 확실성 예언'은 칸트의 여타의 역사철학적 저작(예를 들어 『세계시민적 관점에서 본 보편사의 이념』, 『영구 평화론』)에는 등장하지 않는, 『학부들의 전쟁』만의 고유성을 이룬다.[26]

열정이 진보를 전망하는 '적극적' 근거라면, 칸트가 이전의 역사철학적 저작들에서 언급한 바 있고 이 저작에서도 여전히 (그러나 축소되어) 등장하는 "비사교적 사교성(ungesellige Geselligkeit),"[27] 즉 '평화에의 욕구를 낳는 항쟁심'은 진보를 전망하는 '소극적' 근거라고 할 수 있다. 칸트는 교육과 문화화를 통한 진보가 가능할 것이라는 전망(인간에 의한 것이라는 의미에서 밑으로부터의 계획)을 거의 불가능한 것으로 보는 반면,[28] 전쟁을 통한 진보가 가능할 것이라는 전망(섭리에 의한 것이라는 의미에서 위로부터의 계획)은 옹호한다. 그래서 『영구 평화론』의 '평화를 보장하는 자연'이 여기서는 "소극적인 지혜"[29]로 등장한다. "현재의 전쟁들이 나중에 불러올 고통은 정치적 예언가로 하여금 인류의 더 나은 상태로의 임박한 전환을 고백하도록 강요할 수 있다"[30]는 것이다.

IV. 진보를 위한 정치적 의무

사실 공화국의 이념, 즉 "법칙에 복종하는 사람들이 동시에, 통일적으로, 입법적이기도 해야 하는 그런 정치체제의 이념"[31]은 그것의 실현의 전망을 묻는 역사철학의 대상이기 이전에 법철학의 대상이다. 이 이념이 실현될 수 있을 것인가 아닌가의 문제는 '실현되어야만 할 이념'의 문제, 즉 '왜 우리는 계약하여 법적 상태로 진입해야만 하는가'의 문제 다음에 온다는 것이다. 이 순서가 역전된다면 '우리의 노력 여하에 상관없이 이념이 실현될 수밖에 없다'는 식이 될 것인데 이것은 칸트가 주장하는 바가 아니다.[32] 칸트 식으로 말하자면 '해야만 하기 때문에 할 수 있다.'

그러므로 법철학의 적용론에 해당하는『학부들의 전쟁』에서 '진보에 대한 역사철학적 정당화'에 조응하여 등장하는 '당위'는 '유토피아가 실현되어야 한다거나 진보해야 한다'라는 '추상적 당위'(도덕적 원칙)가 아니라 '진보를 위해 무엇을, 누가 행해야 하는가'와 관련된 '구체적 의무'(정치적 의무)이다. 내가 보기에 이 의무는 대체로 다음의 세 가지로 정리된다. 공화제로 진입해야 할 의무, 철학자가 공화제로 국민을 계몽하거나 공화제를 통치자에게 요청하기 위해 필요한 공개성을 허용해야 할 의무, 공화제적으로 통치해야 할 의무.

자세히 보면『학부들의 전쟁』에서 거론되는 의무의 주체는 모두 정치가 및 통치가이다. "이러한 공동체(자연권과 합치하는 국제의 이념에 적합한 현실적 공동체 – 필자)는 그렇게 금방 가능하지 않기 때문에" 이 의무들은 "잠정적으로(vorläufig) 군주들의 의무"라는 것이다.[33] 금방 가능하지 않다고 말한 것은 칸트가 공화제로의 진입에 있어 통치자와 국민 사이에 속도차이가 불가피하다고 보았기 때문이라고 말할 수도 있다. 그러나 일반적으로 칸트의 말대로 정치가 "법의 실행론(ausübende Rechtslehre)"[34]인 한, 이 실행의 주체는 일차적으로 통치자일 수밖에 없다는 사태의 반영이라고 봐야 할 것이다.

칸트는 『영구 평화론』에서 통치자의 의무를 영원한 평화를 위한 예비조항, 확정조항, 비밀조항의 형태로 상술하면서, 영원한 평화를 위한 확정조항으로 공화주의 국가, 공화주의 국가들의 세계 연방, 세계시민권을 제시한 바 있다. 이 세 가지 확정조항은 『학부들의 전쟁』에서는 '공화제로 진입해야 할 통치자의 의무'로 압축되어 등장한다.[35] 물론 이 의무는 '공화제를 성취해야 할 의무'가 아니라 '공화제로 진입(eintreten)해야 할 의무'이다. 다시 말해 유토피아를 실현할 의무가 아니라 이 이념에 '꾸준히 접근해야 하는 의무'이다.[36]

그런데 만일 통치자가 공화제로의 진입의 의무를 절감하지 못할 경우에는 어떻게 해야 하는가? 이에 대처하기 위해서는 '공화제로 진입해야 할 통치자의 의무에 선행하는 어떤 의무'가 있어야 할 것이다. 칸트에 따르면 그것은 철학자가 "공개성(Publicität)"의 방식을 통해 "국민에게 그의 권리와 의무를 공적으로 가르치고" "국가가 국민들의 법적 요구를 들어주기를" 요청하는 것을 금지해서는 안 되는 통치자의 의무이다.[37] "공개성의 금지는 더 나은 상태로의 한 국가의 진보를 가로막는다"[38]는 것이다. 말하자면 철학자의 공적 계몽, 철학자의 공적 반론제기를 막아서는 안 될 의무는 진보의 전제 조건을 마련하는 의무이다.

공화제로의 진입의 의무, 이를 위한 공개성의 의무와 더불어 칸트가 제시하는 것이 "공화주의적으로 통치해야 할 의무, 즉 자유의 법칙의 정신에 적합한 그러한 원칙들에 따라 국민을 다루어야 한다는 통치자들의 의무"[39]이다. 그런데 이 공화제적 통치의 의무에 해당될 만한 다음과 같은 의무가 주목된다. 이 의무란 지배자들이 피치자들을 (전쟁의) 수단으로 사용해서는 안 될 의무이다. "지배자들이 인간을 그의 고유한 유(類, Gattung)로부터 벗어나게 해서 다음의 목적으로, 그리고 다음과 같은 유로 다루는 것, 즉 지배자들이 인간을 한편으로는 동물적으로, 다시 말해 그들의 의도의 단순한 도구로 부리려는 목적에 따른 유로 다루고, 다른 한편으로는 그들 간의 살육전쟁에 인간을 동원하려는 목적에 따른 유로 다루는 것", 이는 "창조 자체의 궁극목적의 전도"라는 것이다.[40] '국민을 통치자의 의도를 위한 수단으로 다루어서는 안 된다' 는 이러한 의무는 말하자면 칸트 도덕철학 원리론의 '목적 자체의 정식' 의 정치철학적 버전(내면적 도덕성 차원의 의무가 아니라 법적, 정치적 차원의 의무, 그것도 피치자의 의무가 아니라 통치자의 의무이므로)이라 할 만하다. 게다가 이 의무는 공화제에 진입하건 진입하지 않건 간에 통치자가 지켜야 할 의무이므로[41] 토대가 되는 정치적 의무라고 말할 수 있을 것이다.

V. 칸트의 유토피아는 극복되었는가?

이상을 요약하자면 다음과 같다. 유토피아주의자 칸트에게 유토피아는 세계시민사회이고 그가 보기에 역사는 이 세계시민사회를 향해 진보한다. 프랑스 혁명을 지켜보는 관객에게서 환기된 열정은 진보 능력으로서의 도덕적 소질이 인류에게 있다는 것을 입증하며, 이 열정의 인간학적 보편성과 망각 불가능성이 역사 진보 전망의 근거이다. 그리고 이러한 전망은 시민사회로 진입해야 할 의무, 공화제적 권리와 의무를 국민과 통치자에게 공표하는 것을 허용해야 할 의무, 국민을 수단으로 다루어서는 안 된다는 의무와 함께하는 전망이다.

유토피아 및 이를 향한 진보의 논의에서 칸트가 차지하는 현재적 의의(意義)의 첫 번째로 거론하고 싶은 것은 '반(反)행복주의' 이다. 칸트 실천철학이 원리적 차원에서 반행복주의라는 것은 새삼 거론할 필요가 없다. 앞에서(II) 살펴본 '권리 없는 행복은 무의미하다' 는 칸트의 주장

은 반행복주의가 그의 유토피아에도 관철된다는 것을 보여 준다. 칸트
가 말한, 유토피아에 대한 생각이 가져오는 달콤함은 '기술공학적 생산
력의 산물로서의 행복'이 아니라 '합법성의 산물의 증가에 말미암은 평
화'에서 기인한다. 말하자면 '행복할 자격이 있음으로서의 도덕성'(『실
천이성비판』의 변증론)의 정치철학적 버전은 '평화를 누릴 자격이 있
음으로서의 합법성'일 뿐이다. 이러한 반행복주의는 마르크스주의의
기술공학적 유토피아, 즉 "욕구를 만족시키는 생산력의 확대" 및 "노동
일 단축"을 그 토대로 하는 마르크스의 "자유의 왕국"[42] 및 (우리 시대
의 유토피아주의자) 블로흐(E. Bloch)의 "도락을 직업으로 갖는" "노동
의 저편에 있게 될 사회"[43]와 대비된다.

　유토피아 및 진보 기획의 칸트적 '절제'가, 특히 마르크스의 기획과
대비될 때, 부각되는 두 번째 측면은 그의 진보가 인간 본성에 내재한
도덕적 소질의 증가가 아니라 '합법성의 산물의 증가'이며, 따라서 그
의 유토피아가 '덕의 나라'가 아닌 '법의 나라'라는 점에 있다. 도덕성
의 진보가 아니라 도덕성을 원인으로 하는 '합법성의 산물의 증가'에서
진보를 보는 이러한 칸트적 방식은 "공산주의적 형제애와 동료애가 시
민주의를 대체하는 데"서 정치적 진보의 토대를 보는 마르크스적 방식
에 대비될 때,[44] 더 '신중'한 혹은 '냉정'한 것처럼 보인다.[45]

　칸트에 따르면 "인류가 더 나은 상태로 전진하는 중에 있어 왔으며
앞으로도 전진할 것이다"라는 명제는 "단지 호의에서 나온, 실천적 견
지에서 추천할 만한 가치가 있는 그런 명제가 아니라 모든 의심 속에서
도 가장 엄밀한 이론으로 유지될 만한 명제이다."[46] 그렇지만 칸트에서
'역사 진보의 법칙'이라는 표현은 찾을 수 없다. 앞서 고찰한 대로 이는
'인간의 자유로운 행위의 예견 불가능성'을 고수한 데서 기인한다. 그
래서 진보에 대한 예언은 "인류 내의 법의 원칙에 따라 통일된 자연과
자유를", 즉 (세계)시민사회의 도래를 "시간과 관련해서는 정해지지 않

고" 단지 "우연으로부터의 사건인 방식으로, 약속할 수 있을 것이다"라고 칸트는 말하고 있는 것이다.[47] 청년 마르크스, 그러나 이미 공산주의에 대한 신념을 가지고 있던 마르크스는 "칸트가 합리적 국가형식으로서의 공화제를 실천이성의 요청, 즉 결코 실현되지는 않지만 그것에 도달하는 것이 늘 목적으로 추구되어야 하고 또 심정에 고수되어야 하는 실천이성의 요청으로 만든다"[48]고 정확하게 평가한다. 마르크스가 자신의 고유한 역사철학을 정립해 나가면서 바우어(B. Bauer)를 비판했을 때 그 과녁은 그의 '현실성 없는 도덕주의'였다. 그래서 사회주의와 공산주의는 더 이상 '규범적 역할만 하는 꿈'이 아니라 미래에 가능한 역사적 실현의 대상이 된다. 마르크스의 "유물론적 역사파악 및 잉여가치를 통한 자본주의적 생산 양식의 비밀의 폭로"와 더불어 "사회주의가 하나의 과학이 되었다"고 주장할 때,[49] 마르크스주의는 칸트보다는 더 많은 부담을 지는 것 같다. 말하자면 '역사철학에서의 자연주의적 추리'를 거부한 칸트에게서 확인되는 "결벽성"은 "유혹, 권력관계, 지배관계에 맞서 도덕적 정당성을 확보하기 위한 안전 예방책"이라고 볼 수 있다는 것이다.[50]

마르부르크의 신칸트주의자 코헨(H. Cohen)은 칸트를 '독일 사회주의의 참되고도 실질적인 창설자'로 자리매김하면서 칸트의 '목적 자체의 정식'에 주목한다.[51] 코헨은 이 정식을 사회제도를 기초하는 규범으로, 즉 정치적 규범으로 재구성한다. 그래서 "그 어떤 사회적 제도에서도 그 결정 절차에 있어 이 결정의 대상자들이 제도의 출현에서 배제되어서는 안 된다"는 것이다. 그는 "모든 인격들은 이 결정에 동등한 권리를 가지며 동등한 자격으로 공동작용할 수 있다"고 주장하면서 "이 결정에서 배제되는 인격은 결정하는 인격들의 수단이 될 것이기 때문이다"라고 근거 짓는다.[52] 나는 이러한 정치적 규범이 앞서 살펴본 '국민을 집권자의 이익 관철을 위한 수단으로 사용하지 말아야 할 공화주의적 통치 의무'에 이미, 훌륭하게 제시되었다고 생각한다. 그리고 오늘날 '전쟁을 통해 자신의 이익을 관철하려는 유혹에 굴복한 통치자들'에게 이 의무 및 이 의무의 전제를 이루는 공개성 허용의 의무를 준수할 필요성은 현재 진행형이다.

제11장 주

1   K. Marx, "Das philosophische Manifest der historischen Rechtschule", *Karl Marx · Friedrich Engels Werke*, Bd. 1, 80.

2   비판기 이전의 칸트 역사철학 관련 저작은 『리스본의 지진』(1755), 『낙관주의에 관한 시론』(1759)이 있고, 비판기 이후에는 『합리적 신학에 대한 강의』(1783/1784), 『세계시민적 관점에서 본 보편사의 이념』(1784), 『도덕 형이상학의 정초』(1786), 『실천이성비판』(1788), 『판단력비판』(1790), 『신정론에 있어 모든 철학적 시도들의 실패에 대하여』(1791), 『단순한 이성의 한계 내에서의 종교』(1793), 『그것은 이론에서는 맞지만 실천을 위해서는 소용이 없다는 속언에 대하여』(1793), 『영구 평화론』(1795), 『도덕 형이상학』(1797), 『학부들의 전쟁』(1798)이 있다. 그런데 비판기 이후의 저작이라 하더라도 『실천이성비판』 이후가 중요한데 이것은 도덕성의 실재에 대한 칸트의 연역실패(그 결론이 '이성의 사실로서의 도덕법' 이다)가 반영되기 때문이다. 도덕신학과 자연신학의 최종적 분리, 철학적 신정론의 실패 등은 모두 이러한 연역실패의 산물이다. 이런 성과의 정점에 『학부들의 전쟁』이 자리하는데, 내가 보기에 이 저작은 『영구 평화론』과도 그 강조점에 있어 구별된다. (이에 대해서는 이 글의 3장 참조)

3   이상 I. Kant, *Der Streit der Fakultäten*, Akademie Ausgabe VII, (이한구, 「다시 제기된 문제: 인류는 더 나은 상태를 향해 계속해서 진보하고 있는가?」, 『칸트의 역사철학』, 서울, 1992, 113-134), 80.

4   이상 *Der Streit der Fakultäten*, 92.

5   *Der Streit der Fakultäten*, 92 참조.

6   *Der Streit der Fakultäten*, 92 참조.

7   이상 *Der Streit der Fakultäten*, 91. 호르크하이머도 규범으로서의 유토피아가 갖는 비판적 기능에 주목한다. 이에 대해서는 U. Dierse, "Utopie", in: *Historisches Wör-*

terbuch der Philosophie, Bd. 11, Basel, 2001, 522 참조.

8 *Der Streit der Fakultäten*, 90.

9 *Der Streit der Fakultäten*, 92.

10 *Der Streit der Fakultäten*, 91 참조.

11 *Der Streit der Fakultäten*, 86 참조.

12 칸트 '진보' 개념의 출현을 당시 순환 사관을 주장하던 멘델스존과의 논쟁관계에서 조명한 글로 김수배, 「칸트의 진보사관 : '인간의 사명'에 관한 논쟁을 중심으로」, 『철학』, 50집, 1997, 103~112 참조.

13 이상 *Der Streit der Fakultäten*, 91.

14 *Der Streit der Fakultäten*, 91. 칸트에서 내면적 도덕성의 진보와 실천이성의 요청 (Postulat)의 관계에 대해서는 김진, 「칸트에서의 최고선과 도덕적 진보」, 『칸트연구』, 2집, 1996, 105~110 참조.

15 *Der Streit der Fakultäten*, 78.

16 *Der Streit der Fakultäten*, 84.

17 이상 *Der Streit der Fakultäten*, 83.

18 *Der Streit der Fakultäten*, 84.

19 *Der Streit der Fakultäten*, 85.

20 *Der Streit der Fakultäten*, 86. 그리고 『판단력비판』에서의 다음과 같은 언급 참조. "정서가 동반된 선의 이념은 열정이라고 불린다. 이 심의 상태는 그것이 없으면 어떤 위대한 일도 성취될 수 없다고 일반적으로 주장될 정도로 숭고한 것 같이 보인다. 그러나 모든 정서는 그것의 목적을 선택할 때 맹목적이거나 또는 목적이 이성에 주어져 있다 할지라도 그 목적을 실현하는 데 맹목적이다. 왜냐하면 정서란 자기를 규정하기 위한 원칙들을 자유롭게 숙고할 수 없도록 하는 심의의 동요이기 때문이다. 따라서 정서는 아무리 해도 이성의 만족을 얻을 수가 없다. 그럼에도 열정은 미감적 관점에서 보면 숭고하다. 왜냐하면 열정은 감관의 표상에 의한 충동보다 훨씬 더 강력하게 그리고 더 지속적으로 작용하는 활력을 심정에 넣어 주는 이념들에 의해서 일어나는 힘의 긴장이기 때문이다." I. Kant, *Kritik der Urteilskraft*, Akademie Ausgabe V(이석윤, 『판단력비판』, 서울, 2003), 272.

21 *Der Streit der Fakultäten*, 86.

22 *Der Streit der Fakultäten*, 85.

23 *Der Streit der Fakultäten*, 87.

24 *Der Streit der Fakultäten*, 88. 칸트의 이 망각 불가능성은 "이러한 활동(덕에 따르는 활동 – 필자)들과 관련해서는 망각이 일어나지 않는다"라는 아리스토텔레스의 언급을 생각나게 한다. Aristoteles, *Nikomachische Ethik*, E. Rolfes (übers.), Hamburg, 1995, 1100b 15~20.

25 *Der Streit der Fakultäten*, 88.

26 『세계시민적 관점에서 본 보편사의 이념』과 『영구 평화론』에서 칸트가 언급하고 있는 '비사교적 사교성' 은 '나는 무엇을 희망할 수 있는가' 의 문제를 다루는 『판단력비판』의 본론이 아니라 방법론에서 정당화될 뿐이다. 레키(B. Recki)는 '혁명 주체의 행위에서 관객의 열정에로의 이행' 을 "프랑스 혁명에 대한 수용 미학적 평가"로 해석하면서 이를 "코페르니쿠스적 전회"라고 중요하게 평가한다. B. Recki, "Fortschritt als Postulat und die Lehre vom Geschichtszeichen", in: *Kant im Streit der Fakultäten*, V. Gerhardt (hrg.), Berlin, 2005, 242.

27 I. Kant, *Idee zu einer allgemeinen Geschichte in weltbürgerlicher Absicht*, Akademie Ausgabe VIII(이한구, 「세계시민적 관점에서 본 보편사의 이념」, 『칸트의 역사철학』, 서울, 1992, 23–44), 20.

28 칸트에 따르면 교육을 통해 진보를 이루려는 시도는 첫째, 이런 교육이 부모나 통치자의 일차적 관심사가 아니기 때문에, 둘째, 설령 국가의 관심이라 하더라도 숙고된 계획에 따라, 즉 도덕적 이념에 따라 기획되기 어렵기 때문에, 셋째, 교육 기획자를 배출(교육)하기가 어렵기 때문에 좋은 방법이 아니다. 이러한 숙고된 계획은 혁명이 아니라 진화를 통해 더 나은 상태로 개혁해 나가려는 계획이다. *Der Streit der Fakultäten*, 92, 93 참조. 진보는 밑으로부터, 즉 교육으로부터 기대되기 어렵다는 칸트의 주장은 실은 '부모나 통치자가 도덕 교육에 관심을 가지고 또 계몽된 지식인에 의해 기획된 계획이 국가권력에 의해 수행되면 교육을 통한 진보가 가능하다' 는 주장으로 독해될 수도 있다. 칸트는 그의 『교육학 강의』에서 "교육의 계획을 위한 기초가 세계시민적(kosmopolitisch)으로 만들어져야 한다"라고 주장한다. I. Kant, *Über Pädagogik*, Akademie Ausgabe IX(김영래, 『칸트의 교육이론』, 서울, 2003, 193–286), 448. 칸트에서 교육과 정치의 관계에 대해서는 이 책의 9장 「자유의 강제: 『교육학 강의』에 대한 실천철학적 독해」, III 참조.

29 *Der Streit der Fakultäten*, 93.

30 *Der Streit der Fakultäten*, 94.

31 *Der Streit der Fakultäten*, 90, 91.

32 이에 대해서는 이 책의 8장 「이성에 의한, 자연을 통한 평화」, III 참조.

33 이상 *Der Streit der Fakultäten*, 91.

34 I. Kant, *Zum ewigen Frieden*, Akademie Ausgabe VIII(이한구, 『영구 평화론: 하나의 철학적 기획』, 파주, 2008), 370.

35 *Der Streit der Fakultäten*, 91 참조.

36 *Der Streit der Fakultäten*, 92 참조.

37 이상 *Der Streit der Fakultäten*, 89. 이 의무는 『영구 평화론』에서는 비밀조항으로 등장한다.

38 *Der Streit der Fakultäten*, 89.

39 *Der Streit der Fakultäten*, 91.

40 이상 *Der Streit der Fakultäten*, 89. 신의 "세계 창조의 궁극목적(Endzweck)"은, 『판
단력비판』에 따르면, "도덕적 존재로서의 인간"이다. I. Kant, *Kritik der Urteilskra-
ft*), Akademie Ausgabe V, 436.

41 *Der Streit der Fakultäten*, 88 참조.

42 이상 K. Marx, *Das Kapital* (1893), *Karl Marx · Friedrich Engels Werke*, Bd. 25,
828.

43 이상 E. Bloch, *Das Prinzip Hoffnung*, Frankfurt, 1977, 1080. 생태 윤리적 관점에
서 마르크스주의의 유토피아에 대한 비판 및 평가에 대해서는 H. Jonas, *Das Prinzip
Verantwortung*, Frankfurt am Main, 1988, 256-279 참조.

44 M. Schattenmann, "Rethinking Progress – A Kantian Perspective", in: *The Har-
vard Review of Philosophy*, VIII, 2000, 63. 칸트가 자유, 평등, 박애의 프랑스 혁명
정신에서 박애를 빼고 자립, 즉 "시민으로서의 공동체의 각 구성원의 자립(die Selb-
stständigkeit jedes Gliedes eines gemeinen Wesens, als Bürgers)"을 넣은 것도 이
러한 사정의 반영이랄 수 있다. I. Kant, *Über den Gemeinspruch: Das mag in der
Theorie richtig sein, taugt aber nicht für die Praxis*, Akademie Ausgabe VIII, 436.
그런데 이런 자립의 기준에 따르자면 어린이나 여자는 물론 무산자도 시민(Bürgers)
의 범주에 포함되지 못한다.(295) 이러한 칸트의 한계의 시대적 배경에 대해서는 T.
Meyer, "Kant und die Links- Kantianer. Liberale Tradition und soziale Demo-
kratie", in: *Kant im Streit der Fakultäten*, V. Gerhardt (hrg.), Berlin, 2005, 176
참조.

45 '덕의 나라가 아닌 법의 나라로서의 칸트의 유토피아'라는 이 글의 주장과 관련하여
두 방향에서 반론이 있었다. 그 하나는 투고된 이 글에 대한 익명의 심사위원의 지적
으로, '만일 종교적 회심과 같은 마음의 혁명(종교론)에 의한 악에의 성향의 근본적
극복이나 도덕성의 소질 자체의 생명력 있는 창조적 고양(새로워진 양심으로 거듭
남)이 전제되지 않는다면 칸트의 유토피아는 비인격적 바리새인적 율법주의 또는 교
조주의로 전락할 위험에 처한다'는 반론이다. 말하자면 법의 나라의 진정한 실현을
위해 덕의 나라가 전제되어야 한다는 것이다. 이 문제는 '악마들로 구성된 국가도 가
능하다'는 칸트의 주장과 관련된, 별도의 고찰을 필요로 하는 흥미로운 주제이다. 여
기서는 단지 실현 가능성에 있어 '악에의 성향을 극복하거나 (칸트는 이것이 불가능
하다고 보았다) 이것에 대처하는 것'보다는 '비사교적 사교성, 즉 항쟁심에 주목하
여 평화에의 전망을 모색하는 것'이 낫다고 칸트가 보았다는 것, 말하자면 아래(항
쟁심 문제의 해결)로부터 위(근본악 문제의 해결)로 나가는 길을 칸트가 인정하고
있다는 것만을 지적하고 싶다. 칸트가 인용한 경구 "나뭇가지를 너무 세게 구부리면
부러진다. 너무 많이 원하는 자는 아무것도 원하지 않는 자이다"(*Zum ewigen Frie-
den*, Akademie Ausgabe VIII, 367)는 여기에도 적용될 수 있을 것이다.

다른 반론은 2010 칸트학회 하계 학술대회에서 발표된 이 논문에 대한 논평자의

반론이다. 손철성은 "칸트와 마르크스의 유토피아의 차이점을 도덕성과 합법성에서 찾는 것은 좀 무리가 있다"고 보면서 그 근거로 마르크스도 '자유와 관련된 정치적 권리를 공산주의 사회에서 옹호되어야 할 것으로 보고 있다'는 점, 그리고 '마르크스가 공산주의 사회에서 폐기되어야 할 것으로 부르주아적 권리, 특히 재산권과 관련된 경제적 권리를 들고 있다'는 점을 제시한다.(『칸트와 역사철학』, 한국칸트학회, 2010 학술대회 발표논문집, 52-53) 한마디로 마르크스의 공산주의는 특정의 정치적 권리와 특정의 경제적 권리를 옹호하는 '합법성'의 나라이지 '내면적 도덕성'의 나라(덕의 나라)가 아니라는 것이다. 사실 '부르주아의 경제적 권리에 대한 비판'으로 해석될 만한 대목이 칸트에서 없지 않다. 칸트는 그의 『도덕 형이상학』「덕론」에서 다음과 같이 말한다. "행복의 재화들에 의존적인 선행의 능력은 대부분 통치의 부정의를 통해 특정인들을 우대하는 것으로부터 나온 것이다. 이 부정의가 타인의 선행을 필요하게 만드는 복지의 불평등을 불러온 것이다. 이러한 상황에서 부자가 궁핍한 자에게 제시할 도움이 선행이라는 이름, 즉 공덕으로 뽐낼 만한 선행이라는 이름에 값할 수 있을 것인가?"(*Metaphysische Anfangsgründe der Tugendlehre*, Akademie Ausgabe VI, 454) 만일 여기서 우리가 '통치의 부정의'를 부르주아적 권력의 부정의로, 그리고 '부자'를 부르주아로, '궁핍한 자'를 프롤레타리아로 대치시킬 수 있다면, 궁핍한 자에게 제시할 도움은 (내면적 도덕성에 속하는) '공적적 의무로서의 선행'이 아니라 (외적 합법성에 속하는) '책무적 의무로서의 부정의의 교정'이며, 따라서 합법성의 나라인 칸트적 유토피아에(마르크스의 유토피아에는 말할 것도 없고) 이러한 부르주아적 재산권의 교정이 당연히 포함된다는 식의 독해도 가능할 것이다. 그렇지만 '반부르주아적 경제적 권리의 옹호'가 '착취의 철폐'에 그치지 않고, 마르크스적 유토피아에서 실현된다고 주장되는 '필요에 따른 분배(jedem nach seinen Bedürfnissen, Marx, "Kritik des Gothaer Programms", *Karl Marx · Friedrich Engels Werke*, Bd. 19, 21)'로 나아갈 경우 이것이 법의 나라로서의 칸트적 유토피아에 속하는 것인지는 다른 문제이다. 내가 보기에 칸트라면 이는 '손상 금지의 원칙'이 아니라 연대성의 원칙, 즉 '선행의 원칙'에 의해 정당화되어야 한다고, 말하자면 '필요에 따른 분배'는 법(합법성)에 속하는 의무가 아니라 덕(내면적 도덕성)에 속하는 의무라고 볼 것 같다. 다시 말해 칸트적 시각에서 볼 때 '사적 소유의 철폐 및 필요에 따른 분배'는 법의 차원이 아니라 덕의 차원에서, 즉 '정치적 이상인 유토피아'가 아니라 '종교적 이상인 덕의 나라'에서 가능할 것이라는 것이다. 칸트 윤리학에서 '손상 금지' 윤리학과 '연대성' 윤리학의 구별에 대해서는 이 책의 6장 「『도덕 형이상학』에 대한 사회 윤리적 독해」, III 참조.

46 이상 *Der Streit der Fakultäten*, 88.

47 이상 *Der Streit der Fakultäten*, 86.

48 K. Marx, *Die Klassenkaempfe in Frankreich 1848 bis 1850*, *Karl Marx · Friedrich Engels Werke*, Bd. 7, 76.

49 이상 F. Engels, *Die Entwicklung des Sozialismus von der Utopie zur Wissenschaft*, *Karl Marx · Friedrich Engels Werke*, Bd. 19, 209.

50 이상 O. Negt, *Kant und Marx. Ein Epochengespräch*, Göttingen, 2003, 43. 그리고 그의 다음과 같은, '마르크스 사유에서의 윤리적 자기 오해'와 관련한 주장도 참조. "마르크스주의적 정통을 경제 이론과 계급투쟁 이론으로 전면에 강력하게 내세우면 내세울수록 그만큼 더 결정적으로 고립은 불가피해진다. 경제학이 유일하게 학문적인 분석을 허용하는 강경한 재료의 위치를 점차로 점하는 동안 존엄, 정의와 같은 윤리적 문제들, 사회주의를 좀 더 인간적인 형태화의 문제로 간주하려는 소망은 점점 더 강력하게 이데올로기적 기만, 자기 기만의 영역으로 내몰리게 된다."(이상 51)

51 T. Meyer, "Kant und die Links- Kantianer. Liberale Tradition und soziale Demokratie", in: *Kant im Streit der Fakultäten*, V. Gerhardt (hrg.), Berlin, 2005, 178 참조.

52 이상 T. Meyer, "Kant und die Links- Kantianer. Liberale Tradition und soziale Demokratie", 178에서 재인용.

제5부

칸트에서 도덕과 종교

제 12 장

악의 기원: 칸트와 요나스의 주장을 중심으로

I. 들어가는 말

악이란 무엇인가? 그것의 기원은 어디에 있으며 그것은 어떻게 극복될 수 있는가? 인간이 존재하는 한 이러한 질문들은 회피할 수 없다. 성서의 「창세기」에서 니체의 『선악의 피안』에 이르기까지 악에 대한 논구가 이를 뒷받침해 준다.

대개 신학적, 종교적 논의는 악의 형이상학적 근거에 대한 물음을 중심으로 전개된다. 악의 존재론적 지위에 대한 문제, 즉 선의 이데아나 신을 정점으로 하는 존재론 내에서 악이 어떠한 지위를 가질 것인가 하는 문제는 플로티누스와 아우구스티누스의 주요 관심사였다. 잘 알려진 대로 그들의 해법은 '악은 존재의 결여'라는 것이었다. 지옥에 있는 불이라 할지라도 그것이 존재하는 한 선하다(아우구스티누스). 그럼에도 악이 존재한다고 주장한다면, 그것은 인간의 무지의 소산인 것이다. 최고선과 이데아(일자)를 존재의 원인으로 생각하는 한 이와 같은 결론은 불가피하다.

선과 악의 존재론적 지위나 그것의 형이상학적 근거를 캐묻는 이와 같은 물음들의 진원지는 실은 도덕의 차원이다. 또는 선악의 형이상학적 근거에 대한 물음은 도덕 현상으로서의 선악을 그 최소 구성요소로 한다고 말할 수 있다.[1] 따라서 '도덕적 악이란 무엇인가 하는 물음을 제대로 제기하는 것'은 '악의 기원은 어디에 있는가' 하는 물음의 방향과 지평을 규정짓는다.

칸트의 『단순한 이성의 한계 내에서의 종교』(1793, 1794)에서 위의 두 가지 물음은 체계적으로 제기된다. 이 저작에서 선과 악의 기원에 대한 종교(기독교)적 표상은 철학적 윤리학의 관점에서 분석된다. 물론 이와 같은 분석은 『도덕 형이상학의 정초』나 『실천이성비판』에서 나타나는 윤리적 통찰에 대한 분석에 기초한 것이다. 『실천이성비판』에서 나타나는 도덕적 선의 본성에 대한 분석에 기초하는 한 이 저술은 성서 신학이 아니라 종교에 대한 철학적 윤리학의 적용, 종교철학, 또는 철학적 신학이다. II절에서 우리는 악의 본성과 그 기원에 대한 칸트의 견해를 살펴볼 것이다.

대체로 악의 문제와 관련한 칸트의 공적은 '악의 존재론적 기원'을 '악의 의식 내적 근거'로 전환한 데 있는 것으로 보인다.[2] 그러나 악의 현상을 구명하기 위해서는 악의 근거로 특정한 인간의 성향을 제시하는 것만으로는 불충분하고 도덕적 질서가 어떻게 붕괴되는가, 즉 악이 어떻게 발생(Genese)하는지가 제시되어야 한다. 왜냐하면 우리는 '왜'뿐만 아니라 '어떻게'도 알기 원하기 때문이다. 이 과정에서 중요한 것은 악의 가능성(결과로서의 악이 아니라)의 발생, 즉 유혹의 발생, 그것도 필연적인 발생이다. III절에서 우리는 이 문제와 관련한 한스 요나스의 흥미로운 분석을 살펴볼 것이다. 그는 현상학적 기술이라는 방식을 동원하여 악의 발생을 천착하고 있는데 이 기술은 '유혹의 자가발생적 메커니즘'을 중심으로 전개된다.

II. 악의 근거 (칸트)

악이란 무엇인가? 그리고 그것의 근거는 어디에 있는가? 이에 대한 고전적이고도 오늘날에도 여전히 유효한 해답은 '악은 원칙의 붕괴' 라는 것, 그리고 도덕적 악은 그것을 초래한 인간에게 죄책을 물을 수 있는 것이어야 하므로 원칙 붕괴의 원인은 전적으로 인간 내에 있어야 한다는 것이다. 일찍이 도덕적 통찰의 인식적 특성에 주목한 플라톤에 의하면 악은 허용될 수 없는 것에 대한 의식적 행위에 존립하는 것이 아니다. 악을 행위 원칙의 붕괴로 보는 아리스토텔레스의 주장[3]이나 '악은 가르칠 수 있는 것이 아니다' 라는 아우구스티누스의 주장도 동일한 맥락에 서 있다. 그리고 아우구스티누스에 의하면 본래적 인간은 선악을 선택할 수 있는 자유의지의 소유자였으며 따라서 죄는 인간의 책임이다. 악의 문제에 관한 한 칸트도 플라톤에서 아우구스티누스에게로 이어지는 계열 내에 있다고 말할 수 있다. 다만 악의 정의(定義)의 문제와 관련하여 칸트가 이전의 도덕철학자와 구별되는 점 중의 하나는 도덕성을 '준칙의 합법칙성' 의 차원에 두고 이를 '행위의 합법칙성' 과 구별함으로써 도덕적 선악의 성격을 분명히 하고 있다는 데 있다. 이런 입장에 서면 당연히 악의 근거도 행위의 차원에서가 아니라 준칙의 차원에서 존립해야 할 것이다. 이를 차례대로 살펴보자.

  '입법적(立法的) 준칙에 입각하여 행위하라' 는 칸트의 정언명법은 도덕성의 구조를 원칙화한 것이다. 입법적 준칙은 도덕적 선이며 위법적 준칙은 악이다. 입법적 준칙으로부터 나오지 않은 행위는 비록 결과적으로 합법적이라 하더라도 도덕적 내용을 갖지 못한다. 이처럼 도덕적 선악은 준칙의 차원에만 존립한다. '준칙이 법칙에 어긋남' 은 달리 말하면 '질서의 전도' 이다.

인간이 악한가 아니면 선한가에 대한 구별은 그가 자신의 준칙에 받아들이는 동인(動因)들의 구별에(동인들의 이러한 내용에) 있는 것이 아니라, 이 두 동인 중의 하나를 다른 하나의 조건으로 만드는 종속 관계에 (준칙의 형식에) 놓여져 있음에 틀림없다. 결국 인간(가장 선한 인간이라 할지라도)은 오직 그가 동인들을 자신의 준칙들에 받아들임에 있어 동인들의 도덕적 질서를 전도시킴으로써만 악하다.[4]

그렇다면 질서의 전도의 근거는 어디에 있는가? 먼저 이 근거는 도덕 법칙에 구애받지 않는 사악한 이성에 있을 수는 없다. 이 경우 인간은 모든 결의와 행위에서 철두철미 악할 것이다. 즉 인간은 악마일 것이다. 인간이 처음부터 끝까지 비도덕적이라면 아예 도덕과 비도덕의 구별이 없었을 것이다. 그러나 이는 우리의 도덕 경험과 일치하지 않는다. 인간은 바탕이 선하다는 것이 전제되어야 한다. 칸트에 의하면 도덕법은 우리 이성이 발명한 것이 아니라 이성에 주어져서 발견된다. 따라서 '도덕적이어야 한다'는 당위의식은 그것의 배후를 캐물을 수 없는 성질의 것이긴 하지만 우리는 그것의 존재를 부인할 수 없다. "이성의 사실"[5]로서의 도덕법의 '요구'와 이에 대한 '동의'로서의 법칙에 대한 존경은 인간의 근원적 소질(Anlage), 인격성의 소질이다. 이 소질이 없다면 인간은 인간으로서 가능하지 않다.

도덕 법칙은 인간의 도덕적 소질에 의하여 인간에게 불가항력적으로 육박해 들어온다. 만일 그 어떤 다른 동인(動因)이 도덕 법칙에 반작용하지 않는다면 그는 도덕 법칙을 자의의 충분한 규정 근거로서 자신의 최고의 준칙 내에 받아들일 것이다.[6]

이러한 인간에게 악한 준칙에 대한 의식적 결단은 불가능하다. 악한 의지(부패한 이성, 혹은 타락한 순수 실천이성)가 불가능하기 때문이다. 이상의 고찰로부터 악이란 의욕된 합법칙적 준칙의 사후적 붕괴, 즉 관계의 역전이며 그것의 근거는 인간의 근원적 소질에서 찾아서는 안 된다는 것이 분명해진다.

그렇다면 악은 인간의 경향성(Neigung)에 근거하는가? 그러나 자연적 경향성의 존재 원인은 우리가 아니다. 그러므로 만일 경향성이 악의 근거라면 그러한 악에 대해 우리가 책임질 필요는 없다. 도덕적 악은 인간에게 그 책임을 물을 수 있는 것이어야 하기 때문이다.

요컨대 도덕 법칙의 이념 및 그것에 대한 존경이라는 소질은 인간에게 주어져 있다. 그리고 대상 및 그것에 대한 경향성 그 자체는 자연적인 것으로 아직 선도 아니고 악도 아니다. 법칙에 대한 존경과 대상에 대한 경향성은 인간의 힘에 의해 근절될 수 없는 것이다.[7]

이제 남은 영역, 그것도 책임을 귀속시킬 수 있도록 인간에게 맡겨진 영역이 있다면 도덕 법칙과 경향성 간의 관계설정 영역, 즉 준칙의 영역이다. 양자 간의 관계설정에서 준칙차원에서의 자유가 바로 칸트가 말하는 자의(Willkür)[8]이다. 만일 양자 간의 질서가 붕괴되었다면 이는 전적으로 인간에 기인하므로 악에 대해 인간은 책임이 있다. 도덕 법칙을 향하는 자의의 특성이 선한 성향(Hang)이라면, 경향성을 향하는 자의의 특성은 악한 성향이다.[9] 정확히 말하자면 악한 성향은 그저 경향성의 근거인 것이 아니라 소질상 의욕된 선한 준칙에 반하여 경향성으로 전도시키는 한에서 경향성의 근거인 것이다.[10] 요컨대 악의 근거는 경향성 자체가 아니라 도덕법과 경향성 간의 질서를 뒤집는 자의의 성질, 즉 전도에의 성향, 악한 성향이다. 칸트가 인격성의 소질을 인간에게 필연적으로 속하는 것으로, 따라서 근원적인 것으로 본 데 비해 악한 성향을 획득된 것으로, 따라서 우연적인 것으로 본 이유가 여기에 있다. 선의지와 악한 성향이 양립 가능하다는 주장[11]도 이러한 맥락에서 이해할 수 있다. 그러나 악한 성향이 인격성의 소질에 비해 우연적인 것이며 획득된 것이라고 해서 악한 성향이 사람에 따라 우연적이며 이 성향이 경험에 의해 획득된 것임을 의미하지는 않는다. 획득된 성향이란 말은 그것의 존재를 인간의 책임으로 돌릴 수 있는 성향이라는 의미에 지나지 않는다. 이 성향은 인간이 도덕 법칙과 관계함과 동시에 발동되므로 인간인 한 누구나 가지지 않을 수 없다. 인간은 본성상 악하다. 즉 행위의 차원에 앞서는 행위 원칙의 차원에서 '전도의 성향'을 지닌다. 도덕적 악은 극복될 수는 있지만 그것의 근거인 악의 성향은 근절될 수 없다. 그리고 도덕적 악(질서의 전도)의 근거(Grund)로서의 악한 성향, 그것의 기원(Ursprung)은, 칸트에 의하면, 알 수 없다. 그러나 설사 알 수 없다 하더라도 그것에 대한 책임이 인간에게 있다는 것은 여전하다.

칸트는 악의 성향, 혹은 이 성향에서 비롯되는 자의의 (도덕 법칙에 대한) 무능력 상태(악한 심정)를 허약성, 불순성, 사악성으로 단계 짓는다. 첫 번째 단계는 법칙과 경향성 간에 존립하는 도덕적 질서를 추구할 때 나타나는 인간 심성의 허약성, 두 번째 단계는 두 가지 동인을 혼합하려는 성향(불순성), 세 번째 단계는 두 가지 동인 간의 도덕적 질서를 전도시키려는 성향(전도성, 사악성)이다. 세 번째 단계의 사악성은 달리 말하자면 심성의 부패성이다.[12] 이러한 단계 지음은 일단 성향의 악함의 정도에 따른 구분인 것 같다. 다시 말해 세 단계 모두 도덕적 질서의 붕괴를 결과로 갖는다는 점에서는 동일하지만, 내용에서는 각각 심정의 연약성, 타협성, 간악성으로 정도의 차이를 보인다는 것이다.

주목되는 것은 칸트가 사악성을 연약성에서 비롯되는 것으로 그리고 불순성을 사악성과 결합되어 있는 것으로 보고 있다는 점이다.[13] 그러므로 발생적으로 보자면 다음과 같이 말할 수 있다. 첫째, 허약함으로 말미암아 도덕적 질서가 붕괴되자마자 둘째, 준칙의 차원에서의 도덕성이 아니라 행위의 차원에서의 합법성에 만족하려 하고 셋째, 더 나아가 합법성으로 도덕성을 가장하거나 합법성을 도덕성이라고 강변하게 된다. 그러므로 문제되는 것은 심정의 연약성이다.

> 인간 본성의 허약성은 그 자체로 '실로 원하지만 실행은 없다'라고 한 사도의 탄식 속에서 표현되었다. 다시 말해 나는 선(법칙)을 나의 자의의 준칙 안에 받아들이지만 객관적으로는 이념 내에서 불가항력적인 동인인 이 법칙은 주관적으로는, 준칙이 준수되어야만 할 때, (경향성과 비교하여) 더 약한 동인이라는 것이다.[14]

인간이 악한 것은 바탕이 악해서가 아니라(법칙을 준칙 안에 받아들였으므로) 약해서(의욕된 질서가 끝까지 관철되지 못해서) 결과적으로 악해진 것이다. 악한 성향은 그 토대가 약한 성향인 것이다. 물론 이 약한 심정은 자의의 상태이므로 그것에 대한 책임은 인간에게 있다. 결국 인간이 본성상 악한 근거는 심정의 연약성, 약한 심정에 있다.

이제 남은 문제가 있다면 과연 의욕된 합법적 준칙이 어떻게, 어떤 과정을 거쳐서 붕괴되는가 하는 것이다.[15] 인간이 본성상 악하다는 것은 합법칙적 준칙의 추구 과정에 악에의 성향이 필연적으로 동반된다는 것을 의미한다. 악의 성향이 선의 추구과정 외에는 등장하지 않는다면 합법적 준칙이 전도에의 성향의 원인이라는 것을 의미하는가? 다시 말해 선한 소질이 악한 성향의 원인이라는 것을 의미하는가? 그러나 이는 불가능하다. 그렇다면 선한 소질과 악한 성향 사이에 어떤 일이 벌어졌음에 틀림없다. 종교적 표상에서 이 과정은 마귀(뱀)의 유혹의 과정으로 등장한다. 선(법칙)을 나의 자의의 준칙 안에 받아들임과 동시에 악한 성향이 발동된 것은 그러한 연약한 성향을 자극하는 유혹이 있었기 때문이다. 그러므로 철학적 윤리학은 질서의 추구와 질서의 붕괴 사이에 존립하는 유혹의 발생을, 그 어떤 의식 외적 요인을 도입함이 없이, 추적해야만 한다.

III. 악의 발생 (요나스)

과연 연약성을 자극하는 유혹이란 무엇인가? 그리고 그것은 성서의 표현처럼 주어지는가 아니면 만들어지는가? 이것이 한스 요나스(1903-1993)의 「의지의 심연: 로마인에게 보내는 바울 서신의 7장에 대한 철학적 성찰」(1964)[16]의 주제이다.

요나스가 보기에 인간의 본질은 자기 관계 능력 혹은 반성 능력에 있으며 이 능력에 인간의 자유가 존립한다. 그리고 본래적 자유는 (표상적 방식의) 사유적 자기 관계에 있다기보다는 도덕적 자기 관계에 있다. 이는 본래적 의미의 자유를 자기의식의 자발성보다는 도덕성의 자율성에 두는 칸트에서도 마찬가지이다. 요나스는 도덕성을 구성하는 이러한 의지의 자기 관계를 "'나는 이것을 의지한다'를 나는 의지한다(vollo me velle)"[17]로 정식화한다. 이 정식에는 '나는 내가 의지하는 것을 의지한다'와 동시에 '나는 이것을 의지하는 나를 의지한다'가 포함되어 있다. 이때 '내가 의지하는 것은' 칸트 식으로 말하자면 합법적 준칙이며 '이것을 의지하는 나'란 본래적인 자아, 도덕적인 자아이다. 결국 나는 합법칙적 준칙을 의지하는 과정에서 본래적인 나를 의지하는 것이다. '나는 나를 의지한다'에서 보이는 이러한 반성이 "아프리오리하게 현존한다는 것"이야말로 "자유의 존재론적 토대"이다.[18] 이러한 의지의 반성능력은 칸트 식으로 말하자면 '선의 소질'이며, 요나스가 말하는 본래적 자유는 칸트에 있어서는 도덕법칙에 관계하는 능력으로서의 순수 실천이성이 지닌 자유이다. 결국 요나스와 칸트는 인간이 소질상(혹은 실존적 구조상) 선을 추구하게 되어 있다고 보는 점에서 일치한다. 근본에 있어 자유의 소질이 없다면 자유와 그것의 붕괴로서의 비자유도 없는 것이다.

다시 한 번 우리는 묻는다. 이처럼 시초에 도덕적 자아에 대한 추구였던 것이 어떻게 악한 상태로 전락했는가? 선의 추구와 악한 결과 사이에 무슨 일이 벌어졌는가? 요나스에 의하면 비밀은 '나는 의지한다'와 '나는 생각한다' 사이의 필연적 관계에 그리고 '나는 생각한다'가 만들어 내는 악의 가능성에 있다. 결론부터 말하자면 '나는 의지한다'의 차원에서의 자유는 필연적으로 '나는 생각한다'의 차원에서의 자유를 함축하고 후자의 인식적 자유는 또다시 도덕적 비자유의 소재를 제공한다는 것이다. 아래에서 우리는 이를 차례대로 살펴볼 것이다. 그에 앞서 요나스가 말하는, '나는 의지한다'와 구별되는 '나는 생각한다'의 특징부터 간략하게 살펴보자.

앞서 언급했듯이 중립적으로 표상적인 '나는 나를 생각한다' (데카르트의 코기토)에서 행해지는 자기 반성은 자유의 본래적인 장소가 아니다. 이러한 코기토가 실천의 영역에서 발동되면 "'나는 이것을 의지한다'를 나는 생각한다 (cogito me velle)"가 된다. 이 과정은 의지의 대상을 대상화해 보는 과정임과 동시에 의지하는 자아를 대상화하는 과정이다. 여기서도 반성은 대상(여기서는 의지의 대상)에 대한 의식이자 자기에 대한 의식이다. 이러한 자기 대상화, 즉 자신과 거리를 취하는 능력에 (의지의 자유와 구별되는) 코기토의 자유가 있다. 칸트적 선택의지(자의)는 바로 이러한 자기 대상화가 만들어 낸 선택지들의 지평에 존립한다.

만일 의지의 반성이 표상적 코기토의 반성으로 변한다면 어떻게 될 것인가? 그렇게 되면,

이 변화 내에서 자유는 자기 자신을 벗어 버린다. 스스로 선택한 행위의 실행 내에서 살아가는 대신에 자유는 스스로 선택한 행위를 그 행위에

대한 관찰자로서 외부로부터 본다. 따라서 자유는 이미 이 행위에 대해 이방인이 되었고 바탕에서부터 이 행위를 버렸고 배신한 것이다.[19]

문제는 'volo me velle'가 자체 내에 'cogito me velle'로 변화할 "본질적 가능성"[20]을 가진다는 점이다. 그리고 도덕성에서 이러한 '변화의 가능성'은 '필연성'으로 된다. 다시 말해 도덕적 자아의 추구에는 필연적으로 자기 대상화가 개입되지 않을 수 없다는 것이다. 왜냐하면 도덕적 자아를 추구하기 위해서는 도덕적 자아의 행위가 어떤 것인지를 알아야 하기 때문이다. 정확히 말하자면 의지된 본래적 자아나 합법적 준칙의 척도하에서 자신의 (가능한) 행위를 점검해 보지 않는다면 도덕적 행위가 불가능할 것이기 때문이다. 이러한 앎의 과정이 없다면 도덕성은 성립하지 않는다. 그러므로 도덕성은 'volo me velle'만 취하고 'cogito me velle'는 피하는 방식으로 전개될 수 없다. 오히려 본래적 자아를 추구하면 할수록 자기 대상화는 그만큼 심화된다. 주의할 것은 이 자기 대상화가 일어나는 영역은 아직 행위의 영역이 아니라 내면의 영역이라는 점이다. 따라서 실존의 자기 반성에 필연적으로 수반되는 자기 대상화 영역은 칸트 식으로 말해서 준칙의 영역인 자의(Willkür)의 영역이다.

이제 'cogito me velle'에서의 실천적 자기 대상화를 두 측면, 즉 대상의식과 자기의식의 측면에서 살펴보자. 먼저 요나스는 대상화의 과정이 실천적 영역에서 사유상으로 전개되는 과정을 자기 불신의 과정으로 보고, 이러한 자기 불신의 과정을 악의 발명과정과 다름없다고 본다. 물론 사유상이므로 '가능한 악'의 발명과정이다.

말하자면 선을 위하여 자기 대상화는 악의적이어야만 하며 가능한 모든 사악함을 예상하여야 한다. 불신은 악의적이어야 한다. 불신의 악의는 가능한 모든 것을 아는 것이고 그것들이 현실적인가를 의심하는 것이다. 가능한 모든 것을 알기 위하여 그리고 하나도 놓치지 않기 위하여 불신은 악에 있어 발명적이어야 한다.[21]

'내가 의지하는 이것'을 내가 생각하는 과정은 합법칙적 준칙을 대상적으로 사유하는 과정이다. 그리고 이것을 사유하는 과정은 동시에 그것의 실현 가능성을 사유하는 과정이다. 따라서 합법칙적 준칙이 실현되기 위해서는 이 준칙의 합법칙성의 척도하에서 모든 가능한 행위들이 생각되어야 한다. 이 과정은 사유상으로 준칙에 부합하는 행위와 그렇지 않은 행위를 생각해 내는 과정이다. 결국 합법적 준칙을 실현하기 위해 비합법적 행위들이, 사유상이긴 하지만, 발명되었다. 유혹이 생긴 것이다. 만일 준칙의 척도하에서 가능한 행위들이 생각되지 않았더라면 사유상의 악도 생겨나지 않았을 것이다. 그러면 유혹은 도덕 법칙에서 발생한 것인가?[22] 그렇지 않다. 유혹의 기원은 법칙이 아니라 법칙에 입각하여 판단한 나에게 있었다. 자기 대상화 능력, 즉 코기토에 있었던 것이다.

칸트는 악의 주관적 근거를 유혹에 이길 수 없는 연약한 성향에서 찾았다. 그러나 유혹 없는 피유혹자(허약성)는 없다. 칸트에 의하면 성서가 인간을 무죄 상태에서 악한 상태로 떨어진 것으로 묘사하고 또 인간이 타락한 이유를 유혹하는 영의 탓으로 묘사하고 있는 것은 선한 소질로부터 악의 성향이 나올 수 없다는 사정을 반영한다고 한다. 그래서 그는 악한 성향의 근원을 캐물을 수 없다고 한다. 그러나 요나스에 따르면 이 유혹하는 영은 다름 아닌 코기토, 자기 대상화 능력이다. 따라서 모든 유혹은 발생에서 "자기 유혹적"이다.[23] 기원에서 유혹이 있었기 때문에 연약한 심정이 유혹당한 것이다.

물론 근거에 연약한 심정이 있었기 때문에 유혹이 먹혀 들어갈 수 있었다는 것도 여전히 타당하다. 요나스도 일종의 근거로 자유의 경솔함 (giddiness)을 지적하고 있다.[24] 이러한 '자유의 호기심 어린 경솔함'이 칸트의 '자의의 연약한 심정'에 대응하는 것 같다. 그러나 요나스에게 좀 더 중요한 것은 이러한 유혹자와 피유혹자 간에 성립하는 동일성이다. 인간이 유혹에 저항할 수 없는 이유는 바로 유혹자도 자신이고 피유혹자도 자신이기 때문이다. 만일 어떤 외적 존재에 의한 유혹이라면 인간은 이를 뿌리칠 수도 있었을 것이다. 그러나 자기 발생적 유혹은 피할 수 없다.

> … 감각이라는 미끼도 외적인 자아추구도 유혹의 최고 양태는 아니다. 이익의 계산이나 손해의 두려움도 아니다. 숨겨진 것의 매력 혹은 그 외의 그 어떤 죄의 영적 달콤함도 아니다. 이것들 중 그 어느 것도 궁극적인 함정은 아니다. 인간은 이 모든 것들에 저항할 수 있다. 그러나 자유가, 비록 외적인 비윤리적 '일'을 하지 않는 데 성공한다 하더라도, 자신의 자아 정초의 가장 고유한 영역에서 자기 자신의 내면적 가능성을 만난다는 것, 즉 항상 잠복해 있고 정신적 실행을 요구하는 그러한 내면적 가능성을 만난다는 것, 이것에 인간은 저항할 수 없다. 그리고 여기서, 즉 의식 내에서 단순한 사유는 행위이고 행위를 사유할 가능성은 사유할 필연성이고 행위를 생각하려 하지 않음은 이미 그것을 생각함이고 그것을 생각하지 않았음은 그것을 숨김일지도 모르고 그것을 숨김은 그것의 가장 혐의 짙은 현존일지도 모른다는 것, 주관성의 이러한 미로 같은 구조는 본래적으로 자신과 관계하는 자유에게 자기 유혹을 저항할 수 없는 것으로 만든다.[25]

마지막으로 대상화의 자기 의식적 측면을 살펴보자. 이 측면이란 '이것을 의지하는 나를 나는 생각한다'이다. 도덕 법칙을 대상적으로 생각하는 과정에서 악의 가능성들이 발명되었다면 자기의식은 이러한 악의 발명자로서의 자신에 대한 자각이다.

> 그러나 불신의 태도는 그 자신에게 향한다. 불신은 관찰자가 자기 앞에 서 발견한 것뿐만 아니라 이러한 관찰함 자체로도 향한다. 그런데 이 관찰함은 여기서 신성한 역할을 한다고 하는 그러한 이중적 인간인 나의 행위함인 것이다. 그리고 이러한 불신은 자신의 고유한 실행이 비판적 관찰에서 자기 만족적 관찰로 변하는 것을 막지 못한다는 것을 발견치 않을 수 없다⋯.[26]

결국 합법적 준칙을 실현하기 위한 사유의 과정에서 합법적 행위와 더불어 비합법적 행위의 가능성을 내가 생각했다는 것을 나는 알게 된다. '오호라, 나는 곤고한 사람이로다' 라는 사도 바울의 탄식은 이러한 자각으로부터 나왔다는 것이다.

IV. 악의 극복

동일한 주제에 대한 동일한 결론을 제시하면서도 칸트와 요나스 양자가 주제에 접근하는 방식들은 선명하게 구별된다. 요나스의 입장에서 보자면 칸트가 악의 문제를 존재론적 아포리(Aporie)에 맡기지 않고 주관의 영역으로 끌어들였지만 여전히 전통적 방식을 답습하고 있다고 말할 수도 있다. 근거에 대한 추적이 외부에서 내부로 전환되었을 뿐 근거에 대한 집착은 여전하다는 것이다. 근거가 아니라 발생에 대한 요나스의 천착은 악의 기원과 관련한 전통적 존재론의 아포리를 궁극적으로 해소하는 데 기여할 수 있을 것이다.

연역적 접근이건 현상학적 기술의 방식이건 칸트와 요나스 양자는 악의 가능성이 인간 내에 뿌리박고 있으며 근절할 수 없다고 본 점에서 일치한다. 악은 다만 극복할 수 있을 뿐이다. 그러면 극복은 어떻게 가능한가?

잘 알려진 대로 바울과 아우구스티누스의 결론은 '은총과 믿음'이다. 칸트의 입장은 '경배의 대상으로서의 신에 대한 표상은 존경의 대상으로서의 법칙에 기인한다'[27]는 주장과 '너는 해야만 한다. 고로 너는 할 수 있다'는 주장에 압축적으로 드러나 있다. 「의지의 심연」(1964)에서는 요나스 자신의 입장이 분명히 드러나 있지 않다. 물론 이 논문은 1930년의 자신의 학위 논문에서 이미 착상된 것이다. 다시 말해 '전능을 포기한 신'으로 압축되는 '아우슈비츠 이후의 신 개념'[28]이 있기 전에 착상된 것이다. 그러나 1964년의 이 글에서도 이미 '아우슈비츠 이후의 신 개념'은 감지된다. 그것은 설령 신의 도움을 기대할 수 있다 하더라도 그 기대의 지평은 도덕법을 최선으로 추구하는 것에 있다는 지적에서 드러난다.[29] 바꾸어 말하면 신의 도움은 도덕법에 대한 추구를 방해할 수 없다. 이 또한 아무것도 하지 않고 은총을 기대하는 것(광신)에 대한 칸트의 경계와 정확히 일치한다.[30] 신에 대한 경배는 법칙에 대한 존경을 교란해서도 안 되지만 교란할 수도 없다.

1 칸트에 의하면 신(神)은 도덕 이후에 나온 것이다. I. Kant, *Die Religion innerhalb der Grenzen der bloßen Vernunft*, Akademie Ausgabe VI, 5 참조. 철학사의 맥락에서 보더라도 소크라테스 이전의 자연철학사는 신의 배제사이다. 좋은 삶에 대한 소크라테스의 천착과, 이에 입각한 플라톤의 가치 존재론을 거친 후 아리스토텔레스에 이르러서야 존재신학이 등장한다.

2 이에 대해서는 C. Schulte, *radikal böse. Die Karriere des Bösen von Kant bis Nietzsche*, München, 1991, 323–336 참조. 특히 331 참조.

3 Aristotle, *Nicomachean Ethics*, VI, 1140 b 13-19 참조.

4 *Religion innerhalb der Grenzen der bloßen Vernunft*, 136.

5 I. Kant, *Kritik der praktischen Vernunft*, Akademie Ausgabe V, 31 ; *Die Religion innerhalb der Grenzen der bloßen Vernunft*, 26 참조.

6 같은 곳.

7 다만 경향성은 사실상 의욕된 "선한 준칙의 철저한 수행(Ausfürung)을 어렵게 할 뿐이다." 그러므로 경향성은 단지 훈련될 수 있을 뿐이다. *Die Religion innerhalb der Grenzen der bloßen Vernunft*, 158.

8 칸트 저작에서 자유와 자의는 문맥에 따라서는 구별되지 않고 쓰이는 경우가 있지만 실은 엄격히 구별되는 개념들이다. 협의의 자유는 도덕 법칙과 관계하는 인간 이성의 능력이고, 자의는 도덕법과 경향성 간에 성립하는 질서를 추구할 수도 아니할 수도 있는 능력, 즉 선택의지이다. 아우구스티누스의 자유의지는 주로 칸트적 의미에서의 자의에 해당한다. 아우구스티누스나 칸트 모두에게 자의는 의식적 선택의 능력으로 그 선택의 결과에 대한 책임은 그 선택의 원인인 자의에 있다. 칸트에 있어 자의와 자유의 의미의 구별에 대한 적절하면서도 간단한 고찰로는 R. Wimmer, "Christoph Schulte : Radikal Böse", in: *Philosophische Rundschau*, Bd. 39, 1992,

55 참조.

9 칸트가 경향성과 그것의 주관적 근거로서의 성향을 구별하는 이유는 도덕성이 행위의 차원이 아니라 행위의 원칙(준칙)의 차원에서만 성립한다는 사정과 관련된다. 악의 근거는 경향성 자체가 아니라 도덕법과 경향성 간의 질서를 뒤집는 자의의 성질, 즉 전도에의 성향, 악한 성향이다.

10 "본래적 악은 경향성이 법칙을 위반하도록 자극할 때 그에 저항하기를 원치 않는 데 있다." *Die Religion innerhalb der Grenzen der bloßen Vernunft*, 153. 저항하기를 원치 않는 자의의 속성이 악의 성향이며 그것의 결과가 도덕적 악이다.

11 같은 책, 137 참조.

12 그러나 이러한 악의 성향이 부패한 이성이 아니라 부패한 심정이라는 사실이 간과되어서는 안 된다. 앞서 살펴본 대로 단적으로 부패한 이성, 즉 도덕 법칙을 의식하지 못하는 이성은 불가능하다. 부패한 심정이란 도덕법과 경향성 간에 존재하는 기존의 도덕적 질서를 고의적으로 뒤집는 성향이 자의를 지배하고 있는 상태이다. 칸트가 사악성(Bösartigkeit)과 악의(Bosheit)를 엄밀히 구분하고 있는 것은 이런 이유에서이다.

13 같은 곳.

14 같은 책, 129.

15 악한 성향이 붕괴의 근거라는 답은 이 물음에 대한 적실한 대답이 되지 못한다. 지금 왜(Grund)가 아니라 어떻게(Genese)를 묻고 있기 때문이다.

16 원래 이 논문은 *Zeit und Geschichte. Dankesgabe an Rudolf Bultzmann zum 80. Geburstag*, hg., E. Dinkler, Tübingen, 1964에 실렸다. 이 글에서 인용되는 것은 영역본 H. Jonas, "The Abyss of the Will: Philosophical Meditation on the Seventh Chapter of Paul's Epistle to the Romans"으로서 H. Jonas, *Philosophical Essays*, Chicago, 1974, 335-348에 있다.

17 H. Jonas, "The Abyss of the Will", 338.

18 같은 책, 339.

19 같은 책, 340.

20 같은 곳.

21 같은 책, 340.

22 이것이 바로 바울이 제기했던 물음이었다. "그러면 우리는 무엇을 말할 것인가? 율법이 죄인가? 절대 그렇지 않다. 그러나 율법이 없었더라면 나는 죄를 몰랐을 것이다. 율법이 탐욕치 말라고 말하지 않았더라면 나는 탐욕을 몰랐을 것이다."「로마인에게 보내는 바울의 서신」, 7장 7절.

23 "The Abyss of the Will", 344.

24 같은 곳.

25 같은 책, 345.

26 같은 책, 343.

27 *Religion innerhalb der Grenzen der bloßen Vernunft*, 6-7 참조.

28 H. Jonas, "Der Gottesbegriff nach Auschwitz. Eine jüdische Stimme", in: *Philosophische Untersuchungen und mataphysische Vermutungen*, Frankfurt, 1992, 190-208 참조, 특히 201 참조. 그런데 아우슈비츠 이후의 신 개념의 착상은 이미 1962년의 *Harvard Theological Review*에 실린 글에서 확인된다. 그러므로 의지의 심연에는 이러한 신 개념이 투영되어 있다고 볼 수 있다.

이러한 '전능하지 않은 신'의 배경에는 세계에 신이 개입하지 않는다는 확신을 가져다준 아우슈비츠의 체험이 자리하고 있다. 후기의 그의 윤리학(*Das Prinzip Verantwortung*, 1979)에서 칸트적 '숭고(崇高)'나 '경외(敬畏)'가 아니라 '책임(責任)'이 주된 개념으로 등장하는 것도 이와 관련되어 있다. 인간의 어깨에 책임이 부과된 것은 전능한 신의 명령 때문이라기보다는 신이 간섭하지 않는 지상에서 그의 유일한 대행자가 인간이기 때문이다.

29 "The Abyss of the Will", 347-348.

30 *Religion innerhalb der Grenzen der bloßen Vernunft*, 153 참조.

제 13 장

신이 떠난 세계의 도덕성:
신정론에 대한 칸트와 요나스의 입장을 중심으로

I. 들어가는 말

근대 이후 신정론(神政論)의 문제가 주목받기 시작하는 것은 신 중심주의에서 인간 중심주의로의 전회와 관련이 있다. 초월적 신의 세계에 대한 영향력은 이신론에서 최초의 창조 시점으로 축소된다. 이와 동시에 '생각하는 나'가 전면에 등장한다. 이 코기토가 도덕적 규범세계에까지 손을 뻗칠 때 인간 중심주의에 의한 신 중심주의의 대체는 본격화된다. 바로 이 과정에서 '악의 문제'가 등장한다. 신이라는 보호막이 사라지면 그에 의해 가려져 있던 악의 문제도 드러나는 것이다. 라이프니츠, 헤겔, 니체 등에 의한 신정론 논구는 이러한 사정을 반영한다. 잘 알려진 대로 이에 대한 전형적 판정은 니체의 선언에서 드러나는 '신의 죽음'이다. 아마도 한스 요나스(1903-1993)의 '아우슈비츠 이후의 신 개념'(1992)은 서양 철학사에서 신정론에 대한 최종적 불가 판정일 듯싶다. 그의 '책임의 원칙'도 '신이 떠난 세계의 도덕성의 한 원칙'이라고 보면 된다. 그러나 이러한 신정론 실패에 대한 명확한 선언은 자발적 오성과 자율적 이성으로 인간 중심주의를 완성한 칸트에게서 1791년에 이미 분명하게 선언되었다. 따라서 칸트의 도덕, 종교철학은 신이 떠난 세계의 도덕성의 원형을 보여 준다. 사실 칸트 실천철학의 핵심 개념인 '자율'은 이미 신정론의 철학적 실패를 함축하고 있다. 왜냐하면 신이 도덕적으로 간섭하는 세계는 더 이상 자율의 세계가 아닐 것이기 때문이다.

아래에서는 신정론 실패 판정의 시작과 끝을 이루는 칸트와 요나스 양자의 견해를, 각각 종교철학적 맥락, 역사철학적 맥락 그리고 도덕철학적 맥락에서 비교한다. 양자의 동일성과 구별성을 추적하는 과정에서 근대라는 공간에서 가능한 도덕과 종교의 내적 연관들이 드러나리라 기대한다.

II. 신이 떠남

1. 철학적 신정론의 실패 (칸트)

전통적으로 신정론은 신의 전능, 신의 선함 그리고 악의 실재 간의 이율배반를 해결하려는 시도였다. 악의 존재가 신의 뜻이었다면 신은 전능하긴 하지만 선하지는 않다. 반대로 악의 존재가 신의 뜻이 아니었다면 신은 선하긴 하지만 전능하지는 않다. 전통적 해법은 악의 실재를 부정하거나 아니면 악을 전체로서의 선에 이바지하는 필요악으로 봄으로써 신의 전능과 옳음을 옹호하는 것이었다.

칸트의 「신정론에 있어 모든 철학적 시도의 실패에 대하여」(1791)는 신정론의 문제와 관련한 칸트의 일련의 탐구[1]의 결정판으로서, 제목이 말하는 것과 같이 여기서 철학적 신정론은 최종적으로 불가 판정을 받는다. 이 저작에 따르면 신정론이란 "세계내의 반목적적인 것으로부터 세계 창시자의 지혜에 대해 이성이 제기하는 항변에 맞서 세계 창시자의 최고의 지혜를 변호하는 것"[2]이다. 신정론에 대한 철학적 변호가 실천이성이라는 법정에서 실패할 수밖에 없는 칸트적 이유는 대개 다음

의 세 가지로 재구성될 수 있다. 첫째, 세계에 악이 실재한다. 악의 실재
는 신의 선함에도 불구하고 그것이 현실적으로 관철되지 못한다는 증
거이다. 둘째, 악이 인간의 탓이라 하더라도 악에 대한 징계와 선에 대
한 보상이 세계내에서 일어난다면 신정론은 정당화될 수 있을 것이다.
그러나 이런 일은 일어나지 않는다. 셋째, 신의 선함의 궁극적 관철에
대해 우리는 알 수 있는 처지에 있지 않다. 그러므로 이 세계에서 신의
'도덕적 지혜'를 입증하려는 모든 (미래의 시도까지 합한) 시도는 실패
할 수밖에 없다.

먼저 신의 도덕적 지혜에 대한 세계내의 반증사례(칸트적 표현을 빌
자면 반목적적인 것)는 악의 실존이다. 이 '도덕적으로 반목적적인 것'
에 직면해서 제기되는 (실천)이성의 항변은 '왜 신은 옳음 자체인데도
세계에 악이 존재하는가' 하는 것이다. 이러한 항변에 대한 신정론의 전
통적인 대응방식을 다시 한 번 정식화하면 악이라고 하는 "단적으로 반
목적적인 것은 존재하지 않으며 이 반목적적인 것은 인간적 지혜의 위
반일 뿐이다"[3]라는 것이다. 도덕 법칙에 어긋난 행위를 우리의 기준에
서 악이라고 판정할 수는 있어도 이는 우리의 기준일 뿐 신적 지혜의 기
준에 입각한 판정은 아니라는 것이다. 이런 주장은 우리가 악으로 판정
한 것도 실은 최상의 세계를 위해 적합한 수단일 수 있다는 전통적인
'필요악' 논증 선상에 있다. 그러나 칸트에 의하면 이러한 변호의 핵심,
즉 선악의 신적 기준과 실천이성의 기준의 상이성에 대한 주장은 신정
론에 대한 (항변뿐만 아니라) 변호조차도 불가능하게 한다. 왜냐하면
변호하고자 하는 옳음 자체가 이해 불가능하다면 아예 변호도 불가능
할 것이기 때문이다. 다시 말해 무엇을 변호해야 하는지를 모르는 한 변
호는 불가능하다. 그러므로 선의 판정 기준으로서의 도덕 법칙은 신과
인간이 공유하는 기준이어야 한다. 그뿐만 아니라 칸트가 보기에 이러
한 변호는 "도덕성에 대한 최소한의 감정을 가진 모든 인간에 대한 혐

오"⁴를 드러내고 있다.

　악의 문제와 관련한 신정론의 또 다른 대안은 악이 전적으로 인간의 탓이므로 신에게는 책임이 없다는 주장이다. 사실 인간에게 책임을 물을 수 없는 악이란 도덕적 악일 수 없다. 만일 악이 인간의 자의의 산물이 아니라면, 즉 인간이 벗어날 수 없는 자연적 경향성의 산물이라면 책임은 면제될 것이기 때문이다.⁵ 그러나 도덕적 악이 인간의 책임이라는 것을 인정한다고 해서 세계 창시자의 도덕적 지혜가 정당화되는 것은 아니다. 왜냐하면 '왜 신은 인간이 악을 선택할 때 막지 않았는가' 라는 의문이 여전히 남기 때문이다. 사실 선 자체로서의 신이 악을 원할 수는 없다. 그러므로 인간의 자의에 의해 도덕적 원칙이 붕괴되었다 하더라도 신이 그것을 원했다고 볼 수는 없다. 그렇다면 남은 대답은 인간이 악을 선택하는 것을 신이 원치 않았음에도 "신에게는 이러한 악을 막는 일이 불가능했다"⁶는 것이다. 그러므로 악이 세계에 존재하는 한, 그것의 원인이 인간에게 있다 하더라도, 옳음 자체로서의 신의 도덕적 지혜는 관철되지 않았다.

　다음으로 칸트가 검토하는 신정론의 주장은 신의 도덕적 지혜로서의 신의 호의(Gütigkeit)와 신의 정의이다. 칸트에 의하면 '세계내에 신의 호의와 정의가 관철되고 있다' 는 주장은 세계내 반증사례를 견디지 못하는데 그것이 '의인의 고난' 과 '악인의 벌 받지 않음' 이다. '도대체 신의 호의와 신의 정의가 이 세상을 지배한다면 왜 의인이 상을 받기는커녕 고난당하며 악인이 벌 받지 않는가' 하는 것이 실천이성의 항변인 것이다. 이에 대한 신정론의 반론, 즉 '선·악과 상·벌(복·화) 간의 이 세계내에서의 불균형' 이라는 항변에 대한 신정론의 유력한 반론 중의 하나는 '의인의 고난은 선을 위한, 따라서 내세의 영원한 행복을 위한 연단(鍊鍛)이며 악인의 벌 받지 않음은 내세에서의 응분 대가에 의해 균형 잡힌다' 는 것이다. 그러나 칸트에 따르자면 내세에 대한 호소를 통한 신의 도덕적 지혜의 변호는 "매듭을 푸는 것이 아니라 자르는"[7] 해법이며 부정의에 실망하는 자는 이러한 내세의 요청을 통해 "참으로고 지시될 수는 있어도 만족할 수는 없다."[8] 더 나아가 칸트는 자연법칙에 따르는 복·화와 자유의 법칙에 따르는 선·악이 설령 내세에서라 하더라도 일치하리라는 보장이 없다고 주장하는 데까지 나간다.[9]

마지막으로 칸트는 신정론에 대한 모든, 따라서 미래의 철학적 옹호에 대해서 회의적 입장을 취한다.[10] 그것은 인간 이성의 한계 때문이다. 신정론이 타당하다는 것을 통찰한다는 것은 세상에서 행복과 도덕성이 신적 합목적성에 따라 일치한다는 것을 통찰한다는 것과 동일한데, 이는 인간의 이성 능력상 불가능하다는 것이다. 왜냐하면 우리가 양자의 일치를 세계에서 통찰한다는 것은, 칸트에 따르자면, '초감성계의 감성계에 대한 영향력'을 통찰할 수 있다는 것과 동일한데 우리가 통찰할 수 있는 것은 감성계[11]의 법칙뿐이기 때문이다. 초감성계의 감성계에 대한 영향력을 통찰하기 위해서는 전지(全知, Allwissenheit)가 요구된다. 기술적 지혜와 도덕적 지혜의 통일로서의 최고의 지혜를 통찰하는 것은 결국 우리 인간의 인식 능력상 불가능하다. 요컨대 신적 최고 지혜에 상응하는 인식 능력을 갖지 않는 한 최고의 지혜는 입증할 수 없다.

2. 아우슈비츠 이후의 신 개념 (요나스)

한스 요나스의 「아우슈비츠 이후의 신 개념 — 어느 유대인의 목소리」(1992)는, 제목이 시사하는 바와 같이, 유대인의 역사적 체험인 아우슈비츠 사건을 통해 전통적인 신 개념을 검토해 보려는 시도이다. 사실 근대 초에 신정론의 문제를 촉발시켰던 것도 구체적 사건이었다. 신이 세계를 다스린다면 리스본의 지진(1755)이 일어날 수 있었겠는가라는 물음에 라이프니츠는 그것이 전체로서의 세계의 완전함을 보여 주는 필요악에 불과하다고 답했던 것이다. 물론 라이프니츠와 마찬가지로 요나스에게도 아우슈비츠라는 구체적 사건은 이론적 고찰의 도입부 역할을 하는 데 불과하다. 그러나 이 이론적 고찰의 요나스적 결론은 라이프니츠와 다른 방향으로 나간다. 요나스에게 아우슈비츠 참사는, 칸트 식으로 표현하자면, 신의 도덕적 지혜에 반립하는 세계내 반목적적인 것이다. 그리고 신적 옳음과 신적 호의에 대한 결정적인 세계내 반증사례들은 아우슈비츠라는 전대미문의 도덕적 악 자체와 이로 말미암은 유대인의 고난이다. 결론부터 말하자면 요나스는 칸트처럼 '신의 도덕적 지혜가 이 세계에서 옹호될 수 없다'고 유보적으로 말하는 대신 '신은 전능하지 않다'고 잘라 말한다. 사실 신의 전능은 신의 정의적 특성과도 같은 것이어서 이를 부정하기란 그리 쉬운 일이 아니다. 그가 어떻게 이런 결론에 도달하는가를 첫째, 역사적 측면에서 둘째, 논리적 측면에서 셋째, 종교철학적 측면에서 각각 고찰해 보자.

먼저, 아우슈비츠 사건이 갖는 신정론적 함의에 대해 살펴보자. 요나스가 소개하는 바에 따르면 전통적으로 유대인들의 고난에 대한 유대교의 신정론적 해명은 대개 응보설과 순교설로 나뉜다. 전자는 유대인의 고난은 특별한 신의 은총을 받은 (선민(選民)인) 유대인이 신을 배신했기 때문이라는 주장이며 후자는, 전자의 주장이 더 이상 설득력이 없을 때 등장한 것으로, 유대 민족의 고난은 바로 유대 민족의 의인됨의 증거인 동시에 (메시아를 통한) 임박한 승리의 증거라는 주장이다. 말하자면 이 두 가지 대안은 악에 직면하여 신의 정의와 신의 궁극적 호의를 변호하는 입장이다. 그런데 이 두 가지 대답은 아우슈비츠 사건에 직면하여 신정론을 변호하는 대안이 될 수 없다는 것이 요나스의 주장이다. 왜냐하면 무고(無故)한 숱한 어린이들의 죽음은 (불)신앙이나 부정의 때문도 아니었고, 그렇다고 그들이 신앙을 위해서 죽은 것도, 옳음을 위하여 죽은 것도 아니었으며, 이 과정에서 신으로부터의 그 어떤 구원의 손길도 없었기 때문이다. 신의 동형상을 간직하고 있다는 인간사에서 벌어진 인종청소 기간 내내 "신은 침묵했다."[12] 그래서 요나스는 "신이 원하지 않았기 때문이 아니라 신이 개입할 수 없었기 때문이다"[13]라고 단언한다.

다음으로 논리적으로 전능이라는 개념은 "자기 지양적이고 무의미한 개념"[14]이라는 것이 요나스의 주장이다. 전능, 즉 절대적인 권능은 한계가 없는 권능일 것이며, 따라서 자신의 외부에 타자를 두지 않는 권능이다. 그러나 이렇게 자기 외부의 그 어떤 권능도 부정하는 권능, 즉 대상 없는 권능은, 마치 저항 없는 힘이 그 어떤 현실적 힘도 아닌 것처럼, 공허하다. "대상 없는 권능은 권능 없는 권능"이며 "전부는 무와 같다."[15] 만일 전능한 권능이 현실적인 권능이려면 자기 자신 외에 대상을 가져야 할 것인데 그렇게 되면 이 권능은 더 이상 전능하지 않다. 요컨대 힘의 개념은 원래 관계 개념이어서 작용자와 피작용자를 전제하는데, 전능은 이러한 힘의 개념의 필연적 전제인 피작용자를 부정하기 때문에 자기 모순적이라는 것이다. 따라서 논리적으로 전능한 신이 불가능한 이상 논리적으로 신정론은 불가능하다.

이제 종교철학적 관점에서 문제를 마무리해 보자. 요나스의 주장처럼 악의 실존에 직면해서 신의 이해 가능성(선악의 기준은 신과 인간에게 동일하다는 것), 신의 전능, 신의 선함 이상의 삼자를 동시에 옹호하는 것은 불가능하다. "만일 신이 일정 정도, 일정 방식으로 이해 가능하여야 한다면 신의 선함은 악의 실존과 통일 가능하여야 한다. 그리고 이는 신이 전능하지 않은 경우에만 가능하다."[16] 신이 우리와 같은 기준에 입각하여 선을 원함에도 불구하고 세계에 악이 있는 것은 신이 전능하지 않기 때문이라는 것이다. 이제 남은 문제는 신이 전능하지 않다는 것이 무엇을 의미하는가 하는 것이다. 이는 신이 전능하지 않은 내적인 근거가 무엇인가 하는 물음이다. 먼저 신의 권능이 그와 공존하는 타자에 의해 제한되었기 때문이라는 대안이 있을 수 있다. 선을 원하는 신이 전능하지 않은 것은 선을 원하지 않는 악신이 있기 때문이라는 것이다. 이는 마니교의 주장인데 여기서 이에 따르면 악의 원칙은 선의 원칙에 독립적으로 존재하며 이 원칙에 세계내 악이 귀속된다. 그러나 실체로서의 악을 승인하는 이러한 입장은 궁극적으로 도덕적 악이 인간의 책임이라는 사실과 배치된다. 만일 악의 기원이 악의 실체로서의 악신이라면 인간의 악행은 인간의 탓이 아닐 것이며 우리는 도덕적으로 비난받거나 처벌받을 수 없을 것이기 때문이다. 따라서 선을 원하는 신이 전능하지 않은 이유가 이와 동등한, 악을 원하는 타자에 있지 않다면 이제 남은 대안은 신적 권능의 자기 제한이다. 그래서 요나스는 "세계사물의 물리적 과정에 대한 간섭의 모든 권능을 포기해 버린 그러한 신의 이념"[17]을 제안한다. 인간의 악을 신이 말릴 수 없었던 것은 신이 자신의 권능을 스스로 제한하여 인간에게 선악을 선택할 자유를 허용했기 때문이라는 것이다. 이 자기 제한은 "세계의 실존과 자율을 위한 공간을 제공한다." "창조는 절대적 주권의 행위였으며 이 행위와 더불어 창조는 자기 결정적인 유한성의 현존재를 위하여 더 이상 절대적이지 않기로 동의하였다. 따라서 이 행위는 신적 자기외화의 행위이다."[18] 요컨대 신은 인간의 자유를 허용함으로써 자기 자신을 제한했다. 신은 인간에게 자유를 허용하고 떠난 것이다.

III. 신이 떠난 세계

1. 인류는 진보하는가? (칸트)

철학적 신정론 실패에 대한 칸트의 선언은 단순히 종교철학적 의의만 가지는 것이 아니다. 만일 세계 내에서 신의 통치 및 그 법칙이 인식될 수 있다면 우리는 자신 있게 법칙에 입각하여 낙관적인 미래를 예견할 수 있을 것이다. 미래가 낙관적인 것은 선을 원하는 신이 지배하기 때문이다. 그렇지 않고 만일 신의 통치를 정당화할 수 없다면, 즉 신이 통치하지 않거나 설령 통치한다 하더라도 그의 섭리를 우리가 알 수 없는 한, 예견은 불가능할 것이다. 우리가 살펴보았듯이 「신정론에 있어 모든 철학적 시도의 실패에 대하여」(1791)는 신의 통치와 그 섭리에 대해 부정적 판결을 내렸다. 이에 이어 나온 『학부들의 논쟁』(1798) 제2부에서 미래를 예측할 수 없다는 주장이 발견되는 것은 그러므로 당연하다. 중요한 점은 칸트의 초기 역사철학적 입장은 이와 달랐다는 것이다. 따라서, 신이 떠난 세계의 모습을 부각시킬 수 있는 한에서, 신정론 불가판정을 전후로 한 역사철학적 입장변화를 간략히 살펴보는 것은 의미가 있다.

신정론 논문 이전의 칸트 역사철학적 입장을 가장 선명하게 드러내는 저작은 「세계시민사적 관점에서 본 보편사의 이념」(1784)이다. 그리고 이 저작에는 「낙관주의에 대한 몇몇 고찰의 시도」(1759), 「합리적 신학에 대한 강의」(1783/1784)에서의 친신정론적 입장이 관철되어 있다. 제목이 시사하는 바와 같이 이 논문은 인류가 세계시민사회로 필연적으로 이행하는 보편사의 과정에 있다는 것을 정당화하려 한다. 이 정당화의 근거를 칸트는 자연의 의도에서 찾고 있다. "자연이 의도한 것"은 인간이 "자신의 이성을 통해"[19] 결국 "보편적으로 법이 지배하는 시민사회"[20]로 이행하는 것이며, "자연의 숨겨진 계획"[21]은 결국 "인류의 완전한 시민적 통일"[22]이라는 것이다. 이 자연의 숨겨진 계획이 바로 신의 섭리로서 「낙관주의에 대한 몇몇 고찰의 시도」에서는 "모든 가능한 세계들 중에서 이 세계를 택했기 때문에 이 세계를 최선의 세계로 여겼던"[23] 신의 섭리로 표현된다. 이때 개별 인간들의 이기심은 부분적으로 볼 때 사회적 통합을 저해하는 요소인 것처럼 보이지만 실은 전체적 선의 필요성을 환기시켜서 궁극적으로 사회적 결속에 도움이 된다는 점에서 "비사교적 사교성"[24]이다. 이러한 주장은 "모든 것은 전체를 위해 좋은 것이다"[25]라는 「낙관주의에 대한 시론」에서의 친신정론의 연장선 상에 있다.

이미 살펴본 대로 신정론 논문(1791)에서 '자연의 숨겨진 계획', 즉 '신의 세계내 도덕적 지혜'에 대한 철학적 정당화는 세계에 악이 실재 한다는 사실 하나만으로도 실패로 판정된다. 신정론 논문의 맥락에서 말한다면 악(반사회성)을 궁극적으로 선(사회성)에 봉사하는 것으로 보는 것은 선악의 기준을 모호하게 (하거나 경우에 따라서는 당면의 사 회적 악을 정당화) 할 것이다. 신정론 논문 이후 쓰인 『학부들의 논쟁』 (1798)에서 칸트는 먼저 인류의 진보 문제는 "자연사의 문제가 아니라 도덕사의 문제"[26]라고 분명히 규정해 놓고 출발한다. 그리고 인류가 도 덕적으로 진보하는지 아닌지 아니면 늘 제자리인지는 예측할 수 없다. 왜냐하면 인간은 "자유롭게 행위하는 존재자"이기 때문이며 이들에게 는 "무엇을 행해야 하는지를 미리 부과할 수는 있으나 이들이 무엇을 행하게 될지는 미리 말할 수 없기"[27] 때문이다. "자유로운 인간의 행위 는 인간에 의해 목격될 수는 있지만 확실성을 가지고 예견될 수는 없다 (이는 신의 눈에도 마찬가지이다)."[28] 이 말을 신정론적 맥락으로 번역 한다면 다음과 같이 될 것이다. 신은 (인간에게 도덕적 능력을 부여했 으되) 인간이 도덕적으로 행할지 아니면 비도덕적으로 행할지는 미리 정해 놓지 않았다.

그런데 이 신정론 논문에서 신의 '도덕적 지혜'는 정당화될 수 없으 되 신의 '기술적 지혜'는 정당화될 수 있다는 칸트의 발언은 주목할 만 하다. 세계 창시자의 기술적 지혜란, 세계가 마치 제작자가 있는 듯이 합목적성을 드러낼 때, 이러한 합목적성을 의욕한 신의 의지의 특성이 다. 사실 이러한 주장에는 『판단력비판』(1790)에서의 자연의 합목적성 에 대한 논의가 반영되어 있다. 여기서 칸트는 자연이 유기체에서 내적 인 합목적성(Naturzweck)을 보여 줄 뿐만 아니라 전체적으로도, 즉 무

기물에서 인간에 이르기까지도 하나의 외적 합목적성(Zweck der Na-
tur)을 보여 준다는 것을 정당화한다.[29] 그리고 칸트에 의하면 이러한
목적론적 질서의 정점, 즉 (창조의) 궁극목적의 자리에 "도덕성의 주체
로서의 인간"[30]이 자리하고 있다. 물론 자연의 목적론에 대한 판단은 자
연과학적 판단과 다르지만 그럼에도 후자에 의해 전자가 폐기되는 것
은 아니다.[31] 이상의 『판단력비판』의 논의가 신정론에서 "목적론(그리
고 이를 통한 자연신학)은 경험 내에서 기술적 지혜에 대한 충분한 증
명을 제공한다"[32]는 주장으로 나타난 것이다. 그러나 기술적 지혜로부
터 도덕적 지혜로의 그 어떤 추론도 정당하지 않다. 요컨대 세계에 대한
신정론 논문의 결론, 즉 '신의 기술적 지혜는 입증될 수 있지만 도덕적
지혜는 입증될 수 없다'는 주장은 다음과 같이 바꾸어 표현될 수 있다.
'세계의 자연적 질서는 완전하지만 세계의 도덕적 질서는 그렇지 않다.
자연적 목적론은 가능하지만 도덕적 목적론은 불가능하다.' 결국 칸트
가 신정론에 대한 종교철학적, 역사철학적 변호를 포기한 것은 도덕철
학적 문제에서 비롯된 것이다.

2. 생명의 모험 (요나스)

우리는 신의 전능에 대한 요나스적 포기가 칸트와 동일한 역사철학적
결론을 불러올 것이라고 예상할 수 있다. 이는 요나스가 아우슈비츠로
대표되는 세계내 악의 실존을 고수하는 한 불가피한 것이다. 따라서 결
정론적 역사 법칙주의 혹은 예정 조화설은 불가능하다. 정치와 사회에
서 진보를 말하는 것은 그것의 '성취와 더불어 상실된 소중한 것'[33]을
무시하는 경우에만 가능하며 "아우슈비츠의 치욕" 앞에서 "이성의 간
지" 운운할 수 없다는 것이다.[34] 역사 결정론에 대한 요나스의 거부는
현대판 신정론이랄 수 있는 기술공학 유토피아주의에 대한 비판으로도
나타난다. 우선 우리는 유토피아가 도래할지 아니할지 알 수 없다. 왜냐

하면 우리는 능력상 이를 알 수 있는 "최고의 지혜"[35]를 가질 수 없기 때문이다. 요나스가 보기에 기술공학적 유토피아주의가 (그리고 생산력 발전을 인간해방의 전제 조건으로 삼는 마르크스주의적 역사 법칙주의가) 무책임한 것은 미래의 기술공학적 유토피아 앞에서 현재적 삶은 마치 천국 앞에서 현실이 그러한 것처럼 임시적인 것으로 전락하기 때문이다.

흥미로운 것은 칸트의 경우와 달리 요나스에 있어서는 인간의 도덕적 불완전성뿐만 아니라 세계 자체의 불완전성[36]이 승인되고 있다는 점이다. 말하자면 요나스에 있어서는 신의 도덕적 지혜뿐만 아니라 신의 기술적 지혜가 세계에 구현되어 있다는 점도 부정되고 있다는 것이다. 요나스의 이러한 차별성에는 근대 이래의 자연철학적 성과가 반영되어 있는 것으로 보이는데, 그것은 코페르니쿠스의 지동설과 다윈의 진화론이다. 요나스가 보기에 아리스토텔레스 이래의 천동설을 코페르니쿠스가 지동설로 대체한 것은 형이상학적 사건이다. 왜냐하면 천동설에 입각해서 온 우주의 모범으로 간주된 지구라는 완전한 생명계가 지동설에서는 무생명의 무한 바다에 떠 있는 한 점 섬에 지나지 않는 것으로 간주되고 이로써 생명과 무생명의 비율이 일거에 역전되었기 때문이다. 따라서 무생명의 생명에 대한 이러한 양적 압도가 다윈의 진화론에서 '진화의 우연성'으로 나타난 것은 당연한 귀결이다. 무한대인 무생명에서 무한소인 생명으로 발전한 과정이 필연적이었다고 말하기에는 무생명의 비율이 너무도 압도적이었기 때문이다. 만일 생명과 인간의 정신의 출현이 신의 뜻이었다면 이는 "엄청난 낭비"였다.[37] 따라서 자연으로부터의 정신의 등장이 자연의 목표였다는 헤겔적 자연철학은 코페르니쿠스 혁명 이후의 세계를 그 이전의 잣대로 재단하려는 시도로 간주된다. 전통적 세계관에 대한 요나스 비판은 '성공 형이상학의 실패'로 요약된다. 그가 보기에 아리스토텔레스에서 화이트헤드에 이르기까지의 모든 형이상학이 성공 형이상학인 것은 이들이 실패할 수 없는 원칙에 입각하여 세계를 해석하고 있기 때문이다.[38]

이제 마지막으로 신이 떠난, 즉 성공 형이상학의 반증사례인 세계에 대한 요나스 자신의 적극적인 해석을 들어볼 차례이다. '생명의 모험'[39]으로 명명될 만한 그의 형이상학을 간단히 요약하면 다음과 같다. 첫째, 태초의 창조 정신의 전적인 자기 소외. 앞서 우리는 요나스가 신이 전능하지 않게 된 이유로 신적 권능의 자기 제한을 들고 있음을 보았다. 창조가 자기 제한이라는 점에서 그는 '절대 정신의 자기 소외'로 요약되는 헤겔적 대안을 계승한다. 그러나 성공 형이상학의 배제를 위하여 이소외는 신의 권능의 완전한 포기여야 한다고 주장함으로써 그는 헤겔과는 달리 나간다. 사회를 관통하는 원칙은 물론이고 자연 전체를 관통하는 불변적 법칙도 존재하지 않는다. 모든 일은 자연과 인간에 맡겨진다. 둘째, 우주의 거대함과 생명의 왜소함. 이는 코페르니쿠스 이론이 반영된 결과이다. 생명의 기회를 제공한 것은 무생명의 무한 우주였을 뿐 생명을 위한 그 어떤 추가적 신의 개입도 없었다. 셋째, 생명과 인간 정신의 연속성. 다윈주의가 사변철학적으로 요나스에 의해 수용되면 생명은 무생명으로부터, 인간의 정신은 생명으로부터 출현한 것으로 간주된다.[40] 인간 정신은 생명이라는 내면성의 진화의 결과로 보아야 한다는 것, 따라서 양자의 이질성에 대한 강조가 양자의 연속성을 부정하는 것이어서는 안 된다는 주장이다. 넷째, 정신의 자기 결정권. 인간 정신의 미래는, 따라서 인간을 포함한 세계의 미래는 결정되지 않았다. 신이 의욕한 (그러나 간섭하지 않는) 생명의 모험이 어떻게 결말지어질지는 인간에게 달려 있다.[41]

Ⅳ. 신이 떠난 세계의 도덕성

1. 목적의 왕국의 자율 (칸트)

우리는 요나스와 달리 칸트에 있어서는 친신정론에서 반신정론으로의
입장 전환이라는 과정이 있었다는 사실에 주목해 왔다. 그래서 우리는
신정론 실패와 관련한 칸트의 종교철학적 논의와 역사철학적 논의의
근원은 도덕철학에 있다는 결론에 도달했었다. 이제 마지막으로 '신정
론 실패 판정'과 '보편사의 이념에 대한 포기'를 야기한 이 진원지를 추
적해 보자. 이것은 신이 떠난 세계에 과연 무엇이 남아 있는가를 살펴보
기 위함이다. 이 과정에서 부각시키고 싶은 것은 결국 그의 도덕철학에
의하면 신정론은 사실은 아니되 필연적 요청일 수는 있다는 것이다.

입장 전환의 직접적 근원이 된 것은 칸트의『실천이성비판』(1788)의
'순수한 실천이성의 변증론'이다. 여기서 칸트는 전통적인 최고선을 다
루고 있는데 이 최고선은, 칸트의 표현에 따르자면, '의지와 도덕법의
완전한 일치'(로서의 최상선)와 '도덕성과 행복의 완전한 일치'(로서의
완전선)의 통일이다. 양자의 통일로서의 최고선은 우리가 도덕적 결단
을 내릴 때 반드시 추구된다. 도덕적이고자 할 때면 반드시 "도덕법에
대한 심정의 완전한 적합성"[42]이 추구되며 또 '도덕성에 비례하는 행복'
이 추구된다는 것이다. 여기서 중요한 것은 추구한다는 것은 사실상 그
것이 충족되지 못한다는 것을 의미한다는 것이다. 의지와 도덕법의 일
치라는 신성함은 "감성계의 그 어떤 이성적 존재자에게도 가능치 않은
완전성"[43]이며 "도덕성과 도덕성에 정비례하는 행복 사이의 필연적 연
관"[44]은 도덕법에 포함되어 있지 않다. 정리하자면 우리가 도덕적 결단
을 행할 때 '의지의 도덕 법칙과의 예외 없는 일치'(의지의 신성함) 및
'도덕성과 행복의 일치'(정의)가 추구되는 이유는 사실상 의지가 도덕
법칙과 늘 일치하는 것은 아니기 때문이며 사실상 세계가 정의롭지 않

기 때문이다. 바로 이러한 변증론의 상황을 신정론의 입장에서 표현하면 다음과 같이 된다. '인간의 의지는 사실상 신성하지 않아서 세계에는 악이 있으며 또 세계는 정의롭지 못하다. 고로 신정론은 실패한다.'

결국 신정론 실패와 보편사의 이념의 포기라는 종교철학적, 역사철학적 결론은 '인간은 사실상 도덕적이지는 않지만 그럼에도 도덕적이어야 한다'는 도덕철학적 사태에서 비롯된 것이다. 그렇다면 도덕적이어야 한다는 것은 무엇을 뜻하는가? 『도덕 형이상학의 정초』(1786)에서 칸트는 정언명법을 여러 방식으로 표현하고 있다. 우리의 논의의 맥락에서 눈에 띄는 것은 칸트가 '도덕적이어야 한다'는 실천이성의 명령을 '목적의 왕국의 구성원이어야 한다'[45]와 동치시키고 있다는 사실이다. 이 왕국은 이성적 존재자들의 왕국으로서 개개의 구성원은 이 왕국의 입법자인 동시에 자발적 복종자이다. 이러한 목적의 왕국, 자율의 왕국의 원수(元首)가 신이다. 결국 '도덕적이어야 한다'는 실천적 명제는 '신국(神國)의 구성원이어야 한다', 혹은 '신국이 구현되어야 한다'와 같은 의미이다. 신정론의 논의를 염두에 두고 표현한다면 다음과 같다. '우리는 사실상 도덕적이지는 않지만 도덕적이어야만 한다'라는 명제는 '신정론은 사실상 실패하지만 성공하여야 한다'와 같은 의미이다. 물론 신국을 실현해야 할 주체는 바뀌었다. 그렇지만 이때의 주체는 도덕적 능력의 소유자로서의 인간이지 자연적 인과율의 지배 상태에 있는 존재인 인간은 아니다.

칸트 도덕철학에서의 목적의 왕국의 역사철학적 형태가 세계시민사회라 할 수 있다. 목적의 왕국이 당위적 이념으로서만 가능한 한 더 이상 세계시민사회도 역사의 필연적 사태이기를 그친다. 그럼에도 세계시민사회는 우리에게서 사라지지 않았고 당위적 이념으로, 이를테면 '이상적 의사소통 공동체에 대한 반사실적 기대'[46]로 현실의 우리에게 영향력을 미친다. 이러한 당위의 현실적 위력에 대해 칸트는 '너는 해야만 한다. 고로 너는 할 수 있다' 라고 말한다. 이 명제는 '인류는 세계 시민사회를 실현하여야 한다. 고로 인류는 실현할 수 있다' 로 구체화할 수도 있다. 정말 실현할 수 있는가? 다시 말하지만 법칙적 확실성을 가지고 예견할 수는 없다. 그러나 칸트에 의하면 진보할 수 있다는 것의 상징은 있다. 칸트는『학부들의 논쟁』에서 다른 방식으로 인류의 진보 가능성을 언급하고 있는데 그것은 '인류의 도덕적 진보를 상징하는 사건들(예를 들어 프랑스 혁명)은 후대의 도덕적 진보의 원인이 될 수 있다' 는 주장이다. 이러한 진보의 상징들이 진보의 원인 역할을 할 수 있는 것은 그것이 자발적 참여의 열정을 불러일으키기 때문이라는 것이다. 그러나 이 경우에도 분명한 것은 진보가 자연의 섭리가 아니라 인간의 성취물이라는 점이다. 물론 이러한 진보도 "인류의 도덕적 토대"[47]가 증대되는 것이 아니라 "합법성의 산물이 증가함"[48]을 의미할 뿐이다.

2. 생명에 대한 책임 (요나스)

논의의 맥락상 요나스의 도덕철학을 소개해야 할 시점이 되었다. 앞서 우리는 요나스의 형이상학의 결론이 '세계의 미래의 미결정성(예정설의 부정)' 과 '생명의 모험의 인간 의존성(정신의 자기 결정권)' 이었음을 살펴보았다. 거시적 측면에서 보면 이러한 자기 결정성은 칸트적 자율의 도덕성의 연장선상에 있다. 동시에 요나스 윤리학의 기획은 칸트의 그것과 그 적용영역에서 상이성을 보이는데 이는 칸트 이래 달라진 세계 상황에 기인하는 것으로 보인다. 다시 말해 그의 '책임의 원칙' 은 칸트에서는 전혀 문제시되지 않았던 자연의 불가침성이 붕괴된 오늘의 사태에 대한 윤리학의 대응이랄 수 있다. 이제 양자의 동일성과 구별성을 살펴보자.

먼저 거시적으로 신이 떠난 세계에서 도덕성이 차지하는 위상에 대한 요나스의 견해부터 살펴보자. 생명의 모험과 도덕성의 관계를 잘 표현해 주는 요나스의 표현은 "세계내 초월"이다. 세계내 초월이란 '물질로부터 생명으로의 비약(필연으로부터 자유로의 비약)'과 '생명으로부터 인간으로의 비약(생명의 자유로부터 인간의 자유로의 비약)'이다. 인간의 정신 내에서도 일련의 비약들이 구분될 수 있는데 그 비약의 마지막 단계가 도덕적 자유이다. 이러한 비약들은 다시 말하지만 그 어떤 초월적 힘의 개입도 없이 이루어지는 "내재적 초월"[49]이다. 따라서 세계내 초월의 현존하는 마지막 단계인 도덕성은 세계와 연속적이면서도 초월적이다. 그런데 요나스는 이 도덕적 자유도 두 단계로 구분하고 있는데 그것은 각각 '승인'과 '반성'[50]의 단계이다. 전자는 일차적으로 타자의 선이 승인되는 단계이고, 후자는 타자의 선을 승인하는 데 그치지 않고 자기 자신의 내면적 선함을 반성적으로 추구하는 단계이다. 전자의 성취가 후자의 성취를 의미하지 않는다. 이 후자의 단계가 칸트의 자율적 도덕성의 단계이며 여기서 목격되는 자아가 예지적 자아이다.[51] 예지적 자아는 그야말로 현존하는 세계내 초월의 최종 형태인 셈이다. 결국 요나스는 칸트의 자율을 세계내 초월의 마지막 단계로 위치 짓고 있다. 이로써 신이 떠난 세계에 남은 최고의 대리인은 자율적 도덕성이라는 점에 칸트와 요나스 모두가 동의하고 있음이 분명해졌다. 칸트에게서나 요나스에게서나 신은 인간의 자율을 위해 세계를 떠난 것이다.

이제 요나스 윤리학의 차별성을 초래한 새로운 과제의 대두에 대해 살펴보자. 요나스에 의하면 오늘날 전통 윤리가 전혀 예상치 못했던 과제가 등장했는데 그것은 기술공학적 실천이 초래한 생태위기이다. 오늘날 '자연의 완전성'이라는 칸트적 표상은 무엇보다 한때 그 완전성의 상징이었던 인간이라는 구성원에 의해 결정적으로 반증되었다. 자연의 완전성의 다른 표현인 불가침성, 즉 자연은 아무리 길어도 마르지 않는 샘이라는 표상이 의심스럽게 된 것이다.[52] 실감하고 있듯이 이것은 근대 이래 기술공학으로 무장한 인간의 무자비한 자연착취의 결과이다.

물론 인간이 존재를 무(無)로 돌릴 수 없는 한 자연 자체를 파괴할 수는 없다. 그러나 인간은 기왕에 존재하는 생명계의 질서를 파괴할 만할 권능을 가지고 있다. 인간이 이 권능의 담지자라는 사실 자체만으로도 자연(정확히 말하자면 인간과 운명을 같이하는 생명계)의 불가침성이라는 신화는 붕괴한다. 이는 칸트도 예상 못했던 바이다. 앞에서 보았듯이 칸트에 있어 세계내 신의 기술적 지혜는 정당화될 수 있었다. 그의 『판단력비판』이야말로 자연의 왕국의 철학적 정당화이다. 목적의 왕국은 우리가 실현해야만 하는 것이지만 자연의 왕국은 이미 실현된 것이다. 칸트가 자신의 목적의 왕국을 자연의 왕국과 유비적으로 설명하고는 있지만, 자연의 왕국(혹은 자연법칙의 법식)은 당위세계의 도덕 법칙의 보편성을 부각시키기 위한 편의적 예(칸트에 의하면 판단력의 전형)에 불과하며 결국 자연의 왕국은 신의 기술적 지혜와 도덕적 지혜의 질적 구별성 주장에 의해 도덕적 과제에서 제외되었다.

이제 요나스에게 인간을 포함한 생명계 일반이 멸망할 수도 있다는 것은 새로운 책임의 대상이 등장했음을 의미한다. 우리는 이들에 대해 책임이 있다. 왜냐하면 위기의 원인 제공자가 우리이기 때문이다. 그리고 우리는 이들을 보호할 능력이 있다. 왜냐하면 위기에 빠뜨릴 수 있는 자는 위기를 예방할 수도 있기 때문이다. 그러나 도덕현상으로서의 책임이 성립하려면 원인성과 능력만으로는 부족하다. 책임은 가치 원칙의 위배의 경우에만(가치 원칙 앞에서만) 성립한다. 왜 우리는 생명의 질서를 파괴해서는 안 되는가? 우리가 고찰한 요나스의 형이상학에 의하면 우리가 이 생명에 빚지고 있기 때문이며 더 나아가 생명에 가치 자체가 내재해 있기 때문이다. 이는 요나스의 형이상학에서 인간 정신을 포함한 생명은 신의 외화의 산물이라는 점에서 분명해진다. 비록 신은 전능한 존재는 아니되 여전히 가치의 원칙, 좋음 자체인 것이다. 외화된 신성이 생명에 내재하는 한 생명에는 가치의 원칙이 내재하며 우리는 이 생명에서 가치 자체를 직관할 수 있다.[53] 아우슈비츠 이후의 신 개념의 속성 중 하나인 '염려하는 신(sich sorgender Gott)'은 바로 책임 능력과 다름없다.

요나스의 책임의 기획은 자율의 기획을 배제하는가? 그렇지 않다. 양자의 차이는 영역의 차이에서 오는 것일 뿐이다. 호혜적 기획(인격에 대한 인격의 책임)과 비호혜적 기획(우리의 미래 세대까지 포함한 무방비 상태에 있는 생명에 대한 현존 인간의 책임)은 규범의 차원에서 충돌할 필요가 없다. 요나스가 구분한 도덕의 2단계에 따르자면 생명에 대한 책임은 승인의 자유에, 인격에 대한 책임은 반성의 자유에 해당한다. 그뿐만 아니라 요나스는 전자가 의욕될 때면 명시적이건 암시적이건 후자의 자유가 반드시 동시에 의욕된다고 언급하고 있다.[54] 말하자면 탈인간 중심주의적 가치의 보존은 인간 중심주의적 가치의 보존에 기여한다. 양 기획을 양자택일의 관계에 있는 것으로 보는 것은 동물 보호론자들을 인간 혐오론자들로 보는 것과 다를 바 없다.

V. 맺는말

고찰한 대로 칸트와 요나스의 입장은 신정론의 철학적 실패이다. 그렇다면 두 입장은 결국 무신론에 귀착하는가? 그렇지 않다. 칸트의 『실천이성비판』의 변증론에서 신은 행복과 옳음의 일치를 위해 순수 실천이성에 의해 필연적으로 요청된다. 무엇보다 칸트 도덕철학의 유신론적 토대는 실천이성의 원리론 한복판에 있는데 그것이 '이성의 사실로서의 도덕법'이다. 도덕성의 원칙은 인간의 의식의 조건으로 환원될 수 없다. 따라서 그것의 실재를 적극적으로 증명할 수는 없다. 그러나 우리는 의식 내 도덕법의 실재를 부인할 수 없다. 이것이 이성의 사실로 칸트가 의미하고자 하는 것이다. 말하자면 도덕법은 이성의 고안물이 아니라 이성에 주어져서 발견될 뿐이다. 결국 이성의 사실은 우리가 적극적으로 증명할 수는 없지만 그것의 의식 내 실재를 부인할 수 없는 유일한 신적인 것이다.[55] 칸트가 신의 현존재 증명은 도덕적 증명 외에는 불가능하다고 말한 것은 이러한 사정을 반영하고 있다.[56] 사정은 요나스에게도 마찬가지이다. 굳이 아우슈비츠 이후의 신 개념을 모색하는 것 자체가 이미 어떤 형태로든 신의 실재성을 전제하며 옹호하려는 시도인 것이다. 비록 전능한 신은 자신의 위력을 물리적 세계에 이양했지만 (세계를 떠났지만) 그럼에도 염려하는 신으로, 즉 책임 능력으로 세계에 남아 있는 것이다. 그렇기 때문에 요나스는 비록 신이 물리적으로는 무능하지만 정신적으로 그렇지는 않다고 말하고 있는 것이다.[57] 세계내에서 정신적 위력으로 남아 있는 신, 그것은 칸트가 말한 바의 인간의 도덕성과 다름없다. 그뿐만 아니라 신은 비록 가침적(可侵的)이긴 하지만 그리고 생성의 도중에 있긴 하지만 생명에 가치 자체(자유)로 내재한다. 이처럼 가치의 보편타당성을 고수하는 한 칸트와 요나스는 유신론을 떠나지 않는다.

　신정론에 의해 뒷받침된 유신론의 기획을 '신 속의 인간'으로 명명할 수 있다면 신정론 없는 유신론은 '인간 속의 신'으로 '생명 속의 신'으로 명명할 수 있다. 칸트의 말처럼 '인간 속의 신'이라는 모델이 '신 속의 인간'이라는 모델의 원형일지도 모른다. 어쨌건 '신 속의 인간'이라는 기획이 '인간 혹은 생명 속의 신'이라는 기획으로 이행하면서 사실로서의 신정론은 탈락한다. 그러나 당위로서의 신정론은 탈락되지 않았다. 목적의 왕국은 실현되어야 하며 생명의 왕국은 보존되어야 한다. 그리고 다시 말하지만 칸트적 신국(목적의 왕국)의 추구와 요나스적 신국(생명의 왕국)의 보존은 양자택일의 문제가 아니(며 최악의 경우 우선순위의 문제일 뿐이)다.

1 이「신정론에 있어 모든 철학적 시도의 실패에 대하여」(1791)라는 저작과 직간접적
　으로 관계하는 칸트의 저작들로는「낙관주의에 대한 몇몇 고찰의 시도」(1759),「합
　리적 신학에 대한 강의」(1783/1784),「세계시민사적 관점에서 본 보편사의 이념」
　(1784),『실천이성비판』(1788) (특히 변증론),『판단력비판』(1790) (특히 목적론적 판
　단력),『단순한 이성의 한계 내에서의 종교』(1793),『학부들의 논쟁』(1798) (특히 제2
　부)이다. 앞의 세 저작에서는 친신정론이, 뒤의 두 저작에서는 반신정론이 전제된다.
　따라서 입장 전환은『실천이성비판』의 최고선 개념과『판단력비판』의 궁극목적 개념
　의 정립의 성과가 반영된 결과이다. 이에 대해서는 C. H. Schulte, "Zweckwidriges
　in der Erfahrung Zur Genese des Mißlingens aller philosophischen Versuche in
　der Theodizee bei Kant", in: *Zeitschrift für die philosophische Forschung*, 1991,
　Heft 4, 382 참조.

2 I. Kant, "Über das Mißlingen aller philosophischen Versuche in der Theodizee",
　Akademie Ausgabe VIII, 255.

3 "Über das Mißlingen aller philosophischen Versuche in der Theodizee", 258.

4 같은 곳.

5 이에 대해서는 I. Kant, *Die Religion innerhalb der Grenzen der bloßen Vernunft*,
　Akademie Ausgabe VI, Erstes Stück 참조. 그리고 이 책의 12장「악의 기원」참조.

6 "Über das Mißlingen aller philosophischen Versuche in der Theodizee", 259.

7 "Über das Mißlingen aller philosophischen Versuche in der Theodizee", 260.

8 "Über das Mißlingen aller philosophischen Versuche in der Theodizee", 262.

9 같은 곳 참조.

10 물론 칸트는 신정론에 대한 철학적 변호는 불가능하지만 신앙적 신정론은 가능하다
　고 본다. 즉 이론적 신정론(doctrinal)은 불가능하지만 종교적(authentisch) 신정론

은 가능하다는 것이다. 칸트가 들고 있는 이 신앙의 전형은 욥이다. 욥은 세계내의 반목적적인 것에 대한 경험에도 불구하고 신의 결정을 고수하는데, 이는 실천이성의 통찰의 한계를 인정하기 때문에 가능했다. 이상 "Über das Mißlingen aller philo-sophischen Versuche in der Theodizee", 264-267 참조. 결국 칸트는 신정론의 본래적 영역은 이성이 아니라 신앙이라는 것을 말하고 있는 셈이다.

11 여기에는 자연과학적, 기계론적 세계뿐만 아니라 목적론적 세계도 포함된다. 다시 말해 우리는 규정적 판단력의 도움으로 기계적 자연을 인식할 뿐만 아니라 반성적 판단력의 도움으로 목적론적 자연도 인식할 수 있는 것이다. 칸트는 세계에 내재한 이러한 합목적성으로 말미암아 신의 기술적 지혜는 정당화될 수 있다고 본다.

12 H. Jonas, "Der Gottesbegriff nach Auschwitz Eine jüdische Stimme", in: *Philo-sophische Untersuchungen und mataphysische Vermutungen*, Frankfurt, 1992, 204.

13 "Der Gottesbegriff nach Auschwitz Eine jüdische Stimme", 205.

14 "Der Gottesbegriff nach Auschwitz Eine jüdische Stimme", 201.

15 "Der Gottesbegriff nach Auschwitz Eine jüdische Stimme", 202.

16 "Der Gottesbegriff nach Auschwitz Eine jüdische Stimme", 204.

17 "Der Gottesbegriff nach Auschwitz Eine jüdische Stimme", 205.

18 이상 "Der Gottesbegriff nach Auschwitz Eine jüdische Stimme", 206.

19 I. Kant, *Idee zu einer allgemeinnen Geschichte in der weltbürgerlicher Absicht*, Akademie Ausgabe VIII, 19.

20 *Idee zu einer allgemeinnen Geschichte in der weltbürgerlicher Absicht*, 22.

21 *Idee zu einer allgemeinnen Geschichte in der weltbürgerlicher Absicht*, 27.

22 *Idee zu einer allgemeinnen Geschichte in der weltbürgerlicher Absicht*, 29.

23 I. Kant, "Versuch einiger Betrachtungen über den Optimismus", Akademie Aus-gabe II, 34.

24 *Idee zu einer allgemeinnen Geschichte in der weltbürgerlicher Absicht*, 20. 헤겔의 이성의 간지는 칸트의 비사교적 사교성과 동일한 맥락에 서 있으며 다시 양자는 라이프니츠의 필요악 개념의 연장선상에 있다.

25 "Versuch einiger Betrachtungen über den Optimismus", 36.

26 I. Kant, *Der Streit der Fakultäten*, Akademie Ausgabe VII, 79.

27 *Der Streit der Fakultäten*, 83.

28 같은 책, 83-84.

29 이러한 목적론적 질서 내에서는 비록 세균이나 해충이라 하더라도 전체적 합목적성에 기여한다. 말하자면 필요화(필요악이 아니라)는 성립한다는 것이다. 이에 대해서는 I. Kant, *Kritik der Urteilskraft*, Akademie Ausgabe V, 379 참조.

30 *Kritik der Urteilskraft*, 435.

31 이에 대해서는 자연 탐구에 있어 목적론이라는 준칙과 기계론이라는 준칙, 그리고
　　반성적 판단력과 규정적 판단력 양자는 각각 안티노미의 관계에 있지 않다는 *Kritik
　　der Urteilskraft*, 389에서의 칸트의 발언 참조.

32 "Über das Mißlingen aller philosophischen Versuche in der Theodizee", 256.

33 H. Jonas, *Das Prinzip Verantwortung*, Frankfurt am Main, 1979, 292 참조.

34 H. Jonas, *Materie, Geist und Schöpfung*, Frankfurt am Main, 1988, 53.

35 *Das Prinzip Verantwortung*, 54.

36 "Der Gottesbegriff nach Auschwitz Eine jüdische Stimme", 200.

37 *Materie, Geist und Schöpfung*, 52.

38 H. Jonas, *Organismus und Freiheit*, Göttingen, 1973, 4 참조. 그리고 *Materie,
　　Geist und Schöpfung*, 54 참조. 뒤에서 고찰하겠지만 오늘날 인류의 멸망의 가능성
　　대두야말로 성공 형이상학의 결정적 반증사례일 것이다.

39 "'보라 얼마나 좋은가'의 유혹에 저항하면서도 생명과 정신이라는 존재의 본성에 대
　　한 증거를 천대하지 않는 형이상학은 맹목적인 것, 무계획적인 것, 우연적인 것, 계
　　산할 수 없는 것, 세계 모험의 극적 위험의 여지, 간단히 말해 제일의 근거와 조화하
　　는 크나큰 모험의 여지를 남겨야 한다. …" *Materie, Geist und Schöpfung*, 55.

40 요나스가 아우슈비츠 이후의 신의 두 번째 특성으로 꼽는 '되어 가는 신(werdender
　　Gott)'은 세계의 비결정성, 진화의 우연성이 사변신학적으로 반영된 것이라 할 수
　　있다.

41 이상 네 가지는 *Materie, Geist und Schöpfung*, 56-59를 요약한 것임.

42 I. Kant, *Kritik der prktischen Vernunft*, Akademie Ausgabe V, 122.

43 같은 곳.

44 *Kritik der prktischen Vernunft*, 124.

45 "모든 이성적 존재자는 자신의 준칙에 의해 늘 보편적 목적의 왕국의 입법적 구성원
　　인듯이 행위해야만 한다." I. Kant, *Grundlegung zur Metaphysik der Sitten*, Aka-
　　demie Ausgabe IV, 438.

46 K. O. Apel, "Kant, Hegel und das aktuelle Problem der normativen Grundlagen
　　von Moral und Recht", in: *Kant oder Hegel*, D. Henrich (hrg.), 1983, 619 참조.

47 *Der Streit der Fakultäten*, 92.

48 *Der Streit der Fakultäten*, 91. 칸트의 『도덕 형이상학』의 법론에서 합법성의 영역은
　　집중 조명된다. 인간의 법적 능력은 국가로 구체화된다. 흥미로운 것은 국가에서도
　　신의 세 가지 특성, 즉 신성성(국가의 입법권), 호의(통치권), 정의(재판권)가 등장한
　　다는 것이다. I. Kant, *Metaphysische Anfangsgründe der Rechtslehre*, Akademie
　　Ausgabe VI, 313 참조. 칸트에 있어 도덕은 법의 기초이다.

49 *Materie, Geist und Schöpfung*, 28.

50 *Materie, Geist und Schöpfung*, 26-27 참조. 요나스의 표현에 따르자면 양자는 도덕

성의 도덕적 단계와 윤리적 단계로 구분된다.

51 *Materie, Geist und Schöpfung*, 28.

52 요나스가 아우슈비츠 이후의 신의 첫 번째 특성으로 꼽는 '고난받는 신(leidender Gott)'은 자연의 불가침성의 붕괴가 사변신학적으로 반영된 것이라 할 수 있다.

53 *Das Prinzip Verantwortung*, 154 참조.

54 이에 대한 더 이상의 자세한 논의는 김종국, 『책임인가 자율인가? I. 칸트 對 H. 요나스』 참조(특히 III장).

55 회슬레는 도덕법이 바로 신이라고 주장한다. V. Hösle, "Größe und Grenzen von Kants Praktischer Philosophie", in: *Praktische Philosophie in der Moderne*, 1990, 41 참조.

56 "Über das Mißlingen aller philosophischen Versuche in der Theodizee", 256 참조.

57 "Der Gottesbegriff nach Auschwitz Eine jüdische Stimme", 205 참조.

* 본문의 각 장에 실린 글들은 학술지에 발표되었던 것으로, 글의 출처는 다음과 같다.

제1장: 「보편주의 윤리학에서 개인과 사회-칸트와 밀의 경우-」, 『철학연구』, 61 집, 철학연구회, 2003, 189-202.

제2장: 「공적 쾌락과 사적 금욕 : 벤담과 칸트에서 '금욕'의 문제」, 『칸트연구』, 20집, 한국 칸트학회, 2007, 101-116.

제3장: 「평화의 도덕-칸트 실천철학에 대한 목적론적 독해」, 『철학연구』, 88집, 대한철학회, 2003, 87-95

제4장: 「칸트 대 공리주의」, 『칸트연구』, 14집, 한국 칸트학회, 2004, 94-116.

제5장: 「보편주의 윤리학에서 황금률 논쟁-칸트와 헤어-」, 『철학연구』, 62집, 철학연구회, 2003, 75-92.

제6장: 「『도덕 형이상학』(칸트)에 대한 사회 윤리적 독해」, 『철학연구』, 81집, 대한철학회, 2002, 87-106.

제7장: 「'인류의 권리'와 거짓말-진실성의 의무에 대한 칸트의 계약론적 정당화-」, 『철학』, 67집, 한국철학회, 2001, 59-77.

제8장: 「이성에 의한, 자연을 통한 평화-칸트의 평화 개념-」, 『철학』, 63집, 한국철학회, 2000, 135-150.

제9장: 「자유의 강제. 『교육학 강의』(칸트)에 대한 실천철학적 독해」, 『칸트연구』, 23집, 한국 칸트학회, 2009, 33-52.

제10장: 「'영구 평화' 대 '힘들의 유희' : 칸트와 헤겔의 국제 관계론」, 『칸트연구』, 28집, 한국 칸트학회, 2011, 103-124.

제11장: 「칸트에서 유토피아와 진보」, 『철학』, 105집, 한국철학회, 2010, 1-19.

제12장: 「악의 기원-칸트와 요나스의 주장을 중심으로-」, 『철학』, 55집, 한국철
학회, 1998, 175-189.
제13장: 「신이 떠난 세계의 도덕성-신정론에 대한 칸트와 요나스의 입장을 중심
으로-」, 『철학』, 59집, 한국철학회, 1999, 299-321.

김병옥, 『칸트 교육사상 연구』, 서울, 1986.
김석수, 「세계시민주의에 대한 현대적 쟁점과 칸트」, 『칸트연구』, 27집, 한국 칸
트학회, 2011.
김수배, 「칸트의 진보사관 : '인간의 사명'에 관한 논쟁을 중심으로」, 『철학』, 50
집, 1997.
김영래, 『칸트의 교육이론』, 서울, 2003.
김종국, 「사회적 맥락 내에 있는 원칙: 의료 윤리와 판단력」, 『철학연구』, 53집, 철
학연구회, 2001.
문성학, 「칸트와 거짓말」, 『칸트 철학의 인간학적 비밀』, 울산, 1997, 365-413.
F. 카울바하 지음, 하영석, 이남원 옮김, 『윤리학과 메타 윤리학』, 서울, 1995.
O. 회페 편, 임홍빈, 김종국, 소병철 옮김, 『윤리학 사전』, 서울, 1998(Lexikon
der Ethik, O. Höffe, (hg.), München, 1992.

Apel, K. O., "Das Problem einer philosophischen Theorie der Rationali-
tätstypen", in: Rationalität. Philosophische Beiträge.
———, "Kant, Hegel und das aktuelle Problem der normativen Grundlagen
von Moral und Recht", in: Kant oder Hegel, D. Henrich (hrg.), 1983.
Aristoteles, Nikomachische Ethik, E. Rolfes (übers.), Hamburg, 1995.
Baumgartner, H. M., "Dreimal 'Ewiger Friede'. Über Struktur und Kontext
der Kantischen Rede vom 'ewiger Frieden'", in: Frieden durch Recht
Kants Friedensidee und das Problem einer neuen Weltordnung, M. Lutz-
Bachman u. J. Bohman (hrg.), Frankfurt am Main, 1996.
Bentham, J., Introduction to the Principles of Morals and Legislation, (ed.), J.
H. Burns, H. L. A. Hart, London and New York, 1970.
Beuchamp, L. T., a. Childress, J. F., Principles of biomedical ethics, New
York, 1989.
Bien, G., 'Lüge', in: Historisches Wörterbuch der Philosophie, J. Ritter

(hrg.), Bd. 5, Darmstadt, 1980.

Birnbacher, D., "Wie kohärent ist eine pluralistische Gerechtigkeitstheorie?"

Bloch, E., *Das Prinzip Hoffnung*, Frankfurt, 1977.

Bollnow, O., *Die anthropologische Betractungsweise in der Pädagogik*, Bochum, 1968.

Brandt, R., "Habermas und Kant", in: *Deutsche Zeitschrift für Philosophie*, 50, 2002.

Brandt, R. B., *A Theory Of The Right And The Good*, Oxford, 1979.

Brinkmann, W., "Die Goldene Regel und der Kategorische Imperativ", in: *Kant und Aufklärung*, Bd. 4, 2001.

Cavallar, G., *Pax Kantiana. Systematisch – historische Untersuchungen des Entwurfs "Zum ewigen Frieden" (1795) von Immanuel Kant*, Wien, 1992.

Constant, B., "Über politische Reaktion", in: B. Constant, *Politische Schriften*, Bd. 3, L. Gal (hrg.), 1972.

———, "Über politische Reaktion", in: *Kant und das Recht der Lüge*, G. Geismann u. H. Oberer (hrg.), Würzburg, 1986.

Crusius, C., *Anweisung, vernünftig zu Leben*, Hildesheim, 1969.

Dierse, U., "Utopie", in: *Historisches Wörterbuch der Philosophie*, Bd. 11, Basel, 2001.

Dreier, R., "Zur Einheit der praktischen Philosophie Kants. Kants Rechtsphilosophie im Kontext seiner Philosophie", in: *Recht Moral Ideologie Studie Zur Rechtstheorie*, Frankfurt am Main, 1981.

Düsing, K., "Der Übergang von der Natur zur Freiheit und die ästhetische Bildung bei Kant", in: *Humanität und Bildung*, Hildesheim, 1988.

Ebbinghaus, J., "Briefwechsel Paton-Ebbinghaus", in: *Kant und das Recht der Lüge*, G. Geismann u. H. Oberer (hrg.), Würzburg, 1986.

———, "Kant's Ableitung des Verbotes der Lüge aus dem Rechte der Menschheit", in: *Revue Internationale de Philosophie*, Nr. 30, 1954.

Ebert, U., "Kausalität im Strafrecht", in: *Lexikon des Rechts*, Bd. 8, G. Ulsamer (hrg.), Berlin, 1996.

Engels, F., *Die Entwicklung des Sozialismus von der Utopie zur Wissenschaft*, *Karl Marx · Friedrich Engels Werke*, Bd. 19.

Funke, G., "Pädagogik im Sinne Kants heute", in: *Kant und die Pädagogik*, Königshausen, 1985.

Geismann, G., "Sittlichkeit, Religion und Geschichte in der Philosophie Kants", in: *Jahrbuch für Recht und Ethik*, vol. 8, 2000.

──────, "Versuch über Kants rechtliches Verbot der Lüge", in: *Kant : Analysen-Probleme-Kritik*, H. Oberer u. G. Seel (hrg.), Würzburg, 1988.

Gerhardt, V., "Eine Kritische Theorie der Politik Über Kants Entwurf Zum ewigen Frieden", in: *Immanuel Kant und der internationale Frieden : das Friedensproblem nach dem Ende des Ost-West-Konflikt*, hrg., E. Crome, L. Schrader, Potsdam, 1996.

──────, "Vernunft und Urteilskraft. Politische Philosophie und Anthropologie im Anschluss an Immanuel Kant und Hannah Arendt", in: *John Locke und Immanuel Kant : historische Rezeption und gegenwärtige Relevanz*, Martyn P. Thomson (hrg.), Berlin, 1991.

──────, *Selbstbestimmung. Das Prinzip der Individualität*, Stuttgart, 1999.

Gesang B., (hrg.), *Gerechtigkeits-Utilitarismus*, Paderborn, 1998.

Gesang, B., "Konsequenter Utilitarismus-ein neues Paradigma der analytischen Bioethik?," in: *Zeitschrift für philosophische Forschung*, Bd. 55, 2001.

Grün, K., "Internationale Konferenz zu Kants Friedensidee und dem heutigen Problem einer internationalen Rechts-und Friedensordnung in Frankfurt am Main", in: *Kant-Studien*, 87 Jahrgang, 1996.

Habermas, J., "Reconciliation through the Public Use of Reason", in: *The Journal of Philosophy*, XCII, 1995.

──────, *Erläuterungen zur Diskursethik*, Frankfurt am Main, 1991.

──────, *Moralbewußtsein und Kommunikatives Handeln*, Frankfurt am Main, 1983.

Hare, R. M., "Ethical Theory and Utilitarianism", in: *Essays in Ethical Theory*, Oxford, 1989.

──────, "Könnte Kant ein Utilitarist gewesen sein?", in: C. Fehige u. G. Meggle (hrg.), *Zum moralischen Denken*, Frankfurt am Main, 1995.

──────, "Right, Utility and Universalization: Reply to J. L. Mackie", in: *Essays* on Political Morality, Oxford, 1989

———, "Universalisability", in: Encyclopedia of Ethics, L. Baker (ed.), New York, 1992.

———, "Warum war Kant kein Utilitarist? Replik auf Rohs", in: Zum moralischen Denken, C. Fehige u. G. Meggle (hrg.), Frankfurt am Main, 1995, Bd. II.

———, Essays in Ethical Theory, Oxford, 1989.

———, Freedom and Reason, Oxford, 1952.

———, Moral Thinking, Oxford, 1981.

———, Sorting Out Ethics, Oxford, 1997.

Harsanyi, J., "Problems with Act-Utilitarianism," in: Hare and Critics, Oxford, 1988.

Haucke, K., "Moralische Pflicht und die Frage nach dem gelingenden Leben. Überlegungen zu Kants Glücksbegriff", in: Kant-Studien (93. Jahrg.), 2002.

Hegel, G. W. F., "Über die wissenschaftlichen Behandlungsarten des Naturrechts, seine Stellung in der praktischen Philosophief und sein Verhältnis zu den positiven Rechtswissenschaften", in: ders, Werke in 20 Bd., Bd. 2, Frankfurt am Main, 1986.

———, Grundlinien der Philosophie des Rechts, in: Werke in Zwanzig Bänden, Bd. 7, Frankfurt am Main, 1970.

Hoche, H. U., "Die goldene Regel. Neue Aspekte eines alten Moralprinzips", in: Zeitschrift für philosophische Forschung, Bd. 32, 1978.

Höffe, O., "Recht und Moral : ein kantischer Problemaufriß", in: Neue Hefte für Philosophie, Heft 17, 1979.

———, "Sittlichkeit als Rationalität des Handelns?", in: Rationalität. Philosophische Beiträge, H. Schnädelbach (hrg.), Frankfurt am Main, 1984.

———, Ethik und Politik, Frankfurt am Main, 1979.

Hösle, V., "Größe und Grenzen von Kants Praktischer Philosophie", in: Praktische Philosophie in der Moderne, 1990.

Hühn, H., "Sozialethik", in: Historisches Wörterbuch der Philosophie, J. Ritter u. K. Gründer (hrg.), Basel, Bd. 9.

Irrlitz, G., "Vier Wellen der Moralisierung von Politik", in: *Politik und Ethik*, K. Bayertz (hrg.), Stuttgart, 1996.

Jonas, H., "Der Gottesbegriff nach Auschwitz Eine jüdische Stimme", in: *Philosophische Untersuchungen und mataphysische Vermutungen*, Frankfurt, 1992.

_____, "The Abyss of the Will: Philosophical Meditation on the Seventh Chapter of Paul's Epistle to the Romans", in: *Philosophical Essays*, Chicago, 1974, 335-348.

_____, *Das Prinzip Verantwortung*, Frankfurt am Main, 1979.

_____, *Materie, Geist und Schöpfung*, Frankfurt am Main, 1988.

_____, *Organismus und Freiheit*, Göttingen, 1973.

_____, *Zeit und Geschichte. Dankesgabe an Rudolf Bultzmann zum 80. Geburstag*, hg., E. Dinkler, Tübingen, 1964.

Kant, I., "Über das Mißlingen aller philosophischen Versuche in der Theodizee", Akademie Ausgabe.

_____, "Über ein vermeintes Recht aus Menschenliebe zu lügen", Akademie Ausgabe VIII.

_____, "Versuch einiger Betrachtungen über den Optimismus", Akademie Ausgabe II, 34.

_____, *Der Streit der Fakultäten*, Akademie Ausgabe VII.

_____, *Die Religion innerhalb der Grenzen der bloßen Vernunft*, Akademie Ausgabe VI.

_____, *Grundlegung zur Metaphysik der Sitten*, Akademie Ausgabe IV.

_____, *Idee zu einer allgemeinnen Geschichte in der weltbürgerlicher Absicht*, Akademie Ausgabe VIII.

_____, *Kritik der Praktischen Vernunft*, Akademie Ausgabe V.

_____, *Kritik der Urteilskraft*, Akademie Ausgabe V.

_____, *Metaphysische Anfangsgründe der Rechtslehre*, Akademie Ausgabe VI.

_____, *Metaphysische Anfangsgründe der Tugendlehre*, Akademie Ausgabe VI.

_____, *Über den Gemeinspruch : Das mag in der Theorie richtig sein, taugt aber nicht für die Praxis*, Akademie Ausgabe VIII.

———, *Über Pädagogik*, Akademie Ausgabe IX.

———, *Vorlesungen über Moralphilosophie (Collins)*, Akademie Ausgabe XXVII.

———, *Zum ewigen Frieden*, Akademie Ausgabe VIII.

Kaulbach, F., "Moral und Recht in der Philosophie Kants," in: *Recht und Ethik Zum Problem ihrer Beziehung in 19. Jahrhundert*, J. Blühdorn u. J. Ritter (hrg.), Frankfurt am Main, 1970.

Kim, J. G., "Kants Lügenverbot in sozialethischer Perspektive", in: *Kant-Studien*, 2004.

———, "Moralität in der Gott-Verlassenen Welt", in: *Akten des 9 internationalen Kant-Kongresses in Berlin*, 2000.

———, "Moral zum ewigen Frieden. Eine teleologische Lektüre von praktischer Philosophie Kants, in: *Recht und Frieden in der Philosophie Kants*, Bd. 3, Berlin, 2008.

Klenner, H., "Pax Kantiana versus Pax Americana", in: *Sitzungsberichte der Leibniz-Sozietät*, 2004.

Koch, K., *Kants ethische Didaktik*, Würzburg, 2003.

Korsgaard, C. M., "The Right to lie : Kant on dealing with evil", in: *Ethical Theory*, J. Rachels (ed.), New York, 1998.

Kühl, K., *Strafrecht*, München, 1997.

Lanczkowski, G., "Askese", in: *Historisches Wörterbuch der Philosophie*, Basel Stuttgart, Bd. I, 1971.

Ludwig, B., "Will die Natur unwiderstehlich die Republik? Einige Reflexionen anläßlich einer rätselhaften Textpassge in Kants Friedensschrift", in: *Kant Studien*, 88 Jhg., 1997.

Mackie, J. L., "Right, Utility and Universalization", in: *Person and Value*, Oxford, 1985; R. M. Hare, "Right, Utility and Universalization: Reply to J. L. Mackie," in: *Essays on Political Morality*, Oxford, 1989.

Marx, K., "Das philosophische Manifest der historischen Rechtschule", *Karl Marx · Friedrich Engels Werke*.

———, "Kritik des Gothaer Programms", *Karl Marx · Friedrich Engels Werke* Bd. 19, 21.

_____, *Das Kapital* (1893), *Karl Marx · Friedrich Engels Werke*.

_____, *Die Klassenkaempfe in Frankreich 1848 bis 1850, Karl Marx · Friedrich Engels Werke*, Bd. 7, 76.

Mertens, T., "Zweckmäßigkeit der Natur und politische Philosophie bei Kant", in: *Zeitschrift für philosophische Forschung*, Bd. 49, 1995.

Meyer, T., "Kant und die Links- Kantianer. Liberale Tradition und soziale Demokratie", in: *Kant im Streit der Fakultäten*, V. Gerhardt (hrg.), Berlin, 2005.

Mill, J. S., *Collected Works of J. St. Mill*, Toronto, 1969.

_____, *On Liberty*, Toronto, 1975.

_____, *Utilitarianism*, Indianapolis, 1957.

Munzel, G. F., "Anthropology and the pedagogical Function of the Critical Philosophy", in: *Kant und Die Berliner Aufklärung. Akten des IX Internationalen Kant-Kongresses*, Bd. IV, 2001.

Nagel, T., "The Foundation of Impartiality", in: *Hare and Critics*, Oxford, 1988.

Negt, O., *Kant und Marx. Ein Epochengespräch*, Göttingen, 2003.

Nietzsche, F., "Der Wille zur Macht", in: *Friedrich Nietzsche in drei Bände*, K. Schlechta (hrg.), Bd. 2.

Oberer, H., "Zur Vor-und Nachgeschichte der Lehre Kants vom Recht der Lüge", in: Kant und das Recht der Lüge , G. Geismann u. H. Oberer (hrg.), Würzburg, 1986.

Paton, H., "An Alleged Right to Lie. A Problem in Kantian Ethics", in: *Kant-Studien*, 45 Jg., 1953/54.

Pfordte, D., "Normativer Individualismus versus normativer Kollektvismus in der politischen Philosophie der Neuzeit", in: *Zeitschrift fur philosophische Forschung*, Bd. 54, 2000.

Pleines, J.-E., "Pädagogik und praktische Phliosophie", in: *Kant und die Pädagogik*, Königshausen, 1985.

Pufendorf, S., De Jure Naturae Et Gentium, in: C. H. Oldfather (hrg.), *On the Law of Nature and Nations*, Oxford, 1934.

Rawls, J., *A Theory of Justice*, Cambridge, 1971.

————, "Reply to Habermas", in: *The Journal of Philosophy*, XCII, 1995.

Recki, B., "Fortschritt als Postulat und die Lehre vom Geschichtstzeichen", in: *Kant im Streit der Fakultäten*, V. Gerhardt (hrg.), Berlin, 2005.

Reiner, H., "Die Goldene Regel. Die Bedeutung einer sittlichen Grundformel der Menschheit", in: *Zeitschrift für philosophische Forschung*, Bd. 3, 1948.

Rohs, P., "Warum Kant kein Utilitarist war", in: *Zum moralischen Denken*, C. Fehige u. G. Meggle (hrg.), Frankfurt am Main, 1995, Bd. II.

Rosen, F., "Individual Sacrifice and the Greatest Happiness : Bentham on Utility and Rights", in: *Bentham : Moral, Political and Legal Philosophy*, G. J. Postema (ed.), Vol. 1, Burlington, 2002.

Schattenmann, M., "Rethinking Progress – A Kantian Perspective", in: *The Harvard Review of Philosophy*, VIII, 2000.

Schmid, W., "Was ist und zu welchem Zweck betreibt man Askese? Kleine Geschichte eines misverstandenen Begriffs", in: *Die neue Rundschau*, 2000 (111 Jg.), Frankfurt am Main.

Schnädelbach, H., "Kant – der Philosoph der Moderne", in: *Kant in der Diskussion der Moderne*, G. Schönrich u. Y. Kato (hrg.), Frankfurt am Main, 1997.

Schneewind, J. B., "Kant and Natural Law Ethics", in: *Ethics 104*, 1993.

Schulte, C. H., "Zweckwidriges in der Erfahrung Zur Genese des Mißlingens aller philosophischen Versuche in der Theodizee bei Kant", in: *Zeitschrift für die philosophische Forschung*, 1991, Heft 4.

————, *radikal böse. Die Karriere des Bösen von Kant bis Nietzsche*, München, 1991.

Sidgwick, H., *The Methods of Ethics*, Indianapolis, 1907.

Singer, M. G., "The Golden Rule", in: *Philosophy* 38, 1963.

Singer, P., *Praktische Ethik*, Stuttgart, 1994. (Orig. *Practical Ethics*, Cambridge, 1993.)

Smith, A., *The Theory of Moral Sentiments*, Indianapolis, 1759/1984.

Tooley, M., "Abortion and Infanticide", in: *Philosophy & Public Affairs*, 1972.

Uleman, J. K., "On Kant, Infanticide, and Finding Oneself in a State of Nature", in: *Zeitschrift für philosophische Forschung*, Bd. 54, 2000.

Weber, M., *Die Protestantische Ethik und der Geist des Kapitalismus*, Düsseldorf, 1992.

Welsch, W., *Vernunft. Die zeitgenössische Vernunftkritik und das Konzept der transversalen Vernunft*, Frankfurt am Main, 1995.

Wimmer, R., "Christoph Schulte: Radikal Böse", in: *Philosophische Rundschau*, Bd. 39, 1992.

――――, "Kants philosophischer Entwurf 'Zum ewigen Frieden' und die Religion", in: *Akten des 8 internationalen Kant-Kongress in Memphis*, TN, 1996.

Wolf, J. C., "Utilitarische Ethik", in: *Geschichte der neueren Ethik*, A. Pieper (hrg.), Tübingen, 1992.

Wolff, C., *Vernünftige Gedanken von Gott, der Welt und der Seele des Menschen*, Hildesheim, 1983.

――――, *Vernünftige Gedanken von der Menschen Thun und Lassen*, Hildesheim, 1976.